칠성님과 옥녀부인

각각 천일성과 태일성으로 뭇별을 다스리는 별의 신이다.
아들 일곱 형제는
북두칠성이 되어 사람의 길흉화복을 주관한다.

**우리가 정말 알아야 할
우리 신화**

초판 1쇄 발행 | 2003년 7월 15일
초판 31쇄 발행 | 2022년 5월 15일

지은이 | 서정오
펴낸이 | 조미현

펴낸곳 | ㈜현암사
등록 | 1951년 12월 24일 · 제10-126호
주소 | 04029 서울 마포구 동교로12안길 35
전화번호 | 02-365-5051 · 팩스 | 02-313-2729
전자우편 | editor@hyeonamsa.com
홈페이지 | www.hyeonamsa.com

ⓒ 서정오 2003

* 지은이와 협의하여 인지를 생략합니다.
* 잘못된 책은 바꾸어 드립니다.

ISBN 978-89-323-1265-1 03810

우리가 정말 알아야 할

우리 신화

우리가 정말 알아야 할

우리 신화

서정오

ⓗ 현암사

우리 삶이 고스란히 담긴 이야기, 우리 신화

아득한 옛날부터 이 땅에 살아 온 사람들은 모든 사물의 언저리에 신을 창조했다. 하늘과 땅과 산과 바다에서부터 집안의 부엌과 곳간에 이르기까지, 사람의 눈길과 손길이 닿는 곳이면 어디든지 신이 있었다. 이 신들은 사람의 뜻으로 창조되었지만, 크고 작은 권능을 가지고 사람들의 마음을 사로잡으며 그들의 삶을 지배해 왔다. 오랜 세월 동안 사람들은 신의 권능에 기대어 소원을 빌고 하소연하고, 때로는 두려워하고 삼가면서 살아 왔다. 그러는 동안 사람들은 갖가지 아기자기한 신의 이야기를 만들어 냈다. 이것이 우리 신화이다.

우리 겨레는 그 어떤 민족보다 넉넉한 신화 자산을 가지고 있다. 이 책은 그러한 우리 신화를 널리 알리고 퍼뜨리는 데 도움을 줄 목적으로 씌어졌다. 전해 오는 많은 신화 가운데 스물한 편을 골라 실었는데, 대개 다음과 같은 기준을 염두에 두었다.

첫째, 애당초 구전신화만을 대상으로 했다. 그래서 단군신화나 고주몽신화와 같은 문헌신화는 들어가지 않았다. 건국신화 중심의 문헌신화는 그 동안 여러 매체를 통해 널리 알려진 까닭에 새삼스럽게 넣을 필요가 없다고 판단했다. 구전신화의 대부분은 무속신화인 바, 이것은 서사무가의 꼴로 전승되면서 양반 사대부 중심의 주류 문화로부터 천대받고 따돌림받아 일반에 알려지지 않은 것이 많다. 이러한 무속신화 중에서 줄거리가 탄탄하고 재미있는 것을 골랐다.

둘째, 구전신화 중에서도 보편성을 갖춘 것을 골랐다. 구전신화 중에는 당신이나 마을신, 성씨 시조신을 다룬 이야기도 많은데, 이는 특정 지역이나 공동체와 관계가 깊어 우리 신화로서 보편성이 떨어진다고 보아 넣지 않았다. 무엇보다도 우리 겨레의 정서를 온전하게 담아 낸 이야기를 고르는 데 힘썼다.

우리 나라 곳곳에 전해 오는 구전신화는 그 동안 많은 사람의 노력으로 채록되어 글자로 남겨졌다. 글쓴이는 이러한 자료들을 바탕으로 약간의 상상력을 보태어 이야기를 다시 쓰거나 고쳐 썼다. 좀더 자세하게 말하자면, 각 편이라고 할 수 있는 비슷한 자료들을 여럿 대놓고 견주어 보고, 좀더 좋은 이야기가 되도록 화소들을 알맞게 늘어놓고 깎고 보태며 다듬었다. 이 작업은 조심스러워야 하지만, 이야기의 본모습을 살리는 데 치중하기보다는 그 맛을 살리는 데 더 힘을 쏟았다. 이 책의 목적이 신화를 자료로 남기는 데 있지 않고 널리 알리는 데 있는 만큼, 무엇보다도 이야기로서 매력을 갖추어야 한다는 판단 때문이다. 또 구전되는 이야기는 한두 사람의 것이 아니라 우리 겨레 모두의 것이므로, 글쓴이도 적극 전승과 창작에 참여한다는 마음가짐으로 이야기를 썼고, 따라서 고치고 다듬는 일을 크게 겁내지 않았다.

구전신화는 그 배경과 인물이 각양각색이다. 같은 지역에서 전승되는 이야기 중에는 더러 배경과 인물을 공유하는 경우도 있지만, 대개는 독립된 꼴로 전해진다. 글쓴이는 이 각양각색의 독립된 이야기를 한 울타리 안에 묶어 넣는 시도를 하였다. 그래서 이 책에 실린 신화의 시공간과 등장 인물은 여러 이야기를 넘나든다. 각각 독립된 줄거리를 가지면서도 전체가 하나의 틀 안에 얼기설기 엮여 있는 셈이다. 사실 여러 지역에서 독립하여 전해 온 이야기를 하나의 틀 안에 묶어 낸다는 것은, 보기에 따라서는 주제넘은 일이요 부질없는 헛손질로 여겨질 수도 있다. 그러나 글쓴이는 우리 신화에 나름의 질서를 얹고 싶었다. 각각의 독립된 이야기가 거대한 '한국 신화'의 틀 안에서 톱니바퀴 구실을 하는 새로운 세계를 만들어 보고 싶었던 것이다. 이러한 시도가 충분히 값어치 있는 것이라 믿고 한 일이지만, 이 부분에 대해서는 독자 여러분의 가르침과 꾸지람을 기다릴 뿐이다.

무속신화는 분명 이야기지만 굿의 한 부분이기도 하다. 즉 서사성과 함께 제의성도 아울러 지니고 있는 것이다. 그러나 글쓴이의 관심은 오로지 이야기에 있으므로, 이야기의 성질을 약화시키는 부분은 과감하게 없애거나 고쳐서 온전한 이야기로 만드는 데 힘을 쏟았다. 무속신화를 담는 그릇이라고 할 수 있는 서사무가는 노래이다. 따라서 이야기로 전승되는 민담과는 달리 구성진 가락과 율격, 물 흐르듯 유장한 묘사 같은 독특한 문체를 가지고 있다. 그 특징을 어느 정도 살리면서도, 노래가 아니라 이야기로 구전되는 데 걸림이 없도록 이야기체와 입말투로 다듬었다.

이 책에 실린 신화는 대개 쉽고 재미있어서 어른아이 누구나 읽을 수 있다.

그러나 만약 아이들에게 이야기의 묘미를 느끼게 해주고 싶다면, 어른이 먼저 책을 읽고 나서 말로 이야기해 줄 것을 권한다. 예로부터 어른이 아이들에게 들려 준 '화롯가 이야기'는 이야기 문화의 꽃이었다. 우리가 본디 지니고 있었으나 요새 와서 사라져 가고 있는, 넉넉하고 푸근한 이야기 문화를 되살리는 지름길은 아이들에게 옛이야기를 들려주는 일에서 시작된다.

  신은 사람을 닮고, 사람은 신을 닮는다. 우리 신화가 소중한 까닭은, 그 속에 우리네 옛사람들의 삶과 꿈이 고스란히 담겨 있기 때문이다. 옛사람들은 신화의 자유분방한 틀 안에 그들이 일상에서 꾸었던 소중한 꿈을 담았다. 간절히 바라지만 현실에서 얻기 어려운 것을, 신과 사람의 이야기를 통해 간접으로나마 얻으려 했던 것이다. 꿈은 이루어지지 않을 수도 있지만, 애당초 꿈을 꾸지 않으면 이루어지기를 바랄 자리조차 없다. 그래서 꿈은 소중한 것이며, 예나 오늘이나 신화는 꿈꾸는 이들의 것이다. 부디 이 책이 오늘을 살며 꿈꾸는 이들의 머리맡에서, 그 꿈을 더 풍성하게 하는 데 작은 도움이나마 보탤 수 있기를 바란다.

2003년 6월
서정오

글 읽는 순서

4 　우리 삶이 고스란히 담긴 이야기, 우리 신화

10 　우리 신화에 나오는 신들

16 　이승신 소별왕과 저승신 대별왕

25 　저승차사 강림도령

44 　옥황선녀 오늘이

54 　군웅신 왕장군

60 　오구신 바리데기

76 　저승 삼시왕 초공 삼 형제

90 　서천꽃밭 꽃감관 신산만산할락궁이

104 　농신 자청비와 문도령

122 　객귀 사마장자와 저승 고지기 우마장자

133 　별의 신 칠성님과 옥녀부인

145 　운명신 감은장아기

155 마마신 강남국 손님네

166 성주신과 지신 황우양 부부

179 탄생신 삼신할멈

190 조왕신 여산부인과 문왕신 녹두생이

203 말명신 도랑선비와 개울각시

214 일월신 궁상이와 해당금이

224 수명신 사만이

234 활인적선의 신, 내일과 장상

242 액막이신 지장아기

248 병막이신 거북이와 남생이

우리 신화에 나오는 신들

옥황상제(천지왕) 이승과 저승, 하늘 세상과 땅 세상을 통틀어 으뜸가는 신으로서 하늘 옥황궁에 살면서 신과 사람을 다스린다. 바지왕과 혼인하여 아들 대별왕과 소별왕 형제를 낳았다.

바지왕 땅 세상 지국성 슬기부인 백주할머니의 외동딸로 태어나 천지왕의 아내가 되었다. 땅 세상을 다스리는 신이지만 사람들 앞에 나타나는 일은 없다.

대별왕 옥황상제의 맏아들로서 저승을 다스리는 저승신이다. 본디 이승신이었으나 아우 소별왕의 꾐에 빠져 이승과 저승을 맞바꾸었다. 저승 시왕의 윗자리에서 그들을 다스리기도 한다.

소별왕 옥황상제의 둘째 아들로서 이승을 다스리는 이승신이다. 이승을 다스린다고는 하지만 사람들과 접촉하는 일은 없다. 이승에 싸움 좋아하는 사람, 잘 속이는 사람, 남의 것을 빼앗는 사람, 까닭 없이 남을 해코지하는 사람이 남아 있게 된 것은 그의 능력이 대별왕보다 못하기 때문이다.

염라대왕 저승 시왕 중 우두머리 신이다. 검은 비단 용포 입고 검은 면류관을 쓰고, 죽은 사람을 불러서 죄와 업을 묻고 심판한다. 성질이 급하고 사납지만 도량이 넓고 인자한 면도 있다.

저승 시왕 저승을 다스리는 열 왕을 가리키는 말로, 죽은 사람을 심판하는 일을 한다. 염라대왕이 그 중 우두머리이고, 나머지 아홉 왕은 복의 신 노가단풍자지명왕의 아들 초공 삼 형제, 동정국 범을임금의 아들 삼 형제, 오구신 바리데기의 아들 삼 형제이다.

저승차사 죽은 사람을 저승에 데려가는 신으로, 저승 시왕의 심부름꾼이다. 저승차사는 여럿이 있는 것으로 알려져 있지만, 이승에 죽은 사람을 데리러 올 때는 보통 세 차사가 함께 오는데, 저승차사 해원맥과 이승차사 이덕춘과 염라차사 강림도령이 이야기에 가장 자주 나온다. 이들을 보통 저승 삼차사라 한다.

옥황선녀 옥황상제가 사는 하늘 옥황궁의 선녀를 두루 가리키는 말이지만, 이야기의 주인공은 '오늘'이라는 소녀이다. 오늘이는 부모를 찾아 원천강을 다녀오면서 온갖 모험을 한다.

군웅신 군대가 싸움에서 이기고 지는 일을 주관하는 신이다. 천황제석과 지황부인 사이에서 태어난 거인 왕장군과 그의 세 아들이 군웅신이 되었다.

용왕 바다를 다스리는 신으로, 바람을 일으키고 비를 내리며 천둥번개를 몰고 다닌다. 이야기 속에는 동해용왕과 서해용왕이 나온다.

오구신 죽은 사람을 저승길로 이끌어주는 신으로서, 삼나라 오구대왕의 일곱째 딸 바리데기가 그 주인공이다. 언월도와 삼지창, 방울과 부채를 들고 앞장서서 죽은 사람의 영혼을 인도하므로 무당의 시조로 떠받들여지기도 한다. 그와 옥황궁 문지기 동수자 사이에서 난 아들 삼 형제는 저승 삼시왕이 되었다.

저승길신 저승길을 지키는 신이다. 비리공덕 할머니와 할아버지가 버려진 바리데기를 주워다 기른 공덕으로 이 신이 되어 노제를 받아먹는다.

노가단풍자지명왕 복의 신으로서 사람들에게 복을 점지해 준다. 사람이 날 때부터 복을 타고나는 것은 노가단풍자지명왕의 조화이다.

서천꽃밭 꽃감관 서천에 있는 너른 꽃밭에는 사람의 운명을 좌우하는 갖가지 꽃이 피어 있다. 처음에 꽃밭을 만든 신은 삼신으로, 태어날 아기의 운명을 알아보려고 꽃을 심었다. 그러다가 꽃밭에 함부로 들어가는 이가 많아져 꽃을 지키는 신을 임명하였는데, 이 신이 곧 꽃감관이다. 사라도령이 맨처음 꽃감관이 되었고, 그의 아들 신산만산할락궁이가 그 뒤를 이었다.

세경신 농사를 주관하는 농신의 다른 이름이다. 상세경은 큰 농신으로 옥황궁 문관 문곡성의 아들 문도령이 맡았고, 중세경은 작은 농신으로 주년국 오로대감의 외동딸 자청비가 맡았다. 하세경은 자청비네 종의 아들 정수남이 차지했는데 이는 목축신이다. 이 세 농신은 모두 같은 날 같은 시에 태어났다.

운명신 사람이 살고 죽는 것, 잘 살고 못 사는 것은 다 운명신이 마련해 준 운명에 달린 것이다. 강이영성이서불과 구에궁전너설궁의 셋째 딸 감은장아기가 운명신이 되었다.

마마신 아이들에게 마마(천연두)를 앓게 하는 신이다. 본디 강남 대한국에 살았으며 그 수는 모두 쉰셋이다. 누구든지 마음을 바르게 쓰고 손님 대접 잘 하면 손님네가 마마를 주되 가볍게 앓고 쉬이 낫게 하고, 나쁜 마음먹고 손님한테 버릇없이 굴면 손님네가 모진 마마를 주어 심하게 앓고 곰보가 되거나 죽게 한다.

일월신 옥황궁 선비 궁상이와 땅 세상의 아리따운 처녀 해당금이가 우여곡절 끝에 해와 달의 신이 되었다. 이 둘의 사이가 너무 좋아 한시도 떨어지지 않아 처음에는 해와 달이 언제나 함께 다녔다. 옥황상제가 둘을 밤과 낮으로 갈라놓았는데, 그 뒤로도 서로를 못 잊어 가끔 몰래 만나기도 한다. 낮달이 뜨는 것은 바로 이 때문이다.

수명신 저승차사 대접을 잘 해서 서른일곱 수명을 삼천일곱으로 늘리고, 그 뒤로도 꾀를 써서 사만 살이나 살았다는 사만이가 옥황상제 분부로 수명신이 되었다. 처음에는 사만이의 조화로 착한 사람 수명은 길고 나쁜 사람 수명은 짧았는데, 사람이 점점 많아지면서 수명도 들쭉날쭉하게 되었다.

액막이신 지장신은 살아 생전 고생을 너무 많이 한 탓에 죽은 뒤에도 온몸에 병이 들어 안 아픈 곳이 없다. 새가 되어 집집마다 날아다니는데, 이 새가 들면 집안 식구들이 병에 걸리지만, 지성으로 빌면 병도 낫게 해주고 액도 막아 주는 착한 신이다.

병막이신 아기가 아프면 병막이신 거북이와 남생이에게 빌어야 한다. 이들 신은 소경, 앉은뱅이, 곱추로 살다가 부처님의 도움으로 성한 몸이 되었으므로 아픈 사람의 처지를 누구보다 잘 헤아린다. 그래서 이 신에게 빌기만 하면, 드는 병은 막아 주고 이미 든 병은 낫게 해준다.

칠성님과 옥녀부인 각각 천일성과 태일성으로 뭇별을 다스리는 별의 신이다. 아들 일곱 형제는 북두칠성이 되어 사람의 길흉화복을 주관한다.

내일과 장상 내일과 장상은 옥황선녀 오늘이의 주선으로 혼인하여 평생을 적선하면서 살다가 옥황상제 명으로 활인적선의 신이 되었다. 어려운 처지에 빠진 사람이 어쩌다가 복을 받아 잘 살게 되는 것은 다 내일과 장상이 돌봐 준 덕분이다.

쇠철이 쇠도령과 너사매 너도령 악기의 신이다. 쇠도령은 쇠북과 요령 같은 쇠로 만든 악기를 다루고, 너도령은 북장구 같은 나무로 만든 악기를 다룬다.

객귀 죽어서 저승에 들지 못하고 이리저리 떠돌아다니는 귀신이다. 그 수가 많지만 이 이야기의 주인공은 사마장자이다.

저승 고지기 저승에는 사람마다 곳간이 하나씩 있는데, 살아 생전 남에게 은혜를 베풀 때마다 재물이 쌓인다. 이 곳간을 지키는 고지기는 우마장자이다.

성주신 집을 지키는 열 가신 중에서 으뜸가는 신이다. 천하궁 천대목신과 지하궁 지탈부인 사이에서 태어난 황우양이 성주신이 되었다.

지신 집터를 지키는 신으로 성주신 황우양의 부인이 맡았다. 성주신이 불안하면 지신이 도와 집안을 편안하게 한다.

조왕신 조왕할머니라고도 하며 부엌을 지킨다. 남선비의 본부인인 여산부인이 첩실 노일자대의 손에 죽어 오랫동안 추운 연못 속에 있었던 까닭에, 옥황상제가 따뜻한 부엌을 지키는 신이 되게 하였다. 보통은 할머니 모습이나 때때로 할아버지 모습으로 나타나기도 한다.

문왕신 문을 지키는 가신이다. 남선비와 여산부인 사이에서 태어난 일곱 아들 중 일곱째 아들 녹두생이가 앞문을 지키고 여섯째 아들이 뒷문을 지킨다. 대개 푸른 옷 입은 사내 아이의 모습으로 나타난다.

터주신 집터를 주관하는 오방신의 다른 이름이다. 동쪽은 청제장군, 서쪽은 백제장군, 남쪽은 적제장군, 북쪽은 흑제장군, 가운데는 황제장군이 지킨다. 남선비와 여산부인 사이에서 태어난 일곱 아들 중 위로 다섯이 이 신이 되었다.

삼신 보통 삼신할멈이라고 하며, 아기가 태어나는 것을 주관하는 신이다. 옛날 명진국 천왕보살 지왕보살의 딸은 이승의 삼신이 되어 산 아기를 낳아 기르고, 동해용왕의 딸은 저승의 삼신이 되어 죽은 아기의 영혼을 맡아 길렀다. 본디 삼신은 이 둘이었으나 시녀들이 점점 많아지면서 집집마다 이들을 내보내 삼신으로 일하게 했다. 남색 저고리에 흰 바지 입고 자주색 치마에 분홍 장옷 걸치고, 한 손에 은가위 들고 한 손에 참실을 든 할머니 모습으로 나타난다.

측신 남선비를 꾀어 재물을 빼앗고 눈까지 멀게 한 노일자대가 뒷간 문기둥에 목을 매어 죽은 인연으로 뒷간을 지키는 측신이 되었다. 측신은 측대부인이라고도 한다. 조왕신과는 상극이므로 뒷간은 부엌과 마주 보게 짓지 않는 풍습이 생겼다.

말명신 말명신은 조상신을 돌보고 지키며 심판하는 일을 한다. 조상에게 제사를 지내면 반드시 말명신도 함께 와서 받아먹는다. 도랑선비와 개울각시의 눈물겨운 사랑이 이 신들의 탄생 배경이다.

그 밖의 가신들 마부왕은 마구간과 외양간을 지키는 신이고, 업왕신은 곳간의 재물을 지키는 신이며, 철융신은 장독간을 지키는 신이다. 업왕신은 종종 구렁이 모습으로 나타나고, 철융신은 검은 탈을 쓴 노인의 모습으로 나타난다.

이승신 소별왕과 저승신 대별왕

옛날 옛적, 그 옛날에서 더 먼 옛날 옛적, 거기서 또 한참 더 먼 옛날 옛적, 더 갈 수 없는 끄트머리 옛날 옛적에 하늘과 땅이 처음으로 생겼는데, 이 때는 하늘과 땅이 지금처럼 떨어져 있지 않고 서로 맞붙어 있었더란다. 그러다가 어느 날 하늘과 땅 사이에 금이 생겨, 그 금이 점점 벌어지면서 하늘과 땅이 갈라지게 됐단다. 그렇게 떨어진 땅에는 산이 솟아오르고 골이 깊게 패여 물이 흐르고, 흐르는 물이 고여 바다를 이루었지. 하늘에는 구름이 생기고 무지개가 걸리고 비와 눈이 내리고 천둥 번개가 치는 온갖 조화가 생기기 시작했고.

그 뒤에 하늘과 땅에서 각각 푸른 이슬, 검은 이슬이 맺히고 이것이 합치면서 온갖 것이 생겨나기 시작했는데, 맨 먼저 생겨난 것이 하늘의 별이었어. 반짝이는 별이 하나 둘 생겨나다가 이윽고 하늘을 가득 메우니, 뒤이어 해와 달이 둘씩 생겨나고 땅에는 갖가지 풀, 나무와 물고기, 날짐승, 길짐승이 생겨나고 이윽고 사람도 생겨나게 됐지.

이 때 하늘 임금님 옥황상제는 산 사람 세상 이승도 다스리고 죽은 사람 세상 저승도 다스리고, 신이 사는 하늘 세상도 다스리고 사람 사는 땅 세상도 다스렸지. 그래서 별명도 천지왕이라 했단다.

그런데 산 사람 세상 이승은 딴 데보다 더 살기 어렵고 어지러웠어. 왜 그런고 하니 하늘에는 해도 둘이요 달도 둘이라, 낮에는 해가 둘씩 뜨고 밤에는 달이 둘씩 떴거든. 그래서 이승의 온갖 것이 낮에는 너무 뜨거워 견디지 못하고 타 죽어 가고, 밤에는 너무 추워 견디지 못하고 얼어 죽어 갔어. 또 갖가지

풀, 나무와 물고기, 날짐승, 길짐승이 저마다 말을 하여 온 세상이 시끄러운 말소리로 가득하고, 사람들은 서로 싸우고 속이고 빼앗고 해코지하느라 정신이 없었어.

　이럴 때에 하루는 옥황상제 천지왕이 꿈을 꾸었는데, 해가 하나 입 속으로 들어오고 달이 하나 입 속으로 들어오는 꿈이었어. 꿈을 깬 뒤에 가만히 생각해 보니 틀림없이 아들 둘을 낳을 꿈이거든. 아들 둘을 낳으면 이승과 저승을 하나씩 맡겨 다스리게 하리라고 작정을 했어. 그렇다면 어서 혼인을 하여 아들을 낳아야 할 터인데, 하늘 세상에서는 아무리 해도 배필을 찾을 수가 없었어. 그래서 하릴없이 땅 세상으로 내려갔지.

　천지왕이 갑옷 입고 활을 메고 오색구름 잡아타고 땅 세상 지국성이라는 곳으로 내려왔어. 이 때 마침 지국성에는 총명이라는 처녀가 살고 있었어. 총명아기씨는 슬기부인 백주할머니의 딸인데, 참 어여쁘고 똑똑한 처녀였지.

　천지왕이 총명아기씨 사는 집 옆을 지나다가 울 너머로 아기씨를 건너다보니 그 모습이 너무나 아름답거든. 머리칼은 칠흑 같고 눈은 샘물 같고 입은 앵두 같고 얼굴은 황옥 같아 온몸에 환한 빛이 나고 은은한 향기가 나는 것이, 천지왕의 배필로서 이보다 더 나은 사람이 있을 것 같지 않단 말이야. 그래서 일부러 그 집에 들어가 밥 한 그릇을 청했어.

　"지나가는 길손인데 배가 몹시 고파서 그러니 밥 한 그릇만 주십시오."

　그러니 백주할머니가 천지왕을 집안으로 맞아들이고 나서, 딸 총명아기씨에게 밥을 지으라고 해.

　"손님께서는 잠시만 기다리십시오. 곧 밥을 지어 드리겠습니다."

　총명아기씨가 부엌에 나가 밥을 지으려고 하는데, 아뿔싸, 밥 지을 쌀이 똑 떨어졌네. 쌀 뒤주도 텅텅 비고 쌀 단지도 텅텅 비고, 집안 어디에도 쌀 한 알 남아 있지 않으니 어떻게 하나. 마침 그 마을에 수명장자라고 하는 큰 부자가 사는데, 그 집에는 언제나 곳간에 쌀이 가득 차 있어 떨어질 날이 없거든. 아기씨가 바가지를 들고 그 집에 쌀을 꾸러 갔어.

"여보세요, 수명장자님. 쌀 한 되만 꾸어 주세요."

"꾸어 주긴 하겠지만 갚을 때는 두 배로 갚아야 하느니라."

욕심쟁이 수명장자는 쌀 한 되를 꾸어 주면서 쌀 반 되에 흰 모래 반 되를 섞어 주는구나. 총명아기씨가 집으로 돌아와 쌀을 씻는데, 모래 섞인 쌀을 아홉 번 씻고 열 번 일고 또다시 아홉 번 씻고 열 번 일어서 밥을 지었어.

정성껏 밥을 지어 천지왕에게 주었는데, 천지왕이 밥을 받아 첫술을 떠서 씹으니 모래가 아작 씹히거든.

"아기씨, 밥을 어떻게 지었기에 첫술에 모래가 씹히는가요?"

"손님, 정말 미안합니다. 밥 지을 쌀이 없어 수명장자 집에서 쌀 한 됫박 꾸었더니 쌀 반 되에 흰 모래 반 되를 섞어 주기에, 아홉 번을 씻고 열 번을 일기를 두 차례나 했으나 아직도 모래 몇 알이 남아 있나 봅니다. 밥을 다시 지어 올리겠습니다."

"아니, 됐습니다. 그보다도 수명장자는 대체 어떤 사람이기에 가난한 사람이 쌀을 꾸어 달라 하면 모래를 섞어 준답니까?"

"수명장자는 가난한 사람들에게 쌀을 꾸어 줄 때는 흰 모래를 섞고, 좁쌀을 꾸어 줄 때는 검은 모래를 섞습니다. 그렇게 모래 섞은 곡식을, 작은 되로 한 되를 꾸어 주고 큰 되로 두 되를 받아 부자가 됐습니다. 또 수명장자 딸은 가난한 사람들에게 일을 시키고 좋은 장은 제가 먹고 그들에게는 썩은 장을 주어 먹게 했고, 수명장자 아들은 마소에게 물을 먹일 때 말발굽에 오줌을 누어 먹였습니다."

천지왕이 괘씸하게 여기고, 아기씨 몰래 하늘 옥황궁에 가만히 기별을 보내 우레장군과 불꽃사자에게 명하기를,

"우레장군과 불꽃사자는 듣거라. 땅 세상 지국성 수명장자는 욕심이 많으니 우레로 다스리고 그 집은 불꽃으로 다스리라."

하니, 곧바로 하늘에서 '우르릉 꽝' 무시무시한 우레가 내리쳐 수명장자를 맞히고, 활활 타는 불꽃이 수명장자 집에 떨어져 그 집을 다 태워 버렸어. 천

지왕이 또 명하기를,

"수명장자는 곧 지옥으로 보내 삼만 년을 굶긴 뒤에 내쫓아 객귀나 되게 하여라. 또 수명장자 딸은 가난한 사람을 업신여기고 못살게 굴었으니, 부러진 숟가락을 엉덩이에 꽂아 팥벌레로 만들어 평생 팥밭에서 살게 하고, 그 아들은 마소에게 물을 안 먹이고 오줌을 먹였으니, 부리가 꼬부라진 솔개로 만들어 비 온 뒤 날개 물이나 핥아먹게 하여라."

하니, 다 그대로 됐어.

이렇게 하고 나서 천지왕이 슬기부인 백주할머니에게,

"나는 본디 하늘 임금 천지왕인데, 배필을 구하려고 인간 땅에 내려왔다가 이 댁 아기씨를 보고 마음이 끌려 염치를 무릅쓰고 이렇게 집안에까지 들어왔습니다. 부디 따님과 혼인하게 허락을 해주십시오."

하니, 백주할머니가 허락을 했어. 그래서 곧바로 마당에 자리 깔고 차일 치고 맑은 물 떠다 놓고 혼례를 치렀지.

이제 총명아기씨는 총명부인이 됐어. 천지왕과 총명부인은 혼인한 뒤에 세이레 스무하루 동안 함께 지냈지. 그러다가 천지왕이 다시 하늘로 올라가야 할 때가 됐어. 헤어질 때 천지왕이 부인에게 당부하기를,

"열 달 뒤에 쌍둥이 형제를 낳을 것이니, 큰아들은 대별왕이라 하고 작은아들은 소별왕이라 하십시오."

하거든.

"그렇게 하겠습니다. 그런데 나중에라도 아이들이 아버지를 찾으려면 증표가 있어야 하지 않겠습니까?"

"박씨 두 개를 줄 터이니, 아이들이 나를 찾거든 이 박씨 하나씩을 주어 정월 첫 돼지날에 양지바른 곳에 심으라 하십시오. 그러면 나를 찾을 길이 생길 것입니다."

이러면서 박씨 두 개를 총명부인에게 건네주고, 천지왕은 곧바로 오색구름을 잡아타고 하늘로 훨훨 올라가 버렸어.

그러고 난 뒤에 총명부인 배가 점점 불러오더니 열 달 뒤에는 정말로 쌍둥이 형제를 낳았어. 천지왕 말대로 큰아들은 대별왕, 작은아들은 소별왕이라 이름 짓고 정성 들여 잘 키웠지.

대별왕, 소별왕은 무럭무럭 잘 자라서 세 살에 못 하는 말이 없고, 다섯 살에 못 읽는 글이 없고, 일곱 살에 활을 쏘고, 아홉 살에 말을 타더니, 열다섯 살이 되자 헌헌장부가 됐어. 그런데 하루는 형제가 글방에 갔다 오더니 시무룩한 얼굴로 어머니 총명부인에게 묻는 거야.

"어머니, 어머니. 우리는 왜 아버지가 없습니까?"

"갑자기 아버지는 왜 찾느냐?"

"글방에 갔더니 사람들이 우리를 보고 '아비 없는 후레자식'이라 하니 슬프고 원통합니다. 우리 아버지는 누구이며 어디에 갔습니까?"

"너희 아버지는 이 세상 사람이 아니다. 하늘 세상 임금님, 옥황상제 천지왕님이 바로 너희 아버지시다."

"그러면 우리가 아버지를 찾아가겠습니다. 가는 길을 가르쳐 주십시오."

총명부인이 깊이 간직해 두었던 박씨 두 개를 꺼내어 아들들에게 주면서 당부를 했어.

"이 박씨를 땅에 심되, 반드시 정월 첫 돼지날에 양지바른 곳에 심어라. 그러면 아버지를 찾을 길이 생길 것이다."

대별왕, 소별왕이 박씨 하나씩을 받아 가지고 정월 첫 돼지날이 되기를 기다렸다가 그걸 양지바른 곳에 심었어. 그랬더니 그 이튿날 싹이 나서 하루에 닷 발씩 덩굴이 솟는데, 며칠 안 가서 높이높이 솟아올라 하늘까지 닿았어.

"옳아. 이 덩굴을 타고 하늘로 올라오라는 뜻이로군."

대별왕, 소별왕은 박덩굴을 타고 하늘로 올라갔어. 사흘 밤 사흘 낮을 타고 올라가 드디어 하늘에 닿았는데, 덩굴 끄트머리가 어디에 닿아 있는고 하니 아버지 천지왕이 걸터앉은 용상 왼쪽 뿔에 감겨 있는 거야. 그런데 아버지는 어디 갔는지 안 보이고 빈 용상만 놓여 있네. 형제는 용상에 걸터앉아서,

"이 용상은 비어 있으니 임자 없는 용상인가?"

"임자 없는 용상이면 우리가 차지해 볼까?"

하고 흔들며 놀다가 그만 박덩굴이 감긴 왼쪽 뿔을 뚝 부러뜨려 버렸어. 그 바람에 용상 뿔이 박덩굴과 함께 땅에 뚝 떨어졌지. 이 일이 있고부터 임금이 앉는 용상에는 왼쪽 뿔이 없게 된 거란다.

형제가 놀고 있을 때 아버지 천지왕이 와서 보고, 아들들이 박덩굴을 타고 올라온 것을 알았지. 그래서 반갑게 맞아들이고 나서 명을 내렸어.

"내가 이승과 저승, 하늘과 땅을 다 다스리기가 힘에 벅차니 이제부터 너희 둘이 이승과 저승을 나누어 맡아 다스리도록 하여라."

"예, 그렇게 하겠습니다."

처음에는 대별왕이 이승을 맡아 다스리고 소별왕은 저승을 맡아 다스리기로 했는데, 소별왕이 가만히 생각해 보니 이승이 더 좋을 것 같거든. 그래서 형에게 내기를 걸었어.

"형님, 우리 수수께끼 내기를 해서 이기는 쪽이 이승을 다스리고 지는 쪽이 저승을 다스리기로 합시다."

"그러자꾸나."

형 대별왕이 선선히 허락하고 먼저 수수께끼를 냈어.

"아우야, 어떤 나무는 사시사철 잎이 지지 않고 어떤 나무는 잎이 지느냐?"

소별왕이 한참 동안 생각하다가 대답을 하기를,

"형님, 알았습니다. 속이 꽉 찬 나무는 사시사철 잎이 지지 않고 속이 빈 나무는 잎이 집니다."

하거든.

"틀렸다. 청대, 갈대는 마디마디 속이 비었어도 잎이 지지 않느니라."

대별왕이 또 수수께끼를 냈어.

"아우야, 높은 곳에 난 풀과 낮은 곳에 난 풀은 어느 쪽이 더 잘 자라느냐?"

이번에도 소별왕이 한참 동안 생각하다가 대답을 하기를,

"형님, 알았습니다. 봄철에 바람이 불고 비가 내리면, 높은 곳에 있는 흙은 씻겨 내려가 그 풀이 잘 자라지 않고, 낮은 곳에는 흙이 쌓여 풀이 잘 자랍니다."

하거든.

"반드시 그런 것은 아니다. 사람의 머리털은 높은 데 있어도 길고, 발등의 털은 낮은 데 있어도 짧지 않느냐?"

소별왕은 아무리 애를 써도 수수께끼 내기에서 형을 이기지 못할 것 같으니까 다른 내기를 걸었어.

"형님, 수수께끼는 그만두고 꽃가꾸기 내기를 합시다. 같은 꽃씨를 같은 날 심어서 더 잘 키우는 쪽이 이승을 다스리고 못 키우는 쪽이 저승을 다스리기로 합시다."

"그러자꾸나."

이번에도 형 대별왕이 선선히 허락하고, 둘이서 꽃구름을 타고 서천꽃밭에 가서 꽃감관한테서 꽃씨를 두 개 얻어 왔어. 그 꽃씨를 한 개씩 나누어서, 은동이에 흙을 담고 정성 들여 심어서 가꾸었지. 그런데 형 대별왕의 꽃은 크고 탐스러워 나날이 싱싱하게 자라는데, 아우 소별왕의 꽃은 작고 볼품이 없어 나날이 시들어 가기만 하네.

이번에도 형을 이기지 못할 것 같으니까 소별왕은 궁리 끝에 묘한 꾀를 냈어.

"형님, 우리 그 동안 꽃을 가꾸느라 힘들었으니 잠자기 내기를 합시다. 누가 깊이 잠이 드나 겨뤄 봅시다."

"그러자꾸나."

이번에도 형 대별왕은 선선히 허락하고, 곧 둘이서 잠이 들었어. 형은 아무것도 모르고 깊이 잠들었는데, 아우는 잠을 자는 척하다가 살며시 깨어나서 형의 꽃을 제 앞에 갖다 놓고, 제 꽃을 잠자는 형 앞에 갖다 놨지. 그러고 나서 큰 소리로 형을 깨웠어.

"형님, 어서 일어나십시오. 형님이 주무시는 동안에 꽃이 다 시들었습니다."

　대별왕이 깨어나 보니, 그 동안 무슨 일이 있었는지 싱싱하던 자기 꽃은 다 시들어 가고, 볼품 없던 아우의 꽃은 싱싱하게 잘 자랐거든. 하릴없이 이승을 아우에게 양보하고 자기는 저승을 다스리기로 했지. 대별왕이 저승으로 가면서 아우에게 단단히 당부를 했어.

　"소별왕아, 이승 사람들 중에는 싸움 좋아하는 사람, 잘 속이는 사람, 남의 것을 빼앗는 사람, 까닭 없이 남을 해코지하는 사람이 많으니 부디 법을 맑게 하여 반듯하게 다스리도록 하여라."

　소별왕이 이승에 가 보니 아니나다를까, 사람들이 서로 싸우고 속이고 빼앗고 해코지하느라 정신이 없어. 게다가 하늘에는 해도 둘이요 달도 둘이어서 사람들이 낮에는 뜨거워 견디지 못하고 타 죽어 가고 밤에는 너무 추워 견디지 못하고 얼어 죽어 가는 거야. 게다가 사람 아닌 것들이 다 말을 하는데, 풀과 나무도 말을 하고 물고기와 날짐승, 길짐승도 말을 하니 세상이 시끄러워서 살 수가 있나. 너무 시끄러워서 정작 사람끼리는 서로 말을 알아듣지 못하니 말이야. 이래서는 이승을 제대로 다스릴 수가 없겠거든.

　소별왕이 어쩔 줄을 몰라 걱정하다가 형에게 가서 도움을 청했지. 구만 리 저승길을 달려가 저승궁에 있는 대별왕에게 부탁을 했어.

　"형님, 이승이 좋은 줄만 알았더니 서로 싸우고 속이고 빼앗고 해코지하는 사람들이 수두룩하며, 해와 달이 둘이라 낮에는 너무 뜨거워 사람들이 타 죽어 가고 밤에는 너무 추워 사람들이 얼어 죽어 가며, 풀·나무·물고기·날짐승·길짐승들이 죄다 말을 하니 너무 시끄러워서 사람들이 서로 말을 알아듣지 못합니다. 제발 도와 주십시오."

　"알았으니 걱정 말아라. 나는 천 근 활과 화살을 마련할 터이니 너는 송홧가루 닷 말 닷 되를 마련하여라. 그것을 가지고 나와 함께 이승으로 가자."

　형 대별왕은 무쇠 삼천 근을 녹여 천 근으로는 활을 만들고 이천 근을 반으로 나누어 화살 두 개를 만들었어. 아우 소별왕은 송홧가루 닷 말 닷 되를 마련해 가지고, 형제는 함께 이승으로 갔지.

먼저 대별왕이 천 근 활에 천 근 화살을 메겨서 해 하나를 겨냥해 쏘았어. 천 근 화살이 시위를 떠나 하늘 높이 날아가, 앞서 가는 해는 그냥 두고 뒤따라가는 해를 보기 좋게 맞춰 떨어뜨렸어. 그 다음에는 밤이 되기를 기다려 남은 천 근 화살을 메겨서 달 하나를 겨냥해 쏘았지. 천 근 화살은 이번에도 보기 좋게 뒤따라가는 달 하나를 맞춰 떨어뜨렸어. 이래서 이승에는 해와 달이 하나씩만 남게 됐지. 그러니 낮에도 알맞게 덥고 밤에도 알맞게 추워서 사람들이 살기 좋게 됐어.

그 다음에 대별왕이 아우를 시켜 송홧가루 닷 말 닷 되를 세상에 뿌렸어. 그랬더니 풀과 나무, 물고기와 날짐승, 길짐승의 혀가 굳어서 말을 못 하게 됐지. 그러니까 사람만이 말을 할 수 있게 된 거야. 이제 세상이 조용해서 사람끼리 서로 말을 알아들을 수 있게 됐지.

그리고 나서 대별왕이 소별왕에게 당부하기를,

"소별왕아, 이제 남은 일은 법을 맑게 하여 반듯하게 다스리는 것이다. 그렇게 하면 나쁜 사람들이 줄어들 것이니라."

하고는 저승으로 훌훌 가 버렸어.

소별왕이 그 뒤로 이승의 법을 맑게 하여 세상을 반듯하게 다스리려고 애를 썼지만 힘에 부쳐 잘 안 될 때도 있었던 모양이야. 그래서 이승에는 아직도 싸움 좋아하는 사람, 잘 속이는 사람, 남의 것을 빼앗는 사람, 까닭 없이 남을 해코지하는 사람이 남아 있게 됐지. 그렇지만 대별왕이 다스리는 저승은 법이 맑고 다스림이 반듯하여, 나쁜 사람이 착한 사람을 해코지하는 일 따위는 결코 없단다.

지국성에 남아 있던 총명부인은 그 뒤에 바지왕이 되어 땅 세상을 다스리니, 그 때부터 이 세상은 둘과 둘로 나누어지게 됐지. 옥황상제 천지왕이 다스리는 하늘 세상과 그 아내 총명부인 바지왕이 다스리는 땅 세상이 그 둘이요, 대별왕이 다스리는 저승과 소별왕이 다스리는 이승이 그 둘이지.

저승차사 강림도령

옛날 인간 땅 동정국이라는 나라에 범을임금이 있었는데, 이 임금이 아들 아홉 형제를 두었어. 그런데 어느 해 위로 삼 형제가 돌림병에 걸려 죽고, 또 이듬해 끄트머리로 삼 형제가 시름시름 앓다가 죽어서 가운데 삼 형제만 남게 됐지. 그러니 얼마나 귀한 아들이야? 임금과 왕비는 불면 꺼질세라 놓으면 깨질세라 애지중지 삼 형제를 키웠어.

나이 일곱 살이 되니 아이들이 글방에 글공부를 하러 다녔지. 하루는 삼 형제가 글방에 갔다가 돌아오는 길에 장 구경을 하고 있는데, 황금산 도단절 무야스님이 바랑을 메고 목탁을 치며 그 옆을 지나다가 혀를 끌끌 차면서 혼잣말로 중얼거리기를,

"귀한 집 아이들이다마는 타고난 명이 짧아 오래 살지 못하겠구나."

하거든. 아이들이 이 말을 듣고 이상하게 여겨, 얼른 아버지 범을임금에게 달려가 그대로 고했어. 그랬더니 임금이 그만 가슴이 철렁 내려앉는 거야. 안 그래도 아들 아홉 중에 여섯을 잃고 자나깨나 아이들 무사하기만을 빌면서 살았는데, 이런 말을 들으니 놀랄밖에. 급히 곁에 있는 무사들을 시켜 무야스님을 데려오게 했어.

"듣자니 스님이 우리 아이들을 보고 명이 짧겠다 했다는데, 그게 무슨 말이오?"

"들으신 대로입니다. 삼 형제 모두 열다섯 살을 넘기지 못할 것입니다."

그 말을 듣고 임금이 파랗게 질려 무야스님에게 매달렸어.

"스님, 죽을 방도가 있으면 살 방도도 있을 게 아니오? 어찌하면 아이들 명을 늘릴 수 있겠소?"

"이 아이들은 본디 임금님의 자식이 아니라 부처님의 자식입니다. 속세에 있으면 아홉 살을 넘기지 못할 것이나, 머리를 깎고 중이 되어 절에 가 있으면 화를 면할 것입니다."

"그러면 스님이 이 아이들을 좀 데려가 주시오."

"그리하겠습니다."

범을임금은 아들 삼 형제를 무야스님에게 딸려 보내면서, 부처님께 시주할 황금 서 말, 백은 서 말도 함께 싸 보냈어. 그런데 무야스님이 말하기를,

"부처님께 금은보화는 티끌이나 검불과 같습니다. 꼭 보내시려거든 은그릇, 놋그릇과 비단을 한 짐씩 보내시면 나중에 쓸모가 있을 것입니다."

하거든. 임금이 그 말대로 은그릇, 놋그릇과 비단을 한 짐씩 꾸려서 아들과 함께 보냈지.

아들 삼 형제는 무야스님을 따라 황금산 도단절에 가서 머리를 깎고 중이 됐어. 황금산 도단절에는 스님들이 모두 삼천 명이나 있었는데, 아이들은 그 틈에 섞여 염불도 배우고 잔심부름도 하며 세월을 보냈지. 중이 되면 속세의 이름과 인연을 모두 끊는 법이라, 삼 형제도 새 이름과 새 사주를 얻어 가지고 살았어.

이러구러 아이들 나이 열다섯 살이 됐는데, 이 때 저승에서는 염라대왕이 차사 셋을 보내 수명이 다 된 삼 형제를 잡아 오라고 일렀어. 저승차사들이 삼 형제를 잡아가려고 동정국에 와 보니 아이들이 없거든. 귀동냥을 해 보니 중이 되어 황금산 도단절에 갔다고 한단 말이야. 얼른 황금산 도단절로 올라갔지.

그런데 절에 가 보니 머리 깎고 가사장삼 입은 스님들이 삼천 명이나 돼서 누가 누군지 알아볼 수가 없네. 게다가 이름도 바꾸고 사주도 바꿔 놨으니 그 속에서 무슨 수로 아이들을 찾아? 아무리 해도 못 찾겠거든. 한 사나흘 빙빙

돌다 보니 저승으로 돌아가야 할 날이 지나 버렸어.

그래서 이 차사들이 의논하기를,

"안 되겠다. 이러다가는 염라대왕님한테 우리만 혼나겠다. 아무나 잡아 가지고 얼른 저승으로 돌아가자."

하고는, 눈에 띄는 대로 아무나 잡아 가지고 저승으로 돌아가 버렸어. 그래서 삼 형제는 목숨을 건지게 됐지.

삼 형제가 열다섯 살 되는 해를 무사히 넘기고 나니 이제는 집 생각이 간절하거든. 그래서 날마다 동정국 쪽을 바라보며 눈물만 흘리고 지냈어. 그러다가 하루는 셋이서 의논을 하고 무야스님을 찾아가서 집에 보내 달라고 간청을 했지. 무야스님이 한참 생각하다가,

"삼 년만 더 있으면 모든 화를 면하고 본디 수명을 되찾을 것인데 너희들이 그렇게나 집에 가고 싶어하니 어쩔 수 없구나."

하고는, 삼 형제가 절에 올 때 함께 가지고 온 은그릇, 놋그릇, 비단 한 짐씩을 내어주면서,

"이것을 짊어지고 가다가 노자로 쓰도록 하여라."

하는 거야. 그래서 삼 형제가 물건을 한 짐씩 맡았는데, 맏이는 은그릇을 맡고 둘째는 놋그릇을 맡고 막내는 비단을 맡았어. 이렇게 물건을 한 짐씩 맡아서 짊어지고 무야스님에게 하직 인사를 하니, 스님이 조용히 당부하기를,

"가는 길에 어디를 들르도 좋지만 김치고을만은 들르지 않는 것이 좋겠다. 어쩔 수 없이 들르게 되더라도 까치못 우물물일랑 마시지 말고, 만약 이미 그 물을 마셨더라도 과양상이 집에서는 절대로 묵지 말아라."

하거든. 삼 형제가 그 말을 새겨듣고 길을 떠났어.

맏이는 은그릇을 지고 둘째는 놋그릇을 지고 막내는 비단을 지고, 등짐장수처럼 차리고 길을 떠났지. 동정국으로 가는 길은 멀고 험해서 도중에 여러 마을을 거쳐야 했어. 또 가다가 목이 마르면 우물물을 마시고, 날이 저물면 아무 집에나 들어가서 하룻밤 묵어 가기를 청하고, 이렇게 하면서 갔어. 그런데

떠나올 때 스님이 일러 준 말 때문에 낯선 마을에 들를 때마다 꼭 마을 이름을 물어 봤어. 혹 김치고을이면 피해 가려고 말이야. 또 물을 마실 때마다 그 옆에 연못이 있으면 반드시 그 이름을 물어 보고, 하룻밤 묵을 때마다 집 주인 이름을 물어 봤어. 혹 까치못 우물물이면 마시지 않고, 과양상이 집이면 묵지 않으려고 말이야.

그러기를 몇날 며칠, 빨리 집에 가고 싶은 마음에 걸음을 재촉하다 보니 삼 형제가 모두 지치게 됐어. 하루는 종일 쉬지 않고 걸었더니 저녁 무렵이 되어 다리도 아프고 배도 고프고 목도 몹시 마른데, 마침 어떤 연못가에 우물이 있거든. 반가워서 달려들어 실컷 마셨지. 그러고 나니 마침 우물가에서 어떤 아낙네가 물동이에 물을 긷고 있기에 물어 봤어.

"이 고을 이름은 무엇입니까?"
"김치고을입니다."
"그러면 이 연못은 무엇이라 합니까?"
"까치못이라 합니다."

삼 형제가 깜짝 놀라 서로 얼굴만 쳐다봤어. 스님이 들르지 말라던 고을이 김치고을이고, 마시지 말라던 우물물이 까치못 우물물이거든. 그렇지만 이미 엎질러진 물이지 뭐야. 김치고을엔 벌써 들어와 버렸으니 날은 저물어 가는데 이제 와서 다른 고을로 갈 수도 없고, 까치못 우물물은 이미 마셔 버렸으니 이제 와서 되돌릴 수도 없잖아.

'어쨌든 과양상이 집에서만 묵지 않으면 된다.'

이렇게 생각하고 물긷는 아낙네에게 물어 봤어.

"이 근방에 주막이 있습니까?"
"없습니다."
"그러면 달리 묵어 갈 만한 곳이 없겠습니까?"
"괜찮으시면 우리 집에서 묵어 가시지요."

아낙네가 이렇게 권하는데, 삼 형제가 가만히 생각해 보니 어쨌든 과양상이 집에서만 묵지 않으면 될 터이니 차라리 이 아낙 집에 묵는 것이 좋겠다, 이런 생각이 들거든. 그런데 이 아낙네가 바로 과양상이니 어쩌면 좋아. 삼 형제는 과양상이가 남자라고만 생각을 했던 거야. 그래서 아낙네를 따라갔어.

과양상이가 본래 욕심이 많고 엉큼한데, 우물물을 긷다가 은그릇, 놋그릇, 비단을 잔뜩 짊어진 삼 형제를 보고 그만 그 재물에 욕심이 생긴 거야. 꾀어서 자기 집에 데리고 가 재물을 빼앗으려는 속셈이었던 거지. 그런데 삼 형제는 그런 줄은 꿈에도 모르고 과양상이 집에 따라 들어갔어.

집에 들어가니 과양상이가 극진히 대접을 하는 척하면서 아주 독한 술을 삼 형제에게 자꾸 권해서 잔뜩 취하게 만들었어. 삼 형제는 아무 것도 모르고 독한 술을 주는 대로 받아 마셨지. 그랬더니 나중에는 몸도 가누지 못할 만큼 취해서 그만 세상 모르고 깊이 잠이 들어 버렸어.

이 때 과양상이가 잠든 삼 형제를 차례로 죽여서 그 시체를 까치못 속에 던져 넣어 버렸어. 그리고 은그릇이며 놋그릇, 비단 같은 재물은 빼앗아 제가 가졌지. 그래 놓고 아무 일도 없었던 것처럼 시치미를 뚝 떼고 사는 거야.

그런데 하루는 과양상이가 말에게 물을 먹이려고 연못가에 갔더니, 물가에 웬 못 보던 꽃 세 송이가 함초롬히 피어 있거든. 욕심 많은 과양상이가 그냥 둘 리 있나. 꽃을 꺾어다가 집에 가져 갔어. 집에 가서 대문간에 높이 달아 놨지.

그런데 그 다음부터 이상한 일이 생기지 뭐야. 대문을 드나들 때마다 문간에 매달아 놓은 꽃 세 송이가 저절로 움직여 사람의 머리를 건드리는 거야. 주먹 모양이 되어 머리를 툭툭 치기도 하고, 손가락 모양이 되어 머리를 북북 긁기도 하고, 손바닥 모양이 되어 머리를 찰싹찰싹 때리기도 하고, 이러니 견딜 수가 있나.

"에잇, 고약한 꽃 같으니라고."

과양상이가 화가 잔뜩 나서 꽃을 떼어다가 활활 타는 화롯불에 던져 넣어 버렸어. 그랬더니 꽃은 불에 활활 타서 간 곳이 없고, 그 자리에 난데없는 구슬 세 개가 생겨나더래.

그 이튿날 아침에 청태산 수리할멈이 불을 빌리러 과양상이 집에 왔다가, 불씨를 찾으려고 화로를 뒤지니 불은 없고 웬 구슬 세 개가 들어 있거든. 수리할멈이 구슬 세 개를 꺼내어 이리저리 살피는데, 이 때 과양상이가 와서 보고 욕심이 버럭 나서,

"아이고, 그 구슬은 내 것이오."

하면서 얼른 빼앗아서 입에 물었더니 그만 구슬이 목구멍 속으로 쏙 미끄러져 뱃속으로 들어가 버렸어. 구슬을 삼켜 버린 거지.

그러고 나니 과양상이 배가 점점 불러오는데, 마치 아기를 밴 것 같더래. 아니나다를까, 열 달이 차니 아기를 낳았는데 아들 세 쌍둥이를 낳았어.

과양상이는 좋아라 하며 아기들을 키웠어. 아들 세 쌍둥이는 무럭무럭 잘 자라서, 돌이 되니 걸음마를 하고, 세 살이 되니 못 하는 말이 없고, 다섯 살이 되니 못 지는 짐이 없고, 일곱 살이 되니 소도 타고 말도 타고, 아홉 살이 되니 글방에 가서 글공부를 하게 됐어.

쌍둥이 삼 형제는 어찌나 똑똑한지 하나를 가르치면 열을 알고, 열을 가르치면 백을 알아서 신동이라는 소리를 들으며 자랐어. 과양상이는 세 아들에게 고운 옷 입히고 맛난 음식 먹이고 글공부 시키느라 범을임금 아들 삼 형제에게 빼앗은 재물도 다 팔아먹고, 본디 가지고 있던 살림도 다 팔아먹어서 나중에는 빈털터리가 됐지.

아이들은 나이 열다섯 살이 되자 과거를 보러 갔어. 과양상이는 이제 더 팔것이 없으니까 집을 팔아 노자를 마련해서 아들들에게 주고, 자기는 허허벌판에 움막을 짓고 살았어. 움막에 살면서 이제나저제나 세 쌍둥이 아들이 과거에 급제해 가지고 돌아오기만을 기다렸지.

하루는 과양상이가 움막 앞에서 땔감으로 쓰려고 개똥을 줍고 있는데, 저 멀리서 북 치고 장구 치고 나팔 부는 소리가 들리는 거야. 가만히 보니까 아들 셋이 저마다 흰 말을 타고 오는데, 푸른 관복 입고 관대 차고 머리에는 관

모 쓰고 어사화 꽂고 기세도 좋게 오고 있네. 앞에는 '물렀거라, 섰거라.' 벽제 소리도 요란하고 뒤에는 삼현육각이 풍악을 울리면서 따라오고, 이것 참 장관이거든.

이렇게 아들 셋이 다 과거에 급제하여 내려오니, 과양상이가 너무 좋아서 벌어진 입이 다물어지지도 않아. 움막 앞에 상을 차리고 과양상이가 아들들한테서 절을 받으려고 상 앞에 턱하니 앉았지.

그런데 대체 이게 무슨 변이야? 세 아들이 어머니 과양상이한테 절을 하려고 엎드렸는데, 아무리 기다려도 일어날 줄을 모르네. 날이 저물도록 그냥 엎드려 있단 말이야. 하도 이상해서 이렇게 들여다보았더니 셋 다 엎드린 채로 죽어 있는 거야.

과양상이가 한꺼번에 아들 셋을 잃고 나니 얼마나 분하고 원통한지 잠을 못 자. 그냥 날밤을 하얗게 새우고, 그 이튿날 날이 밝자마자 김치고을 원님 김치원을 찾아갔어.

"사또, 내 아들 셋이 과거에 급제하고 돌아오는 날 죽었으니 원통해서 못 살겠소. 죽인 사람이 없으면 죽은 곡절이라도 있을 테니 거울같이 뚜렷하게 밝혀 주오."

김치고을 원님 김치원이 하소연을 듣고 과양상이한테 이르기를, 잘 알아볼 터이니 돌아가서 기다리라 했어. 그래 놓고 이것저것 알아봤지. 그런데 아무리 알아본들 무슨 곡절인지 밝힐 수가 있나. 절하다가 갑자기 죽었으니 뭘 밝혀 낼 게 있어야지. 며칠이 지나도록 김치원이 아무 것도 못 밝혀 내니까 과양상이가 날마다 찾아와 조르는 거야. 올 때마다 아들 죽은 사연을 밝혀 달라고 적은 소지를 들고 오는데, 그 소지가 아홉 상자 반이나 쌓이도록 와서 졸라. 그래도 김치원이 아무 것도 못 밝혀 내니까, 나중에는 성 위에 올라가서 고래고래 욕을 퍼붓거든.

"바보 같은 김치원아, 천치 같은 김치원아. 네가 그러고도 관장이냐? 차라리 집에 가서 외양간의 쇠똥이나 치지, 이 고을에는 뭐 하러 붙어 있느냐?"

날마다 성 위에 올라가 이렇게 고함을 쳐대니 김치원이 그만 울화가 나서,

"내가 명색 관장으로서 이렇게 욕을 얻어먹고 사느니 차라리 죽어 버리리라."

하고는, 명주실을 꼬아 만든 밧줄을 대들보에 달고 목을 매어 죽으려고 하네. 이 때 고을 이방·호방·예방이 달려들어 겨우 뜯어말리고, 병방·형방·공방이 나서서 머리를 짜내 가지고 방도 하나를 내놨어.

"사또, 고정하시고 들어 보십시오. 이런 송사를 풀 사람은 이승 천지에는 없습니다. 저승 시왕은 모르는 것이 없다 하니, 저승 시왕 중 으뜸가는 염라대왕을 불러다 물어 보시지요."

"그 무섭다는 염라대왕을 무슨 수로 부른단 말이냐?"

"우리 고을 백성 중에 강림도령이라는 장사가 있는데, 이 사람 힘이 세기로는 호랑이를 잡을 만하고 담이 크기는 귀신 열을 당할 만합니다. 강림도령더러 염라대왕을 잡아 오라고 시키면 되지 않겠습니까?"

김치원이 듣고는 좋아라 하면서 무릎을 쳤어.

"그것이 그럴 듯한 방도로구나. 어서 가서 강림도령을 데려오되, 반드시 잠든 뒤에 세 번 부르고 깨워서 데려오너라."

사령들이 강림도령 집에 가서 잠 든 뒤에 세 번 부르고 깨워서 데려오니, 김치원이 동헌 뜰에 온갖 형구를 차려 놓고 기다리다가 호령을 하는 거야.

"너는 이 고을 백성으로서 관장이 세 번이나 불렀는데도 오지 않았으니 그 죄가 매우 크다. 여기서 죽겠는가, 아니면 저승에 가서 염라대왕을 잡아 오겠는가?"

강림도령이 듣고 보니 참 억울한 일이지마는, 죽기보다는 염라대왕 잡으러 가는 편이 나으리라 생각하고 대답을 했어.

"염라대왕을 잡아 오겠습니다."

막상 대답을 하긴 했지만, 강림도령이 집에 돌아와 생각하니 앞이 막막해. 제아무리 힘이 세고 담이 크면 뭘 해? 저는 이승에 있고 염라대왕은 저승에

있으니 무슨 수로 저승에 가며, 저승에 간들 그 무서운 염라대왕을 무슨 수로 잡아 오느냐 말이야.

하릴없어 밥도 안 먹고 이불을 쓰고 누워 한숨만 푹푹 내쉬고 있으려니까, 어머니가 보고는 걱정이 되어 무슨 일인가 물어봤어.

"얘야, 얘야. 강림이야. 무슨 일로 그러느냐?"

"우리 고을 사또가 나더러 염라대왕을 잡아 오라 합니다. 내가 이승길은 알지만 저승길을 어찌 알겠습니까? 사또 영이 무서워 잡아 오겠노라고 약속은 했으나 앞일이 막막하여 이럽니다."

어머니가 그 말을 듣더니, 곧장 뒤주에서 흰쌀 닷 말을 내어다가 떡을 했어. 쌀 닷 말을 방아에 곱게 찧어서 이슬 맞힌 맑은 물에 정갈하게 반죽해 가지고 열두 번 씻어 말린 안반에 정성스레 빚어 냈어. 그것을 시루에 넣어 찌는데 불 한 번 때고 하늘 보고 절하고, 또 한 번 때고 하늘 보고 절하고, 이렇게 공 들여 쪄 내니 하늘 아래 둘도 없는 떡이 됐어.

그렇게 만든 떡을 집안 신왕들에게 바치는데, 먼저 부엌 지키는 조왕신에게 한 말을 바치고, 그 다음으로 대문 지키는 문왕신에게 한 말을 바쳤어. 그러고 나니 떡이 서 말밖에 안 남았는데 신왕들은 아직 많은지라 한꺼번에 공을 들였지. 뒤뜰에 단을 쌓고 성주신, 터주신에 지신, 업왕신, 마부왕과 철융신, 삼신, 측신까지 한꺼번에 모신 뒤 떡 두 말을 바치고 나니 떡 한 말이 남거든. 그것은 고이 갈무리해 뒀다가 강림도령 길 떠날 때 주기로 했지.

그러고 나서 어머니가 마당에 멍석을 깔고 정화수 떠다 놓고 이레 동안 잠을 안 자고 신왕들에게 빌었어.

"어진 신왕님들께 비나이다. 조왕신, 문왕신, 성주신, 터주신, 지신, 업왕신, 마부왕, 철융신, 삼신, 측신님께 비나이다. 우리 아들 강림이가 저승으로 가게 되었으니 부디 잘 인도하여 무사히 다녀오게 해주십시오."

이렇게 이레 밤낮을 빌었지. 그러다가 이레째 되는 날 밤에 잠깐 선잠이 들었는데, 꿈속에 조왕할머니가 나타나서 호통을 치네.

"길 떠날 때가 되었는데 어서 강림이를 저승으로 보내지 않고 뭘 꾸물거리고 있느냐?"

득달같이 재촉하는 바람에 놀라 깨어 보니 꿈이거든. 어머니가 얼른 갈무리해 둔 떡 한 말을 꺼내어 아들에게 주면서 날이 밝는 대로 어서 길을 떠나라 했어.

강림도령이 행장을 단단히 꾸린 다음 떡 한 말을 등에 지고 길을 떠났어. 저승 가는 길을 모르니까 그저 발길 닿는 대로 정처 없이 가는 거지.

그렇게 가다 보니, 저만치 앞에 웬 꼬부랑 할머니가 지팡이를 짚고 걸어가거든.

'저 할머니나 따라가서 길을 물어 볼까.'

발길을 재촉해서 부지런히 걸어갔지. 할머니를 따라잡으려고 말이야. 그런데 대체 무슨 조화인지 아무리 용을 써도 따라잡을 수가 없네. 땀을 뻘뻘 흘리면서 달려가도 할머니는 어느새 저만치 앞서 가고 있고, 젖 먹던 힘까지 다 내어 달려가도 언제 갔는지 저만치 앞서 가고 있는 거야. 기를 쓰고 따라가다 보니 몇날 며칠이 걸렸는데, 그 때서야 할머니가 고갯마루에 앉아 쉬는 바람에 따라잡을 수 있었지.

"할머니는 대체 무슨 재주로 그렇게나 빨리 걸으십니까?"

헐레벌떡 달려가 물었더니, 할머니는 그 말에 대답은 않고 짐 보따리에서 떡을 꺼내 우물우물 먹는데, 가만히 보니 제가 짊어지고 있는 떡하고 똑같거든. 그러니까 자기 어머니가 만든 떡이라 이 말이지. 강림도령이 깜짝 놀라 또 물었어.

"할머니는 대체 뉘시기에 우리 어머니가 한 떡을 잡수십니까?"

그제서야 할머니가 강림도령을 똑바로 바라보며 큰소리로 말을 하는데, 뭐라고 하는고 하니,

"이놈아, 나를 모르겠느냐? 나는 네 집 부엌에 사는 조왕할미니라. 네 어머니 정성이 하도 갸륵하여 너에게 길을 인도하여 주러 왔는데, 네가 여기까지

잘 따라왔으니 나는 이제 그만 가야겠다."

하더니, 갑자기 온데간데없네. 그러니까 조왕할머니가 길을 가르쳐 주려고 저만치 앞서서 걸었나 봐. 그 덕분에 여기까지는 잘 오게 됐는데, 이제부터는 또 어디로 가야 하지? 강림도령은 또 정처 없이 발길 닿는 대로 걸어가기 시작했어.

한참 가다 보니 저만치 앞에 웬 푸른 옷 입은 사내아이가 걸어가거든.

'옳지, 저 아이를 따라가면 되겠군.'

부지런히 따라갔지. 그런데 이번에도 도저히 따라잡을 수가 없는 거야. 허겁지겁 달려가 보면 어느새 저만치 앞서 가고 있고, 또 부리나케 달려가 보면 언제 갔는지 저만치 앞서 가고 있고, 이러니 따라잡을 재간이 있나.

기를 쓰고 따라가다 보니 몇날 며칠이 걸렸는데, 그 때서야 아이가 나무그늘에 앉아 쉬는 바람에 따라잡게 됐지. 그런데 따라잡고 보니 이 아이도 제가 짊어진 떡하고 똑같은 떡, 그러니까 어머니가 만든 떡을 먹고 있네. 강림도령이 놀라서 물었지.

"너는 누구이기에 그렇게나 빨리 걸으며, 또 우리 어머니가 한 떡을 먹고 있느냐?"

"나는 도련님의 집 대문을 지키는 문왕신입니다. 도련님 어머니에게서 좋은 떡 한 말을 대접받고 너무 고마워, 저승 가는 길이나 인도해 주려고 왔습니다."

"그럼, 어느 길로 가면 저승으로 갈 수 있는지 가르쳐 다오."

"이 길로 가다 보면, 돌을 던져도 물결이 일지 않는 거울 같은 연못이 있을 것입니다. 그 연못물에 목욕재계하고 정성을 다해 빌면 세 신선이 나타나 길을 가르쳐 줄 것입니다."

말을 마치더니 간 곳이 없네.

강림도령이 그 말을 새겨듣고 가다 보니, 아닌게아니라 길가에 연못이 하나 있더래. 그런데 연못물이 어찌나 맑은지 돌을 던져도 물결이 안 일어. 그냥 거울같이 맑고 고요해. 그 물에 목욕재계하고 정성을 다해 빌었지.

그랬더니 과연 세 신선이 나타나서 말을 거는 거야.

"그대는 누구이기에 여기에 있는고?"

"예, 저는 김치골을 사는 강림이라 합니다. 염라대왕을 잡으러 저승 가는 도중에 길을 몰라 여기에 있으니 부디 가르쳐 주십시오."

그랬더니 세 신선이 껄껄 웃으면서,

"인간으로서 염라대왕을 잡으러 저승에 가다니 그 용기가 가상하도다. 여기서부터는 길이 험하니 어려운 지경에 다다르면 이 물건을 쓰되, 마지막 물건은 염라대왕을 만날 때까지는 쓰지 말라."

하면서 저마다 물건 하나씩을 건네주는데, 하나는 푸른 부채요 하나는 붉은 부채요 마지막 물건은 누른 쇠줄이야. 그러고 나서 또 일러주기를,

"가다가 아흔아홉 갈래 갈림길이 나오거든, 그 자리에 깨끗한 나뭇잎을 깔고 그대가 짊어지고 온 떡을 차려 놓아라. 그러고 나서 몸을 숨기고 있으면 염라대왕을 찾을 도리가 생길 것이다."

하거든.

강림도령이 세 신선에게 절하고 나서 또 길을 떠났어. 한참 가다 보니 길은 점점 험해지는데, 사방에 안개가 부옇게 끼어서 아무 것도 안 보이네. 한 치 앞이 안 보여. 푸른 부채를 펴서 부치니 안개가 말끔히 걷히고 길이 또렷이 잘 보여. 그래서 갔지.

또 한참 가다 보니 길은 더 험해지는데, 밤이 아닌데도 사방에 어둠이 짙게 깔려서 아무 것도 안 보이네. 깜깜해서 아무 것도 안 보여. 붉은 부채를 펴서 부치니 어둠이 사라지고 밝은 빛이 비쳐서 길이 또렷이 잘 보여. 그래서 갔지.

안개와 어둠을 헤치고 자꾸 가다 보니 과연 갈림길이 나오는데, 그 갈래가 모두 아흔아홉 갈래야. 그러니 어디로 가야 할지 짐작이나 할 수 있나. 강림도령이 그 자리에 깨끗한 나뭇잎을 주워다 깔고, 그 위에 제가 짊어지고 온 떡을 꺼내어 잘 차려 놨어. 그래 놓고 나무 뒤에 몸을 숨기고 있었지.

잠시 뒤에 한 장사가 나타나는데, 옷차림이 참 요란도 해. 알록달록 비단철릭 떨쳐 입고 머리에는 큰 방울 달린 벙거지 쓰고, 품에는 책을 품고 허리에는 금패 차고, 손에는 차사기 높이 들고 나타나더니, 길 가운데 차려 놓은 떡을 보고는 그냥 달려들어 배불리 먹는 거야. 실컷 먹고 나서,
　"시장하던 차에 고맙게도 잘 먹었네. 그런데 이 떡을 차려 놓은 이는 누구인고?"
하고 혼잣말을 하기에, 이 때 강림도령이 나무 뒤에서 썩 나왔어.
　"내가 차려 놓았습니다."
　"그대는 뉘신가?"
　"김치고을 사는 강림이라 합니다."
　"무슨 일로 예까지 왔는가?"
　"우리 고을 관장 영을 받고 염라대왕을 잡으러 왔습니다. 원컨대 염라대왕을 만날 수 있는 길을 가르쳐 주십시오."
　"나는 저승차사 해원맥이네. 명색 시왕의 차사로서 이승 사람에게 저승 비밀을 털어놓는 것은 중죄이지마는, 떡 대접을 받고 나서 모른 체하는 것도 예가 아니니 가르쳐 주겠네."
　저승차사 해원맥이 아흔아홉 갈래 길을 다 가르쳐 주는데,
　"이 길은 옥황상제 다니는 길, 이 길은 바지왕 다니는 길, 이 길은 대별왕 다니는 길, 이 길은 소별왕 다니는 길, 이 길은 칠성님과 옥녀부인 다니는 길, 이 길은 옥황선녀 다니는 길……."
　이렇게 하나하나 가르쳐 주다가 한 길을 가리키며,
　"이 길이 염라대왕 다니는 길이니, 이 길로 들어가 저승문 앞에서 기다리면 대왕을 만날 수 있을 걸세."
하고는, 이승에 죄 지은 사람과 수명이 다 된 사람을 잡으러 간다며 바람같이 가 버리네.
　강림도령이 염라대왕 다니는 길로 들어가니, 과연 길목에 저승문이 굳게

닫힌 채 우뚝 서 있거든. 그 앞에 벌렁 드러누워 염라대왕을 기다렸어. 저승 문을 열면 곧 서천강이요, 서천강을 건너면 저승이지마는, 산 사람은 저승문을 지날 수 없으니까 그런 거지.

하루가 지나고 이틀이 지나고 사흘이 지나니, 드디어 천둥이 치는 듯이 요란한 소리와 함께 저승문이 열리면서 염라대왕이 가마를 높이 타고 나오거든. 가마 앞에 열두 장사를 앞세우고, 가마 뒤에 열두 시녀를 거느리고 위풍도 당당하게 나오는 거야. 때맞춰 강림도령이 벌떡 일어나, 신선한테서 받은 누른 쇠줄을 손에 쥐고 흔들면서 벼락같이 소리를 쳤어.

"염라대왕은 어서 나와 오라를 받으시오!"

그 소리를 듣고 염라대왕이 그만 화가 머리끝까지 났어. 그도 그럴 것이, 저승 다스리는 시왕 중에 으뜸이요 천하가 벌벌 떠는 염라대왕 앞에서, 초라한 이승 사내가 오라를 받으라고 땅땅거리니 화가 안 나게 됐어?

"어느 놈이 감히 내 앞을 막는 것이냐?"

염라대왕이 한 번 소리치니 '우르릉 뚝딱' 천둥 번개가 치면서 온 사방이 깜깜해지고 천지가 진동을 하는 거야. 강림도령이 그걸 보고 겁이 더럭 났지마는, 마음을 가다듬고 생각해 보니 이래 죽으나 저래 죽으나 매한가지겠거든. 까짓것, 용이나 크게 한 번 써 보고 죽자고 마음먹고, 염라대왕 가마 앞에 달려들어 열두 장사를 차례차례 메어다꽂아 버렸어. 열두 장사가 맥없이 나가떨어지니, 강림도령이 누른 쇠줄을 던져 가마를 얽어맸어. 신선한테서 받은 쇠줄이 가마를 얽어매니 가마가 꼼짝을 못 하는 거야. 그래 놓고 젖 먹던 힘까지 다 내어 소리를 냅다 질렀어.

"저승에 대왕이 있으면 이승에는 관장이 있소이다. 아무리 저승 대왕이라도 이승 관장 명에 따라야 하오!"

염라대왕이 가만히 보니 이승 사내 용맹스러운 것이 여간내기가 아니거든. 이승 사람으로서 여기까지 온 것만 해도 놀라운데, 저를 호위하던 열두 장사를 차례로 다 메어다꽂은 데다가 쇠줄을 던져 제 가마까지 꼼짝 못 하게 얽어

매 놓고 두려움도 없이 저렇게 호통을 치니 과연 놀랍단 말이야. 한편으로는 괘씸하기도 하지마는 한편으로는 기특하기도 해서, 말소리를 부드럽게 바꾸어 조용히 물어 봤어.

"네가 대체 누구냐?"

"인간 땅 김치고을 강림도령이오. 우리 고을 관장 명으로 대왕을 잡으러 왔으니 순순히 오라를 받으시오."

"네 용맹이 쓸 만하구나. 그런데 지금 이승에 심승상의 외동딸이 큰 병이 들어, 시왕맞이 굿으로 나를 불러서 가는 중이니, 거기에 먼저 갔다 와서 네 일을 보아 주마."

"그럼 나도 함께 가겠소."

강림도령이 염라대왕을 따라 이승의 심승상 집으로 갔어. 시왕맞이 굿을 한다고 염라대왕이 먼저 굿판으로 들어가고, 강림도령은 밖에 남았지. 그러다가 굿이 끝나고 들어가 보니, 그새 염라대왕이 어디로 갔는지 안 보이네. 감쪽같이 사라졌어.

염라대왕을 잃어버렸으니 큰일 아니야? 강림도령이 정신을 가다듬고 가만히 사방을 살펴보니, 집 기둥 하나가 전혀 쓸모 없는 곳에 세워져 있거든. 거기 있을 자리가 아닌데 있는 거야. 염라대왕이 집 기둥으로 몸을 바꾸어 숨은 게 틀림없지.

"저 기둥은 쓸모 없는 것이니 잘라 버려라."

강림도령이 벼락같이 소리치니, 염라대왕이 깜짝 놀라 몸을 부엉이로 바꾸어 지붕 위로 올라갔어. 이번에도 강림도령이 눈치를 채고, 집주인 심승상에게 청하여 사냥매를 한 마리 빌려다가 풀어놨지. 매가 쏜살같이 지붕 위로 올라가 부엉이를 덮치니 염라대왕인들 별 수가 있나. 본디 모습으로 돌아와서 하는 말이,

"내가 잠시 네 지혜를 시험해 봤느니라. 그만하면 나를 청할 만하니, 이제 그만 김치고을로 돌아가 있거라. 그러면 이틀 뒤에 내가 너의 고을을 찾아가

겠노라."
하고 약속을 하거든.
"그건 그리하겠습니다마는, 이곳이 낯선 곳이라 우리 고을로 가는 길을 모르니 어찌하면 좋습니까?"
염라대왕이 품속에서 흰 강아지 한 마리를 내주는데, 앞발 하나가 없어. 그 세 발 달린 흰 강아지를 따라가라는 거야. 강림도령이 염라대왕과 하직하고 강아지를 따라갔더니, 눈 깜짝할 사이에 김치고을에 와 있네.
강림도령을 김치고을에 데려다 주고 나서 세 발 달린 흰 강아지는 어디론가 가 버리고, 강림도령은 집으로 돌아갔지. 집에서는 어머니가 기다리고 있다가 반겨 맞아 주는데, 어머니는 강림도령이 집을 떠난 뒤 하루도 빠짐없이 정화수 떠다 놓고 아들 무사하기를 빌고 있었어.
"애야, 애야. 강림이야. 저승길이 얼마나 멀고 험하더냐?"
"이승 사람은 갈 수 없는 길이었지마는 집안 신왕님들이 이끌어 주고 신선님이 도와 주고 저승차사 해원맥이 잘 가르쳐 주어서 무사히 갔다 왔습니다."
"그래, 염라대왕은 잡아 왔느냐?"
"이틀 뒤에 온다는 약속을 받아 가지고 왔습니다."
"잘 했다, 잘 했어. 과연 내 아들 강림이로구나."
이렇게 어머니와 이야기를 나누고 있는데, 이 때 마침 사또 김치원이 마을에 나왔다가 강림도령 집 앞을 지나게 됐어. 어머니 혼자 있을 집에서 두런두런 말소리가 들리기에 가만히 들어 보니 강림도령 목소리거든.
"네 이놈, 염라대왕을 잡아 오라 시켰더니 아직까지 집에서 놀고 있었구나. 관장의 명을 어기고도 무사할 줄 알았더냐?"
김치원이 벼락같이 호통을 치며 집안으로 달려들었어.
"사또, 염라대왕은 이틀 뒤에 반드시 올 것입니다."
강림도령이 저승 가서 염라대왕을 만나 약속을 받아낸 일을 다 말했지만, 김치원은 믿지 않고 강림도령을 잡아다 관가로 끌고 갔어.

"얘들아, 이놈을 당장 옥에다 가두어라. 내일모레 정오까지 염라대왕이 오지 않으면 이놈의 목숨은 없는 것이다."

 강림도령은 하릴없이 큰칼을 쓰고 옥에 갇히게 됐어. 하루가 지나고 이틀이 지났지. 염라대왕과 약속한 날이 된 거야. 그런데 정오가 가까워지도록 염라대왕이 나타나지 않네. 그러니까 김치원이 강림도령을 끌어내라고 야단을 하지.

"얘들아, 어서 저놈을 끌어내라. 관장을 속인 죄로 목을 베야겠다."

 강림도령이 하릴없이 옥에서 끌려나오는데, 이 때 마침 하늘에서 천둥 번개가 치면서 사방이 깜깜해지고 땅이 크게 흔들리는 거야. 그러더니 문이 저절로 열리면서 벼락 같은 고함소리가 나는데, 말 그대로 천지가 진동하는 소리야.

"누가 나를 불렀느냐?"

 벼락 같은 고함소리에 사람들이 깜짝 놀라 쳐다보니, 염라대왕이 검은 비단 용포 입고 검은 면류관을 쓰고 검은 지팡이를 짚고 험상궂은 얼굴로 문 앞에 우뚝 서 있거든. 그 틀거지가 하도 사나워, 김치원이 그만 기겁을 하고 동헌 기둥 뒤에 숨어 버렸어. 염라대왕이 그 꼴을 보고 손을 한 번 휘두르니 기둥이 쩍쩍 갈라지네. 김치원이 기둥이 무너질까 겁을 내어 슬슬 기어 나와 벌벌 떨면서 염라대왕 앞에 엎드렸어.

"저런 졸장부가 나를 불렀단 말이냐? 강림도령은 어디에 있느냐?"

 강림도령이 칼을 벗고 나오니, 염라대왕이 껄껄 웃으며 맞이하고 물어.

"그래, 무슨 일로 나를 불렀느냐?"

 강림도령이 과양상이 아들 셋이 절하다가 갑자기 죽은 내력을 소상하게 말해 줬지.

"어서 과양상이를 불러오너라."

 사령들이 달려가 과양상이를 불러오니, 염라대왕이 앉혀 놓고 문초를 해.

"네 아들 셋이 한 날 한 시에 죽었단 말이 사실이냐?"

"예, 그렇습니다."

"네 아들이 죽으니 마음이 어떻더냐?"

"애가 끊어지고 간장이 다 녹는 것 같았습니다."

"네 아들 죽을 때는 마음이 아프고, 남의 아들 죽일 때는 그 마음이 좋더냐?"

"그게 무슨 말씀입니까?"

"내가 다 알고 있느니라. 사령들은 어서 가서 까치못 물을 퍼내어라."

사령들이 달려가 까치못 물을 다 퍼냈어. 그랬더니 연못 바닥에 주검 셋이 드러누워 있거든. 말할 것도 없이 과양상이가 죽인 동정국 범을임금의 세 아들이지.

"이래도 네 죄를 모르겠느냐?"

그제서야 과양상이가 제 죄를 실토하고 울면서 용서를 빌었어.

"네 아들 셋은 어디에 묻었느냐?"

"뒷밭에 묻었습니다."

"어서 가서 파 보아라."

과양상이가 아들 묻은 곳을 파 보니, 사람 몸뚱이는 간 곳이 없고 짚으로 만든 허수아비 셋이 묻혀 있거든.

"이제 알겠느냐? 네가 죽인 삼 형제가 너를 깨우치려고 네 아들로 환생한 것이니라. 이제 자식 잃은 어미 마음을 알겠느냐?"

"예, 죽을 죄를 졌습니다."

염라대왕이 연못 속에 있던 삼 형제를 환생꽃으로 살려내어 동정국 부모 있는 곳으로 보냈어. 이 삼 형제는 나중에 저승 시왕이 됐지. 그리고 과양상이는 지옥으로 보내 살 베는 벌 삼천 년, 뼈 깎는 벌 삼천 년, 피 말리는 벌 삼천 년을 살게 한 뒤에 지옥문 앞에서 비렁뱅이로 얻어먹게 했어.

이렇게 송사를 다 풀고 나서 염라대왕이 말하기를,

"강림도령이 매우 용맹하고 지혜로우니, 내가 데려가서 저승차사로 쓰겠노라."
하고, 강림도령의 혼을 빼서 저승으로 데려갔어. 그 뒤로 강림도령은 저승차사가 되어, 이승에서 죄를 짓거나 수명이 다 된 사람을 저승으로 데려가는 일을 하게 됐단다. 저승차사가 여럿 있지마는 강림도령이 제일 용맹하고 영리하여 그 중 으뜸인 염라차사가 된 거지.

옥황선녀 오늘이

아득히 먼 옛날, 인간 땅 지국성 강림들에 한 여자아이가 살았어. 이 아이는 강림들 한복판에 움막을 짓고 부모도 없고 형제도 없이 혼자서 외롭게 살았는데, 이 아이가 누구며 어디서 왔는지는 아무도 몰랐어. 사람들은 강림들을 지나다가 이 아이를 보면 누구든지 한마디씩 물어 봤지.

"너는 어디서 왔느냐?"

"저는 이 강림들에서 저절로 솟아났습니다."

"그러면 지금까지 어떻게 살아 왔느냐?"

"제가 강림들에서 솟아나 자랄 적에, 배가 고프면 학이 날아와 먹을 것을 물어다 주고 날이 추우면 학이 날아와 날갯깃으로 덮어 주어 아무 탈 없이 자랐습니다."

"네 성은 무엇이며 이름은 무엇이냐?"

"성도 없고 이름도 없습니다."

"그럼 나이는 몇 살이냐?"

"나이도 모릅니다."

사람들은 성도 없고 이름도 없고 나이도 모르고 살아가는 이 아이에게 이름을 지어 주어야겠다고 생각했어. 그런데 도대체 어떤 이름을 지어 주어야 할지 모르겠거든. 궁리 끝에 그냥 오늘 만났다고 이름도 '오늘'이라고 지어 줬지. 그 때부터 이 아이 이름은 오늘이가 됐어.

오늘이는 날마다 강림들에 날아오는 날짐승, 길짐승과 어울려 놀며 살았어. 학과 함께 춤을 추고 꾀꼬리와 함께 노래 부르며 노루와 함께 달음박질하고 다람쥐와 함께 숨바꼭질하며 지냈지. 그러던 어느 날 강림들 동쪽에 사는 바지왕의 어머니 백주할머니가 오늘이를 찾아왔어.

"얘야, 오늘이야. 너는 네 어머니, 아버지가 누구인지 아느냐?"

"저는 강림들에서 저절로 솟아나 어머니, 아버지가 없습니다."

"그렇지 않다. 네게도 어머니, 아버지가 있느니라."

오늘이는 제게도 어머니, 아버지가 있다는 말에 깜짝 놀랐지.

"그러면 제 어머니, 아버지는 어디에 살고 계십니까?"

"네 어머니, 아버지는 원천강이라는 곳 부모궁에 살고 있단다."

"원천강 부모궁은 어떻게 찾아갈 수 있습니까?"

"가는 길이 너무 멀고 험해 우리들 중에는 아무도 가 본 사람이 없단다."

그 말을 들으니 오늘이는 더 굳은 마음이 생겼어. 무슨 일이 있더라도 반드시 어머니, 아버지를 찾아가겠다는 마음이지.

"아무리 멀고 험한 길이라도 가겠습니다."

"네 뜻이 정 그렇다면 흰모래땅 북쪽 언덕에 가 보아라. 거기에 별충당이라는 정자가 있을 것이다. 그 정자에서 글 읽는 도령에게 물어 보면 길을 가르쳐 줄 게야."

"고맙습니다. 꼭 어머니, 아버지를 찾겠습니다."

오늘이는 곧바로 길 떠날 채비를 하고, 함께 놀던 날짐승, 길짐승에게 하직 인사를 했어. 학, 꾀꼬리, 노루, 다람쥐에게 다녀올 동안 강림들을 잘 지켜 달라고 당부했지. 그리고 행장을 단단히 꾸린 다음 보퉁이 하나를 막대기에 묶어 어깨에 메고 길을 떠났어.

흙바람 부는 흰모래땅을 몇날 며칠 동안 가로질러 북쪽 언덕에 닿으니, 과연 별충당이라 현판을 크게 써 붙인 정자가 있고, 거기에 한 도령이 앉아서 글을 읽고 있더래. 오늘이는 정자 문밖에서 날이 어두워지기를 기다리며 온종일 서 있었어. 도령은 정자 안에서 쉬지 않고 글을 읽고, 오늘이는 문밖에서 하루 종일 서 있고, 그러다 보니 날이 저물었어. 오늘이는 조심조심 정자 안으로 들어가 말을 건넸지.

"지나가는 사람인데 말씀 좀 묻겠습니다."

그래도 도령은 책에서 눈도 떼지 않고 한마디 대답도 안 해.

"저는 오늘이라는 사람인데, 원천강 가는 길을 몰라 도련님께 물어 보려고 왔습니다."

그제서야 도령은 책에서 눈을 떼고 오늘이를 바라보더니 말하기를,

"이미 날이 저물었으니 들어와 하룻밤 묵고 가시지요."

하거든. 오늘이가 안으로 들어가니 총각이 먹을 것과 마실 물을 대접하고 나서 묻는 거야.

"나는 장상이라는 사람인데, 옥황상제의 분부로 여기에 앉아 글을 읽은 지 십 년이 지났습니다. 그런데 아기씨는 무슨 일로 원천강을 찾아가시는지요?"

"어머니, 아버지가 거기에 계신다기에 찾아가는 길입니다."

"그러면 내 부탁을 하나만 들어 주십시오. 원천강에 가거든 내가 언제까지 여기에서 글만 읽고 있어야 하는지 알아봐 주십시오."

"그렇게 하겠습니다."

"그러면 길을 가르쳐 드리지요. 황모래땅 동쪽 언덕에 가면 연화못이 있고, 그 연못가에 크기가 닷 자나 되는 큰 연꽃이 있을 것입니다. 그 연꽃에게 물어 보십시오."

이렇게 해서 길을 알아 가지고, 그 이튿날 날이 밝자 또 길을 떠났어.

뙤약볕이 내리쬐는 황모래땅을 몇날 며칠 가로질러 동쪽 언덕에 닿으니, 과연 모양은 둥근 쟁반 같고 물빛은 거울처럼 맑은 연화못이 있고, 그 연못에 크기가 닷 자나 되는 큰 연꽃이 있더래. 오늘이는 그 연꽃에게 물었어.

"연꽃님, 연꽃님. 원천강은 어디로 가야 하나요?"

"아기씨는 누구이며 원천강에는 무슨 일로 가십니까?"

"나는 오늘이라는 사람인데 어머니, 아버지가 원천강에 계신다기에 찾아가

는 길이랍니다."

"그러면 제 부탁을 하나만 들어 주십시오. 저는 동지섣달이 되면 뿌리에 움이 들고, 정월이 되면 그 움이 몸 속에 들었다가, 이월이 되면 줄기로 가고 삼월이 되면 꽃이 핍니다. 그런데 가운뎃줄기에만 꽃이 피고 다른 줄기에는 피지 않으니, 그 까닭이 무엇인지 모르겠습니다. 원천강에 가거든 그 까닭을 물어봐 주십시오."

"꼭 물어 보겠습니다."

"그러면 길을 가르쳐 드리지요. 검은모래땅 서쪽에 가면 청수바다가 있고, 그 바닷가 모래밭에 몸길이 열닷 자나 되는 큰 이무기가 이리저리 뒹굴고 있을 것입니다. 그 이무기에게 물어 보십시오."

오늘이는 연꽃과 작별을 하고 또 길을 떠났어. 무릎까지 푹푹 빠지는 검은모래땅을 몇날 며칠 가로질러 서쪽으로 가니, 과연 깊이를 알 수 없는 청수바다가 끝없이 눈앞에 펼쳐지는데, 그 바닷가 모래밭에 몸길이 열닷 자나 되는 큰 이무기가 이리 뒹굴 저리 뒹굴 구르고 있더래. 오늘이는 그 이무기한테 길을 물었어.

"이무기님, 이무기님. 어찌하면 원천강에 갈 수 있나요?"

"내가 여기서 삼천 년을 살아도 원천강 가는 사람은 못 보았는데, 그대는 무슨 일로 여기까지 왔습니까?"

"어머니, 아버지를 찾아 흰모래땅, 황모래땅, 검은모래땅을 지나 여기까지 왔답니다."

"그러면 내 부탁을 하나만 들어 주십시오. 다른 이무기들은 여의주 하나만 가지고도 용이 되어 하늘로 올라가는데, 나는 어찌하여 여의주 세 개를 가지고도 삼천 년이 지나도록 용이 되지 못하는지, 원천강에 가거든 그 까닭을 알아봐 주십시오."

"반드시 그리하겠습니다."

"그러면 내 등에 올라타십시오."

오늘이가 이무기 등에 올라타니, 이무기는 바다로 풍덩 뛰어들어 유유히 헤엄을 쳐서 끝없는 청수바다를 건너가는 거야. 사흘 밤낮 동안 넓디넓은 청수바다를 헤엄쳐 가서 건너편 모래밭에 오늘이를 내려 주더래. 그러고 나서 길도 가르쳐 줘.

"이 길로 가다 보면 흰모래땅 북쪽 언덕 별층당과 똑같이 생긴 정자가 있고, 거기에 내일이라는 낭자가 글을 읽고 있을 것입니다. 그 낭자에게 길을 물어 보십시오. 나는 여기서 그대가 돌아올 때까지 기다리겠습니다."

오늘이가 이무기에게 작별 인사를 하고, 이무기가 가르쳐 준 길로 걸어갔지. 몇날 며칠을 걸어가니 흰모래땅 북쪽 언덕 별층당과 똑같이 생긴 정자가 있는데, 거기에 웬 낭자가 앉아서 글을 읽고 있어. 정자 모양도 같거니와 글 읽는 모습도 장상도령과 똑같더래. 오늘이가 처녀한테 물었어.

"글 읽는 저 아기씨, 말씀 좀 묻겠습니다."

그래도 처녀는 책에서 눈도 떼지 않고 한마디 대답도 안 해.

"저는 오늘이라는 사람인데, 원천강 가는 길을 물어 보러 왔습니다."

그제서야 처녀가 돌아보더니 웃으면서 대답을 해.

"나는 내일이라는 사람인데, 그대 이름이 오늘이라 하니 인연을 만났습니다. 그런데 원천강에는 무슨 일로 가십니까?"

"어머니, 아버지를 만나 뵈러 갑니다."

"그러면 제 부탁을 하나만 들어 주십시오. 저는 이 정자에서 십 년째 글만 읽고 있는데, 대체 언제까지 글만 읽고 있어야 하는지 알아봐 주십시오."

"꼭 알아보겠습니다."

"그러면 길을 가르쳐 드리지요. 이 길로 가다가 바위산을 세 번 넘으면 감로정이라는 우물이 있고, 거기에 선녀들이 물을 푸고 있을 것입니다. 그 선녀들한테 길을 물어 보십시오."

오늘이가 내일이와 헤어져서 또 걸어가다 보니 커다란 바위산이 앞을 가로막는데, 얼마나 높은지 꼭대기가 안 보여. 그 산을 몇날 며칠 동안 넘어가니 똑같은 바위산이 또 하나 앞을 가로막고, 그 산을 넘으니 똑같은 산이 또 하나 나타나고, 이래서 똑같은 바위산을 세 번 넘으니 과연 감로정 세 글자가 또렷이 새겨진 바위 밑에 우물이 하나 있더래. 거기서 세 선녀가 바가지로 물을 푸는데, 그냥 푸는 것이 아니라 홀쩍홀쩍 울면서 물을 푸고 있는 거야. 오늘이가 선녀들에게 물었지.

"선녀님들은 왜 울면서 물을 푸고 계십니까?"

"저희들은 본래 옥황상제의 시녀들이었는데, 죄를 짓고 여기에 귀양 와서 물을 푸고 있습니다. 이 우물의 물을 다 퍼내어 바닥이 보여야 죄를 씻고 옥황궁으로 돌아갈 것인데, 바가지 밑이 뚫려서 퍼내도 퍼내도 끝이 없어 이렇게 울고 있습니다."

오늘이가 딱하게 여기고, 산에 가서 정당풀을 베어 와서 꼭꼭 뭉쳐 말뚝처럼 만들었어. 그것으로 바가지 구멍을 막고, 송진을 녹여 칠한 다음 볕에 말려 굳혔어. 그러니 바가지로 물을 퍼도 한 방울도 안 새지. 선녀들 셋과 오늘이가 힘을 합쳐 바가지로 우물물을 퍼내기를 사흘 밤 사흘 낮 동안 했더니, 우물물이 다 나와서 바닥이 보이거든. 그래서 선녀들이 죄를 씻고 옥황궁으로 돌아갈 수 있게 됐어. 선녀들이 기뻐하여 춤을 덩실덩실 추면서 오늘이에게 고맙다고 인사를 해.

"아기씨가 아니었던들 우리는 평생 동안 밑이 뚫린 바가지로 물을 푸고 있을 뻔했습니다. 이 은혜를 무엇으로 갚을까요?"

"저는 어머니, 아버지를 만나 뵈러 원천강에 가는 길입니다. 원컨대 원천강 가는 길을 가르쳐 주십시오."

"그런 일이라면 아무 걱정 마십시오. 옥황궁에 가려면 원천강을 거쳐서 가야 하니, 우리와 함께 가십시다."

그래서 오늘이는 선녀들을 따라 갔어. 선녀들을 따라 산을 몇 번 더 넘고 강을 몇 번 더 건너 몇날 며칠을 가니 큰 마을이 나타나는데, 커다란 절이 산과 들을 뒤덮었고 철옹성이 사방에 둘러쳐져 있더래.

"이곳이 원천강입니다. 부디 부모님을 만나 행복하게 사십시오. 그럼 우리는 갈 길이 바빠 옥황궁으로 떠납니다."

선녀들과 작별하고 난 뒤에 오늘이가 성문 앞에 가까이 가서 성문을 열려 하니, 문 지키는 수문장이 도끼눈을 부라리며 달려와 앞을 가로막는구나.

"너는 대체 누구이기에 함부로 성문을 열려 하느냐?"

"저는 인간 땅 강림들에서 온 오늘이라는 사람입니다. 원천강 부모궁에 계시는 어머니, 아버지를 뵈러 왔으니 문을 열어 주십시오."

"너의 부모님이 대체 뉘시냐?"

"이름도 모르고 얼굴도 모릅니다."

"그렇다면 문을 열어 줄 수 없느니라. 왔던 길로 되돌아가거라."

수문장이 문 앞에 버티고 서서 되돌아가라고 호통치니 오늘이는 그만 기가 탁 막혀 버렸어. 어머니, 아버지를 만나 뵙겠다고 강림들에서 여기까지, 그 머나먼 길을 물어 물어 찾아왔는데 코앞에서 되돌아가라니 기가 막히지 안 막혀? 그 자리에 주저앉아 통곡을 하면서 죽을 길을 찾았어.

"어머니, 아버지, 용서하십시오. 왔던 길을 되돌아가느니 오늘이는 차라리 여기서 죽겠습니다. 저 하나 죽는 것은 원통할 일 없으나, 오던 길에 받은 부탁 못 들어 주고 가는 것이 죄스러울 뿐입니다."

성문 대들보에 목을 매어 막 죽으려고 하는데, 성 안에서 차사가 말을 타고 달려와 얼른 성문을 열라고 소리쳐. 문지기가 문을 여니, 부모궁에서 온 차사가 오늘이를 말에 태워 성 안으로 데려가네. 성 안에서 제일 큰 집, 부모궁에 썩 들어가 뜰 앞에서 말을 내리니 신선 같은 노부부가 높은 마루에 서 있다가 묻는구나.

"너는 어디서 온 누구냐?"

"예, 강림들에서 온 오늘이입니다."

"강림들에서는 어떻게 살았느냐?"

"배가 고프면 학이 날아와 먹을 것을 물어다 주고, 날이 추우면 학이 날아와 날개깃으로 덮어 주어 아무 탈 없이 자랐습니다."

"그렇다면 내 딸이 틀림없구나."

그제서야 오늘이가 눈을 들어 어머니, 아버지를 자세히 보니 어머니는 열두 폭 흰 비단 두루마기에 부채를 손에 들고 섰고, 아버지는 하얀 베 직령도포에 명아주 지팡이를 짚고 있어. 어머니, 아버지가 높은 마루에서 내려와 오늘이 손을 잡고 반겨 맞아 주니, 오늘이 눈에서는 눈물이 절로 나지.

"강림들에서 너를 낳던 날, 우리는 원천강을 다스리라는 옥황상제 명을 받고 이곳으로 와 부모궁에서 살게 됐단다. 강보에 싸인 너를 홀로 남겨 두고 떠나면서 춤추는 학에게 네 뒷바라지를 맡겼더니, 그 사이에 이렇게 의젓하게 자랐구나. 바쁘게 오느라 이름도 못 지어 주고 떠났더니 오늘이라는 이름까지 얻었구나."

궁 안으로 들어가 사흘 밤 사흘 낮을 그 동안 쌓인 이야기 나누느라 보내고 나서 어머니, 아버지 손에 이끌려 원천강 곳곳을 구경했어. 원천강에는 봄·여름·가을·겨울이 함께 있어서, 앞을 보면 봄꽃이 만발해 있고 뒤를 보면 흰 눈이 쌓여 있더래. 거기에 사는 사람들은 모두 신선이라 밥을 안 먹어도 살고 잠을 안 자도 살지.

원천강에서 어머니, 아버지와 함께 꿈 같은 세 이레 스무하루를 보낸 뒤에, 오늘이는 부모님께 하직 인사를 했어.

"어머니, 아버지. 저는 여기서 천 년 만 년 살고 싶으나, 오다가 부탁 받은 일이 있어 이만 돌아가 보겠습니다."

하고서, 부탁 받은 것을 하나하나 물어 봤지. 어머니, 아버지가 다 듣더니 하나하나 다 가르쳐 줘.

"장상도령과 내일낭자는 하늘이 내린 배필인데 서로가 서로를 모르고 있으니 글만 읽고 있을 수밖에 없다. 당장이라도 둘이 혼인하면 오래오래 영화를 누릴 것이다. 연화못 연꽃은 가운뎃줄기의 꽃을 따서 처음 만나는 사람에게 주면 다른 줄기에 꽃이 만발할 것이다. 청수바다 이무기는 여의주를 한 개만 가지면 당장 용이 되어 하늘로 올라갈 것인데, 욕심이 많아 여의주를 세 개나 가지고 있는 탓에 용이 못 되는 것이다. 여의주 두 개를 처음 만난 사람에게 주라고 일러라. 그리고 만일 누구든지 연화못 연꽃 한 송이와 여의주를 얻으면 옥황궁 선녀가 될 것이다."

오늘이가 그 말을 잘 새겨듣고 어머니, 아버지께 하직 인사를 드리고 나서 길을 떠났어. 가던 길을 되짚어 돌아오는 거지.

몇날 며칠이 걸려 감로정을 지나고, 또 몇날 며칠이 걸려 바위산을 세 번 넘어 별충당과 똑같이 생긴 정자에 이르렀어. 거기에서 글 읽고 있는 내일이를 만났지.

"오, 오늘아기씨가 돌아왔군요. 그래, 내가 부탁한 것은 알아보았습니까?"

"예, 내일아기씨는 장상도령과 혼인을 하면 오래오래 영화를 누릴 것이라 합니다."

"그래요? 그렇지만 나는 장상도령이 누군지, 어디에 사는지도 모르는 걸요."

"그것은 제가 알고 있으니 저를 따라오십시오."

오늘이는 내일이를 데리고 또 길을 떠났어. 몇날 며칠을 걸어 청수바다에 이르니, 이무기가 바닷가 모래밭에서 기다리고 있어.

"꼭 돌아오실 줄 알았습니다. 그래, 원천강 신선님이 뭐라고 하던가요?"

"여의주를 세 개나 가진 것은 욕심이니, 두 개를 처음 만난 사람에게 주면 하늘로 올라갈 수 있다고 합디다."

"오, 그래요? 처음 만난 사람이란 당신을 두고 하는 말이니, 이것을 받으십시오."

이무기가 여의주 두 개를 오늘이에게 주기에, 그걸 받았지. 그러고 나니 갑자기 천둥 번개가 치더니 오색구름이 피어오르고, 이무기는 드디어 용이 되어 하늘로 올라가더래.

오늘이와 내일이는 또다시 길을 떠났어. 무릎까지 푹푹 빠지는 검은모래땅을 몇날 며칠 가로질러 동쪽으로 가서 연화못에 이르렀어. 그러니 연꽃이 기다리고 있다가 반겨 맞아 주는 거야.

"오늘아기씨, 어서 오십시오. 제가 부탁한 것은 알아보셨나요?"

"가운뎃줄기의 꽃을 따서 처음 만나는 사람에게 주면 다른 줄기에 꽃이 만발할 것이라 했습니다."

"그래요? 아기씨가 바로 처음 만난 사람이니, 가운뎃줄기의 꽃을 따 가지십시오."

오늘이가 연꽃 한 송이를 따 가지니, 연꽃은 금세 온 가지마다 고운 꽃을 활짝 피워 향기가 사방에 가득하게 됐어.

오늘이는 연꽃과 헤어져 또 길을 떠났지. 뙤약볕이 내리쬐는 황모래땅을 몇날 며칠 가로질러 서쪽으로 가서 별층당에 이르렀어. 장상도령은 아직까지 정자 안에서 글을 읽고 있더래.

"도련님, 오늘이가 원천강에서 돌아왔습니다."

"오, 돌아왔군요. 그래, 저는 언제까지 여기서 글만 읽고 있어야 하는지 알아보았습니까?"

"이제 글을 그만 읽으셔도 되겠습니다. 여기 저와 함께 온 내일아기씨와 혼인을 하면 오래오래 영화를 누리실 것입니다."

장상도령과 내일낭자가 혼인을 하여 부부가 되니, 이제 오늘이가 부탁 받은 일은 모두 들어 준 셈이지. 오늘이는 다시 흙바람 부는 흰모래땅을 몇날 며칠 동안 가로질러 남쪽으로 내려와 강림들에 이르렀어.

강림들에 돌아온 오늘이는 어머니, 아버지 있는 곳을 가르쳐 준 백주할머니를 찾아가 그 보답으로 여의주 하나를 선물했지. 그러고 나서 학, 꾀꼬리, 노루, 다람쥐를 다시 만나 춤추고 노래하며 행복한 세월을 보냈단다.

나중에 오늘이는 연화못 연꽃 한 송이와 여의주를 가진 덕분에 옥황궁 옥황상제의 부름을 받고 하늘로 올라가 선녀가 되었는데, 그 뒤로 인간 땅에 내려와 절마다 다니면서 원천강 이야기를 책으로 만들어 내는 일도 맡아 보았단다.

군웅신 왕장군

까마득한 옛날, 세상이 처음 열릴 적에는 하늘에 해도 둘이요 달도 둘이어서, 낮에는 너무 더워 살기 어렵고 밤에는 너무 추워 살기 어려웠지. 이 때 하늘 임금 옥황상제 천지왕이 인간 땅 지국성에 내려와 총명부인을 배필로 삼고 아들 형제를 낳으니, 이들이 바로 대별왕과 소별왕이야. 대별왕, 소별왕이 각각 저승과 이승을 맡아 다스리며 해와 달 하나씩을 활로 쏘아 떨어뜨리니, 그 때부터 인간 땅에는 해와 달이 하나씩만 남게 되어 사람들 살기가 좋아졌어.

 이렇게 하늘과 땅은 평화로운 세상이 되었지마는, 바다는 이 때까지도 질서가 잡히지 않아서 몹시 어지러웠어. 이 때 동해바다에는 동해용왕이 살고 서해바다에는 서해용왕이 살고 있었는데, 서로 온 바다를 차지하려고 날이면 날마다 싸움을 하는 통에 몹시 시끄러웠지. 동해용왕과 서해용왕은 둘 다 힘이 비슷비슷해서 아무리 싸워도 결판이 나지 않는 거야. 슬기롭기는 동해용왕이 조금 낫고 용맹하기는 서해용왕이 조금 낫지만, 나은 구석이 있으면 못한 구석도 있어서 싸움을 했다 하면 한 번은 이기고 한 번은 지니 결판이 날 리 있나.

 두 용왕이 싸움으로 날을 보내느라 바다에는 늘 사나운 물결이 일고 어지러운 바람이 불어, 사람들은 배를 타고 바다에 나가지 못했어. 그래서 누가 이기든 빨리 결판이 나서 바다가 조용해지기만을 바라고 있었지.

 이 때 해동국에 왕장군이라는 거인이 있었는데, 키는 열 자나 되고 팔다리는 무쇠와 같고 얼굴은 시뻘겋고 퉁방울 눈에서는 불을 뿜어서 세상 사람들은 그 모습만 보고도 겁에 질려 벌벌 떨었어. 왕장군은 본디 천황제석과 지황 부인 사이에서 난 외아들인데, 어릴 때부터 몸집이 크고 힘이 세어서 인간 세상에는 겨룰 상대가 없었어. 나이 마흔이 넘도록 배필을 못 만나 혼자 살면서, 날마다 산에 올라가 나무를 해다 팔아 가며 살고 있었지.

하루는 왕장군이 산에 올라가 나무를 하는데, 그 날따라 아주 커다란 나무를 베었어. 키가 하늘을 찌르고 밑둥치가 아홉 아름이나 되는 큰 나무를 베었지. 보통 사람 같으면 벨 엄두도 못 낼 큰 나무가 왕장군의 톱질 서너 번에 쓰러져 넘어갔어. 어찌나 큰 나무였던지, 그 쓰러지는 소리가 땅을 뒤흔들고 하늘로 솟아올라 멀리멀리 퍼져 갔어. 어디까지 퍼져 나갔는고 하니 동해바다 용궁에까지 퍼져 나갔어.

그 날도 동해용왕이 신하들과 함께 머리를 맞대고 서해용왕과 싸워 이길 방도를 의논하고 있는데, 갑자기 저 멀리서 '우르르 쿵쾅' 하고 천지가 진동하는 소리가 들리는 거야. 용왕이 그 소리를 듣고 깜짝 놀랐어. 혹시 서해용왕이 싸움을 걸어 오는 소리가 아닌가 싶어서 말이야.

"대체 이게 무슨 소리냐?"

"해동국에서 왕장군이라는 거인이 나무 베는 소리입니다."

동해용왕이 그 말을 듣고 귀가 번쩍 띄었어. 땅에서 나무 베는 소리가 용궁에까지 들릴 만큼 힘이 센 장사라면 서해용왕쯤 거뜬히 이길 것 같거든. 저 거인을 불러다 서해용왕과 겨루게 하면 되겠다, 이렇게 생각한 거지. 당장 아들을 불러 명을 내렸어.

"너는 어서 인간 땅으로 가서 왕장군을 데려 오너라."

용왕 아들이 아버지의 명을 받들고 곧장 용궁을 떠났어. 푸른 색 중의적삼 입고 초립을 쓰고 바다를 헤엄쳐 건너 해동국 동쪽 땅에 닿았지. '우르르 쿵쾅' 큰 나무 넘어지는 소리를 따라 가다 보니 어느덧 왕장군이 나무 베는 산에 이르렀어. 산에 올라가 보니, 과연 키는 열 자나 되고 팔다리는 무쇠와 같고 얼굴은 시뻘겋고 퉁방울 눈에서는 불을 뿜는 거인이 나무를 베고 있거든.

다짜고짜 그 앞에 엎드려 넙죽 절을 했어.

"너는 누구이길래 나무하는 사람한테 절을 하느냐?"

"저는 동해용왕의 아들입니다. 아버지께서 장군을 뵙고자 하여 모시러 나왔습니다."

그런데 왕장군은 나무 베던 일손을 멈추지도 않고, 용왕 아들을 거들떠보지도 않고 코웃음만 치네.

"너희 아버지가 아무리 용왕이라 하나 이 왕장군을 마음대로 할 수는 없는 것이다. 나는 가지 않겠다."

용왕의 아들이 가만히 생각해 보니 그냥 가자고 해서는 도저히 안 될 것 같거든. 그래서 궁리 끝에 여러 가지 선물 약속을 앞세워 달래고 꾀었어. 먼저 진기한 보물로 꾀어 봤지.

"만약 장군님이 용궁에 가신다면 여태 보지도 듣지도 못한 값진 보물을 많이 얻을 것입니다."

그래도 왕장군은 '흥' 하고 코웃음만 쳐. 그래서 이번에는 벼슬자리로 꾀어 봤지.

"만약 장군님이 용궁에 가신다면 아버님께 말씀 드려서 높은 벼슬을 얻도록 주선하겠습니다."

이번에도 왕장군은 거들떠보지도 않고 하던 일만 하는 거야. 그래서 생각 끝에 아주 다른 것으로 꾀어 봤어.

"만약에 장군님이 용궁에 가신다면 우리 누님을 아내로 맞이할 수 있을 것입니다."

그랬더니 왕장군이 일손을 딱 멈추고 용왕 아들을 돌아보네. 그 말에 아주 귀가 솔깃했나 봐. 나이 마흔이 넘도록 장가를 못 가고 혼자 사는 처지라 색시 얻는 일이 어지간히 급했나 보지.

"그게 정말인가?"

"용왕의 아들로서 어찌 거짓 약속을 하겠습니까?"

"그렇다면 따라가겠다."

왕장군이 지게와 연장을 내던지고 그 날로 동해용왕 아들을 따라 용궁으로 갔어. 바다 속으로 구비구비 난 길을 따라가서 용궁에 다다르니, 용왕이 기다리고 있다가 반갑게 맞아들였지. 맛난 음식과 좋은 옷으로 대접을 잘 하고 나서, 용왕이 왕장군에게 은근히 부탁을 했어.

"내가 서해용왕과 싸운 지 오래건만 아직도 결판을 내지 못했소. 이번에는 반드시 이겨야 할 터인데, 장군이 나를 좀 도와 주시오."

"어떻게 하면 되겠습니까?"

"다음 번 서해용왕과 싸울 때에 내가 일부러 도망가는 척하고 바다 깊이 숨어 들어가면, 반드시 서해용왕은 호기가 뻗쳐 물 위에서 날뛸 것이오. 그 때 장군은 서해용왕의 귀밑에 붙은 금빛 비늘을 활로 쏘아 맞추시오. 할 수 있겠소?"

"한 번 해 보겠습니다."

그렇게 약속을 하고, 며칠 뒤에 동해용왕이 서해용왕에게 가서 싸움을 걸었어. 용궁 군사를 많이 거느리고 큰 바람과 물결을 일으키며 기세 좋게 나가서 서해용왕을 불러냈지. 서해용왕도 질세라 나와서 맞서 싸우는데, 두 용왕이 싸우는 모습이 참 볼 만해. 큰 구경거리라는 말이지. 사나운 바람이 불면서 집채만한 물결이 일고 장대비가 쏟아지는데, 두 용왕이 푸르고 누른 용이 되어 온갖 조화를 부리니 그게 구경거리가 아니면 뭐가 구경거리겠어? '우르릉 뚝딱 쿵쾅' 천둥 번개가 치고 벼락이 쏟아지며 불길과 물기둥이 번갈아 솟아오르니 구경하는 이들은 혼이 다 빠져 달아날 판이야.

한참 동안 싸우다가 동해용왕이 일부러 밀리는 척하면서 바다 속으로 깊이 숨어 들어갔어. 그러자 서해용왕이 크게 호령 소리를 내며 호기를 부려 물 위로 솟아올랐다 물 속에 잠겼다 하는 거야. 이 때 왕장군이 배 위에서 활을 겨냥하고 있다가, 서해용왕이 물 위로 솟아오를 때를 기다려 힘껏 살을 날렸어. 화살은 용케 서해용왕의 귀밑에 붙은 금빛 비늘을 맞추었지. 그 비늘은 너무 단단하여 대별왕의 번개창으로도 못 뚫는 것인데, 왕장군의 팔 힘이 얼마나 센지 화살은 단번에 그 비늘을 뚫어 버렸어. 그러자 서해용왕이 크게 울부짖으며 그 자리에 쓰러져 죽어 버렸지.

이렇게 해서 그토록 오래 끌던 싸움이 끝나고 동해용왕이 온 바다를 다 차지하게 됐어. 동해용왕은 기뻐하면서 왕장군을 위해 큰 잔치를 베풀었지. 온갖 음식을 차려 놓고 노래와 춤으로 사흘 밤낮 동안 쉬지 않고 잔치를 벌였어.

이 때 용왕의 아들이 가만히 왕장군에게 다가와서 귀띔을 해줘.

"이 잔치가 끝나면 아버지께서 용궁에 있는 물건 중에서 무엇이든지 하나만 골라 가지라고 하실 것입니다. 그러거든 다른 물건은 다 싫다 하고 책상 밑에 있는 헌 벼루 상자를 달라고 하십시오. 그 안에 우리 누님이 들어 있으니 데려가 아내로 삼으면 될 것입니다."

왕장군이 그 말을 마음에 잘 새겨 놨지.

이윽고 잔치가 끝나니, 아니나다를까 용왕이 왕장군을 불러 놓고 말하기를,

"장군의 은혜에 보답하고자 하니, 우리 용궁에 있는 물건 중에서 무엇이든지 하나만 골라 가지시오."

하거든. 왕장군은 용왕 아들한테 들은 대로 책상 밑에 있는 헌 벼루 상자를 달라고 했어. 용왕이 그 말을 듣고 놀라며 '에헴 에헴' 헛기침만 하더니, 은근히 다른 물건 갖기를 권했지.

"그런 보잘것없는 물건을 무엇에 쓰려고 하십니까? 우리 용궁에는 진귀한 보물이 많이 있으니 마음껏 골라 보시지요."

"저는 다른 물건은 다 싫습니다. 벼루 상자만 주십시오."

끝까지 고집을 하니, 용왕이 하는 수 없이 벼루 상자를 왕장군에게 내주었어. 왕장군은 그 벼루 상자를 가지고 인간 땅으로 돌아왔지.

집에 돌아와서 벼루 상자를 책상 밑에 두었어. 그리고 나서 나무를 하러 산에 갔다 와 보니, 아 이게 웬일이야? 김이 무럭무럭 나는 밥이 한 상 잘 차려져

있지 뭐야. 또 나가서 나무 한 짐 해 오면 밥이 한 상 잘 차려져 있고, 또 나무 한 짐 해 오면 밥이 잘 차려져 있고, 날마다 이렇거든.

그래서 한 번은 밖에 나가는 척하고 문 뒤에 숨어서 봤지. 그랬더니 벼루 상자 안에서 달덩이같이 어여쁜 처녀가 나와서 밥을 차리더래. 바로 용왕의 딸 용녀지. 얼른 다가가서, 벼루 상자 안으로 도로 들어가지 못하게 꼭 붙잡았어.

"이것도 인연이니 내 아내가 돼 주시오."

용녀가 부끄러워하면서도 허락을 하니, 두 사람은 그 날로 혼례를 올리고 부부가 됐어. 마흔이 넘도록 배필을 못 구하여 혼자 살던 왕장군은, 이래서 어여쁜 색시를 얻어 호강하며 살게 됐지. 용녀는 재주가 많아서 뭐든지 바라는 대로 뚝딱 내놓으니 그게 호강이 아니면 뭐가 호강이겠어? 밥이 먹고 싶다 하면 밥을 뚝딱 차려내고, 옷을 입고 싶다 하면 옷을 뚝딱 지어내니 아쉬운 게 뭐 있나.

그렇게 잘 살면서 부부는 아들 셋을 낳았는데, 맏이는 왕금이요 둘째는 왕빈이요 막내는 왕사랑이야.

아들 셋을 낳고 삼 년을 더 살다가, 하루는 느닷없이 용녀가 남편에게 말하기를,

"나는 본래 인간 세상 사람이 아니니 언제까지나 여기서 살 수 없습니다. 이제 때가 되었으니 나는 도로 용궁으로 돌아갑니다. 서방님은 아이들과 함께 군웅신이 되어 군대를 다스리며 천 년 만 년 사십시오."

하더니, 금방 간 곳이 없어.

용녀를 용궁으로 보내고 나서 왕장군과 세 아들은 군웅신이 됐는데, 군웅신이라고 하는 것은 군대가 싸움에서 이기고 지는 것을 주관하는 신이야. 왕장군은 강남 천자국 군웅신이 됐고, 세 아들은 각각 주년국 · 명진국 · 해동국 군웅신이 됐지. 어느 나라든지 군대가 힘이 세어 싸움에서 이기려면 이 군웅신을 잘 모셔야 한다는 말이 있단다.

오구신 바리데기

옛날 옛적 인간 땅 삼나라에 오구대왕이라는 임금이 살았는데, 나이가 찼는데도 장가를 가지 않고 혼자 살았어. 신하들과 백성들이 보기에 안 되어서 어서 빨리 왕비를 맞아들이라고 권했지. 오구대왕이 처음에는 사양하다가, 많은 사람이 자꾸 권하니까 그 말을 옳게 여겨 왕비를 맞아들이기로 했어. 나라 안 여러 처녀 중에서 왕비감을 고르는데, 길대라는 처녀가 슬기롭고 아름다워서 오구대왕 마음에 쏙 들었어.

왕비를 길대아기씨로 정하고 날을 받아 혼례 준비를 하는데, 이 때 하늘 세상 천하궁에 사는 가리박사라고 하는 점쟁이가 삼나라에 들렀어. 대왕궁에 와서 혼례 준비를 하는 것을 보고 말하기를,

"대왕님, 대왕님. 지금 길대아기씨와 혼례를 올리시면 딸 일곱을 낳으실 것이요, 기다렸다가 내년에 혼례를 올리시면 아들 일곱을 낳으실 것입니다."

하거든. 오구대왕이 그 말을 듣고 그냥 웃어 넘겼어.

"딸 일곱이 아니라 일흔일곱을 낳는다 해도 내년까지 못 기다리겠다. 어서 혼례 준비를 하여라."

그래서 칠월 칠석으로 날을 받아 혼례식을 올렸지. 길대아기씨는 길대부인이 됐어.

오구대왕과 길대부인은 부부가 되어 금실 좋게 잘 살았어. 그 해 겨울이 가고 봄이 되니까 길대부인 배가 점점 불러오더니 달이 차서 첫아기를 낳았어. 낳고 보니 딸이야.

"첫딸은 복덩이 딸이니라. 본이름은 청대공주요 별명은 해님데기라 하여라."

오구대왕이 기뻐하면서 아기 이름을 지어 주고, 앞산에 별궁을 짓고 유모와 궁녀를 딸려 잘 키웠어.

그 이듬해가 되니까 또 길대부인 배가 달덩이처럼 불러오더니 달이 차서 둘째 아기를 낳았어. 낳고 보니 또 딸이야.

"둘째 딸은 살림 불릴 딸이니라. 본이름은 홍대공주요 별명은 달님데기라 하여라."

오구대왕이 기뻐하면서 아기 이름을 지어 주고, 뒷산에 별궁을 짓고 유모와 궁녀를 딸려 잘 키웠어.

그 이듬해가 되니까 또 길대부인 배가 항아리처럼 불러오더니 달이 차서 셋째 아기를 낳았어. 낳고 보니 또 딸이야.

"셋째 딸은 노리개 딸이니라. 본이름은 녹대공주요 별명은 별님데기라 하여라."

오구대왕이 기뻐하면서 아기 이름을 지어 주고, 동산에 별궁을 짓고 유모와 궁녀를 딸려 잘 키웠어.

그 이듬해가 되니까 또 길대부인 배가 박덩이처럼 불러오더니 달이 차서 넷째 아기를 낳았어. 낳고 보니 또 딸이야.

"넷째 딸은 재롱둥이 딸이니라. 본이름은 황대공주요 별명은 물님데기라 하여라."

오구대왕이 기뻐하면서 아기 이름을 지어 주고, 서산에 별궁을 짓고 유모와 궁녀를 딸려 잘 키웠어.

그 이듬해가 되니까 또 길대부인 배가 장독처럼 불러오더니 달이 차서 다섯째 아기를 낳았어. 이번에는 아들 보기를 은근히 기다렸는데 낳고 보니 또 딸일세.

"다섯째 딸은 덤으로 얻은 셈치자꾸나. 본이름은 흑대공주요 별명은 불님데기라 하여라."

 오구대왕이 조금 섭섭해하면서 아기 이름을 지어 주고, 남산에 별궁을 짓고 유모와 궁녀를 딸려 잘 키웠어.

 그 이듬해가 되니까 또 길대부인 배가 남산만하게 불러오더니 달이 차서 여섯째 아기를 낳았어. 낳고 보니 또 딸일세.

 "어허, 이것 낭패로다. 아기라고 하는 것은 아들 낳으면 딸도 낳고 딸 낳으면 아들도 낳는 줄 알았더니, 우리는 전생에 무슨 죄를 지었기에 딸만 내리 여섯을 낳는단 말인가. 여섯째 딸은 과연 섭섭이 딸이로구나. 본이름은 백대공주요 별명은 홁남데기라 하여라."

 오구대왕이 몹시 섭섭해하면서 아기 이름을 지어 주고, 북산에 별궁을 짓고 유모와 궁녀를 딸려 잘 키웠어.

 그 이듬해가 되자마자 오구대왕이 올해에는 꼭 아들을 보리라 하고, 길대부인과 더불어 동개남상주절, 서개남금수절, 영험 있다는 삼신당을 찾아다니며 공을 들였어. 금돈 삼백 냥과 은돈 삼백 냥에 이슬 맞힌 쌀 석 섬 서 말을 바치고 밤낮으로 공을 들였더니 하루는 길대부인이 잠깐 조는 사이에 꿈을 꿨어. 무슨 꿈을 꾸었는고 하니, 하늘에서 청룡·황룡이 날아와 품에 안기고 양무릎에 흰 거북과 검은 거북이 앉고 양어깨에 해와 달이 돋아나는 꿈을 꿨어. 오구대왕에게 그 말을 했더니 대왕도 똑같은 꿈을 꿨다면서 틀림없이 아들 낳을 꿈이라고 좋아하거든.

 아니나다를까, 그러고 나서 얼마 안 되어 길대부인 배가 점점 불러오는구나. 부인이 온갖 정성을 다해서 아기 낳을 채비를 했지. 아들 낳으면 덮어 주려고 비단 공단에 금실·은실로 수를 놓아 포대기를 만들고, 아들 낳으면 입히려고 비단 공단에 금실·은실로 수를 놓아 바지저고리도 만들었어. 이것을 옥함에 고이고이 넣어 놓고, 들며 보고 나며 보고 볼에 대 보고 쓰다듬고 어루만지며 온갖 사랑을 다 쏟았어.

 이윽고 달이 차서 일곱째 아기를 낳았는데, 어허, 이런 변이 있나. 낳고 보니 또 딸이로구나.

"에잇, 이제 딸이라는 말 듣기도 싫고 딸아이 얼굴 보기도 싫다. 당장 갖다 버려라."

오구대왕이 역정을 내어 벼락같이 호령을 하네. 어느 영이라 거역할까. 하릴없이 아기를 갖다 버리는데, 마구간에 버리니 말이 쫓아 나오고, 외양간에 버리니 소가 쫓아 나오네. 오구대왕이 또 벼락같이 호령을 하기를,

"그런 데 버릴 것이 아니라, 멀리 가서 아주 돌아오지 못하도록 옥함에 깊이 넣어 강물에 띄워 보내라."

하기에, 하릴없이 옥함에 아기를 넣었어. 본디 아들 낳으면 덮어 주고 입혀 주려고, 비단 공단 포대기와 바지저고리를 만들어 넣어 뒀던 그 옥함에다 아기를 넣었지. 이 때 길대부인이 울면서 오구대왕에게 간청했어.

"여보시오, 대왕님. 버릴 때 버리더라도 아기 이름이나 지어 주오."

"버릴 아이 본이름이 무슨 소용 있으리요. 본이름은 그만두고 별명만 지어 주되 바리데기라 하시오."

아기 이름 '바리데기' 네 글자를 비단 공단 포대기와 비단 공단 바지저고리에 수놓아 아기와 함께 옥함에 넣고 자물쇠를 꼭 채웠어. 길대부인이 눈물을 흘리며 옥함을 안고 강으로 가 여울에 던지니, 옥함이 그 자리에서 빙빙 돌다가 도로 땅으로 올라오네. 주워서 다시 던지니 또 그 자리에서 빙빙 돌다가 도로 땅으로 올라오더니, 세 번째 던지니까 그제야 여울 따라 물결 따라 출렁출렁 춤을 추며 떠내려가더래.

바리데기를 실은 옥함은 둥실둥실 두둥실, 물결을 타고 바람을 타고 자꾸자꾸 떠내려갔어. 몇날 며칠을 떠내려가다가 어느 마을에 닿았는데, 이 때 마침 그 마을 사람들이 고기를 잡으러 강에 나왔다가 옥함을 건져서 마을로 가지고 갔지. 마을 사람들이 다 모여서 이리 보고 저리 보고, 이 사람 저 사람이 달려들어 열어 보려고 했지마는 자물쇠가 굳게 채워져 있어서 도무지 열 수가 없네. 아무리 힘센 사람이 열어도 안 열리고, 아무리 재주 좋은 사람이 열

어도 안 열려.

　이 때 웬 거지 할머니와 할아버지가 그 마을을 지나다가 그 자리에 왔어. 거지 할머니와 할아버지가 그 옥함 가까이 다가가니까, 손도 대지 않았는데 거짓말처럼 자물쇠가 철컥 하고 풀리면서 함 뚜껑이 스르르 열리더래. 함 안을 들여다보니 포대기에 싸인 예쁜 아기가 쌔근쌔근 잠을 자고 있거든. 포대기를 들쳐보니 바리데기 이름 넉 자가 똑똑하게 새겨져 있어. 마을 사람들이 이상히 여기고 거지 할머니와 할아버지에게 물어 봤지.

　"할머니, 할아버지는 대체 어디에서 온 누구십니까?"

　"우리 내외는 여기저기 떠돌아다니며 빌어먹는 거지로서, 이름은 비리공덕이라고 하오."

　"두 분이 옥함을 열었으니 아기를 데려다 키우십시오."

　"집도 절도 없이 떠돌아다니는 몸이 어찌 아기를 키우겠소?"

　"우리가 뒷산 언덕에 집을 한 채 지어 줄 터이니, 거기에 살면서 아기를 키우면 되지 않겠습니까?"

　마을 사람들이 뒷산 언덕에 오막살이 초가집을 한 채 지어 줬어. 비리공덕 할머니와 비리공덕 할아버지는 그 날부터 그 초가집에 살면서 아기를 정성으로 키웠어. 비리공덕 할머니는 동네방네 다니며 동냥젖을 얻어 먹이며 키우고, 비리공덕 할아버지는 날마다 강에 나가 고기를 잡아다 먹이며 키웠지. 바리데기가 자라 아장아장 걸어다닐 무렵이 되자, 비리공덕 할머니는 바느질과 길쌈을 가르치고 비리공덕 할아버지는 글공부와 고기잡이하는 법을 가르쳤어.

　어느덧 세월이 흘러 흘러 바리데기 나이 열다섯 살이 됐지.

　이 때 바리데기 아버지 오구대왕이 몹쓸 병에 걸려서, 시름시름 앓아 눕더니 일어날 줄을 모르네. 온갖 좋다는 약을 다 써 보고, 용하다는 의원을 다 불러다 보였지만 낫지를 않아. 근심에 싸여 하루하루 날만 축내고 있는데, 하루는 천하궁 가리박사가 와서 점괘를 이리 뽑아 보고 저리 뽑아 보고 하더니 혀를 끌끌 차면서 이런 말을 하는구나.

"대왕님, 대왕님. 이 병에는 백 가지 약이 소용없고 단 한 가지 약만 효험이 있습니다."

"그게 무엇인가?"

"서천서역국 동대산에서 솟아나는 약물입니다."

가리박사가 이 말을 남기고는 바람같이 가 버리네. 약이 있다는 말은 반가우나, 서천서역국은 삼나라에서 땅길로 만 리, 물길로 만 리나 떨어진 곳에 있거든. 그 먼 곳에 누가 가서 약물을 떠 오랴. 길대부인이 생각 끝에 맏딸 청대공주 해님데기를 불러 물어 봤어.

"복덩이 딸 청대공주 해님데기야. 앞산에 별궁 짓고 유모 궁녀 딸려 키운 내 딸아. 네가 서천서역국 동대산에 약물 뜨러 갈 테냐?"

"나는 곱게 자라 여태 이 궁궐 밖을 한 발짝도 나가 본 적이 없는데, 그 먼 길을 어찌 가란 말입니까? 못 갑니다, 못 갑니다."

길대부인이 하릴없이 둘째 딸 홍대공주 달님데기를 불러 물어 봤어.

"살림 불릴 딸 홍대공주 달님데기야. 뒷산에 별궁 짓고 유모 궁녀 딸려 키운 내 딸아. 네가 서천서역국 동대산에 약물 뜨러 갈 테냐?"

"나는 길눈이 어두워 궁궐 뒤뜰 꽃밭에만 가도 길을 잃고 헤매는데, 그 먼 길을 어찌 가란 말입니까? 못 갑니다, 못 갑니다."

길대부인이 하릴없이 셋째 딸 녹대공주 별님데기를 불러 물어 봤어.

"노리개 딸 녹대공주 별님데기야. 동산에 별궁 짓고 유모 궁녀 딸려 키운 내 딸아. 네가 서천서역국 동대산에 약물 뜨러 갈 테냐?"

"나는 아이 셋을 낳아 날마다 먹이고 입히고 씻어 주느라 쉴 틈이 없는데, 그 먼 길을 어찌 가란 말입니까? 못 갑니다, 못 갑니다."

길대부인이 하릴없이 넷째 딸 황대공주 물님데기를 불러 물어 봤어.

"재롱둥이 딸 황대공주 물님데기야. 서산에 별궁 짓고 유모 궁녀 딸려 키운 내 딸아. 네가 서천서역국 동대산에 약물 뜨러 갈 테냐?"

"나는 날마다 우리 남편 밥 해주고 옷 빨아 주고 자리 치워 주느라 바쁜데, 그 먼 길을 어찌 가란 말입니까? 못 갑니다, 못 갑니다."

길대부인이 하릴없이 다섯째 딸 흑대공주 불님데기를 불러 물어 봤어.

"덤으로 얻은 딸 흑대공주 불님데기야. 남산에 별궁 짓고 유모 궁녀 딸려 키운 내 딸아. 네가 서천서역국 동대산에 약물 뜨러 갈 테냐?"

"나는 몸이 약해 문구멍바람만 쐬어도 고뿔 걸리고 열 발짝만 걸어도 발병 나는데, 그 먼 길을 어찌 가란 말입니까? 못 갑니다, 못 갑니다."

길대부인이 하릴없이 여섯째 딸 백대공주 흙님데기를 불러 물어 봤어.

"섭섭이 딸 백대공주 흙님데기야. 북산에 별궁 짓고 유모 궁녀 딸려 키운 내 딸아. 네가 서천서역국 동대산에 약물 뜨러 갈 테냐?"

"나는 수줍음이 많아 낯선 곳에는 못 가고 낯선 사람을 못 보는데, 그 먼 길을 어찌 가란 말입니까? 못 갑니다, 못 갑니다."

딸 여섯이 죄다 못 간다 하니 세상 천지에 이럴 수가 있나. 길대부인이 탄식하며 생각해 보니, 낳자마자 버렸던 일곱째 딸 바리데기가 만약에 살아 있으면 나이 열다섯 살이겠거든. 눈 먼 자식이 효도한다고, 행여 바리데기를 찾으면 서천서역국 동대산에 약물 뜨러 갈지 누가 아나.

길대부인이 행장을 꾸려 가지고 바리데기를 찾아 나섰어. 열다섯 해 전 옥함을 띄워 보낸 강에 가서 나룻배를 타고 물이 흐르는 대로 떠내려갔지. 떠내려가면서 큰 소리로 바리데기를 불렀어.

"버린 딸 바리데기야. 던진 딸 바리데기야. 네 어미가 너를 찾으니, 네가 만약 살았으면 산 몸으로 나오고, 네가 만약 죽었으면 혼백이라도 나오너라."

이렇게 애타게 딸의 이름을 부르면서 세 이레 스무하루 동안이나 강물 따라 둥둥 떠내려갔어. 떠내려가다가 마침내 바리데기가 사는 마을까지 가게 됐지. 거기서 소리쳐 딸을 불렀어.

"버린 딸 바리데기야. 던진 딸 바리데기야. 네 어미가 너를 찾으니, 네가 만약 살았으면 산 몸으로 나오고, 네가 만약 죽었으면 혼백이라도 나오너라."

이 때 바리데기는 집에서 바느질을 하다가 그 소리를 듣고 깜짝 놀랐어. 자기는 지금까지 비리공덕 할머니가 어머니인 줄 알고 비리공덕 할아버지가 아버지인 줄 알았거든. 그런데 제 이름을 부르면서 어미가 찾는다 하니 깜짝 놀랄밖에.

 "어머니, 아버지. 밖에서 누가 내 이름을 부르면서 어미가 찾는다 하니 이게 웬일입니까?"

 비리공덕 할머니와 비리공덕 할아버지가 그제서야 사실을 다 털어놓았지.

 "바리데기야, 바리데기야. 너는 본래 우리가 낳은 딸이 아니다. 옥함에 넣어져 강물에 떠내려온 것을 건져다 우리가 길렀느니라. 이제 네 친어머니가 온 것 같으니 어서 나가 보아라."

 그리고 깊이 숨겨 두었던 옥함과 포대기와 바지저고리를 꺼내 줬어. 그러고 나서 비리공덕 할머니와 비리공덕 할아버지는 바리데기를 남겨 두고 훌훌 바람같이 어디론가 떠나 버렸지. 바리데기가 할머니, 할아버지한테 하직 인사를 드리고 나서 강으로 나갔어. 떠내려오는 배를 잡고 길대부인을 만나서, 옥함과 포대기와 바지저고리를 내놓았지. 길대부인이 보니 열다섯 해 전에 아기 넣어 강물에 띄워 보낸 옥함이 틀림없고, 바리데기 네 글자를 손수 수놓아 함께 넣은 포대기와 바지저고리가 틀림없거든.

 "네가 정녕 내 일곱째 딸 바리데기란 말이냐? 너를 찾아 세 이레 스무하루 동안이나 헤매었더니 이제야 찾았구나. 어서 집으로 돌아가자."

 바리데기가 어머니 길대부인을 따라 집으로 돌아갔어. 돌아가서 병든 아버지 오구대왕한테 열다섯 해만에 처음으로 문안을 드렸지. 그러고 나니 어머니가 바리데기를 불러 앉혀 놓고 묻는구나.

 "바리데기야, 바리데기야. 네 아버지 병에는 오직 서천서역국 동대산 약물만이 효험이 있다 하니, 네가 서천서역국 동대산에 약물 뜨러 갈 테냐?"

 "아버지 병환 고칠 길이라면 천 리고 만 리고 가겠습니다."

 바리데기가 선선히 대답을 하고, 곧바로 길 떠날 채비를 했어. 머리에 수건 질끈 동여매고 호리병 하나 옆구리에 차고 짚신 한 죽 어깨에 둘러메고 신들메를 단단히 조이니 채비도 끝났어.

바리데기는 집을 나서서 서쪽으로 서쪽으로 자꾸만 걸어갔지. 고개도 넘고 개울도 건너고 가시밭길도 지나 자꾸만 갔지.

몇날 며칠을 가다가 보니 웬 머리 허연 할아버지가 길가에서 밭을 갈고 있어. 그런데 밭이 어찌나 넓은지 끝이 안 보여.

"밭 가는 저 할아버지, 서천서역국은 어디로 가나요?"

"이 밭을 다 갈아 주되, 더도 말고 덜도 말고 석 자 깊이로 고르게 갈아 주면 가르쳐 주지."

바리데기가 밭에 들어가 소에 쟁기를 지우고 '이랴 이랴' 소를 몰아 밭을 갈았어. 끝이 안 보이는 너른 밭을 석 자 깊이로 고르게 갈았어. 잠시도 쉬지 않고 일을 해서 아흐레 밤 아흐레 낮이 걸려 다 갈았어. 다 갈아 주니 할아버지가 길을 가르쳐 주는데,

"이 길을 따라 아홉 고개를 넘어가면 개울가에 빨래하는 사람이 있을 터이니 거기 가서 물어 보아라."

하거든. 바리데기가 길 따라 아홉 고개를 넘어가니 과연 개울이 하나 있고, 거기에 웬 할머니가 앉아서 빨래를 하고 있어. 그런데 빨랫감이 얼마나 많은지 산더미만해.

"빨래하는 저 할머니, 서천서역국은 어디로 가나요?"

"이 빨래를 다 해주되, 검은 빨래는 희게 하고 흰 빨래는 검게 하면 가르쳐 주지."

바리데기가 팔을 걷어붙이고 앉아 빨래를 했어. 검은 빨래는 희게 하고 흰 빨래는 검게 했어. 잠시도 쉬지 않고 일을 해서 아흐레 밤 아흐레 낮이 걸려 다 했어. 다 해주니 할머니가 길을 가르쳐 주는데,

"이 길을 따라 아홉 개울을 건너가면 숯 씻는 사람이 있을 터이니 거기 가서 물어 보아라."

하거든. 바리데기가 길 따라 아홉 개울을 건너가니 과연 초가집이 한 채 있고 거기에 웬 머리 허연 할아버지가 커다란 함지에 숯을 가득 담아 놓고 씻고 있어. 검디검은 숯을 하나하나 씻어서 말갛게 만들어 놓고 있더란 말이지.

"숯 씻는 저 할아버지, 서천서역국은 어디로 가나요?"

"이 숯을 다 씻어 주되, 숯에서 말간 물이 나올 때까지 씻어 주면 가르쳐 주지."

바리데기가 함지 앞에 앉아 숯을 씻었어. 숯이라는 게 물에 씻는다고 금방 말개지나? 씻어도 씻어도 깜장 물만 나오더니, 아흐레 밤 아흐레 낮 동안 온 정성을 다해 씻으니까 숯에서 말간 물이 나오더래. 다 씻어 주니 할아버지가 길을 가르쳐 주는데,

"이 길을 따라 아홉 가시밭길을 지나면 밭에서 풀 뽑는 사람이 있을 터이니 거기 가서 물어 보아라."

하거든. 바리데기가 길 따라 아홉 가시밭길을 지나니 과연 길가에 밭이 있고 거기에 웬 할머니가 앉아서 풀을 뽑고 있어. 그런데 풀 한 포기 뽑고 나서 손 모아 나무아미타불을 외고, 또 한 포기 뽑고 손 모아 나무아미타불을 외는 거야.

"풀 뽑는 저 할머니, 서천서역국은 어디로 가나요?"

"이 밭의 풀을 다 뽑아 주되, 풀 한 포기 뽑을 때마다 '나무아미타불'을 외면서 뽑아 주면 가르쳐 주지."

바리데기가 밭에 들어가 풀을 뽑았어. 풀 한 포기 뽑고 손 모아 '나무아미타불'을 외고, 또 한 포기 뽑고 손 모아 '나무아미타불'을 외며 뽑았어. 뽑고 또 뽑아도 풀이 안 없어지더니, 아흐레 밤 아흐레 낮 동안 온 정성을 다해 '나무아미타불'을 외며 뽑으니까 드디어 풀이 다 없어졌어. 다 뽑아 주니 할머니가 꽃 한 송이와 방울 하나를 주면서,

"이 길을 따라가다가, 만약에 높아서 못 가거든 꽃을 던지고 깊어서 못 가거든 방울을 흔들어라."

하거든. 꽃 한 송이와 방울 하나를 받아 가지고 길 따라 자꾸 갔지.

가다가 보니 문득 높디높은 산이 앞을 가로막는데, 꼭대기는 하늘에 닿고 길이란 길은 깎아지른 벼랑이라 한 발짝도 오를 수가 없어. 이리로 오를까 저리로 오를까 빙빙 돌다가 사흘이 지나고, 한 발짝 오르다 미끄러지고 두 발짝 오르다 미끄러지면서 사흘이 지났어. 문득 할머니가 주신 꽃이 생각나서 그 꽃을 꺼내어 던졌지. 그랬더니 그 높은 산이 스르르 내려앉아 평평한 길이 되는 거야.

또 길을 따라가다가 보니 문득 깊디깊은 바다가 앞을 가로막는데, 아무리 가벼운 것도 여기서는 다 가라앉아서 건널 수가 없어. 배도 가라앉고 뗏목도 가라앉고, 심지어 새 깃털도 가라앉는 곳이야. 이리 보고 한숨 쉬고 저리 보고 한숨 쉬다가 사흘이 지나고, 앉아 울다 서서 울다 사흘이 지났어. 문득 할머니가 주신 방울이 생각나서 그 방울을 꺼내어 흔들었지. 그랬더니 하늘 높은 곳에서 오색 무지개다리가 천천히 내려와 바다 위에 척 걸리는 거야. 그 무지개다리를 타고 무사히 바다를 건넜지.

바다를 건너 삼천 리를 더 가니 서천서역국이고, 또 삼천 리를 더 가니 동대산이야. 동대산에 썩 들어서니 웬 총각이 길을 지키고 섰는데, 가만히 보니 키는 하늘에 닿고 눈은 등잔 같고 얼굴은 박박 얽은 데다 다리는 절름발이요 팔은 곰배팔이야.

"나는 동대산 산지기 동수자요만, 그대는 뉘시기에 나는 새도 못 넘는 구름산을 넘고 새 깃털도 가라앉는 칠흑바다를 건너 이곳까지 오셨소?"

"삼나라 오구대왕의 일곱째 딸 바리데기가 아버지 병환 고칠 약물 뜨러 왔습니다."

"그러면 길 값 삼만 금은 가져오셨소?"

"급히 오느라 못 가져왔습니다."

"물 값 삼만 금은 가져오셨소?"

"급히 오느라 못 가져왔습니다."

"구경 값 삼만 금은 가져오셨소?"
"급히 오느라 못 가져왔습니다."
"그러면 나와 혼인하여 삼 년을 살되, 길 값으로 삼 년 동안 나무를 해주고, 물 값으로 삼 년 동안 물을 길어 주고, 구경 값으로 삼 년 동안 불을 때어 주오. 그리고 아들 삼 형제를 낳아 주면 약물터에 데려다 주겠소."

바리데기가 동수자와 혼인을 하여 삼 년 동안 같이 사는데, 하늘을 지붕 삼아 땅을 구들 삼아, 해와 달을 등불 삼아 산을 병풍 삼아, 금잔디를 이불 삼아 나무등걸을 베개 삼아 살림을 했어. 삼 년 동안 길 값으로 나무를 해주고 물 값으로 물을 길어 주고 구경 값으로 불을 때 줬어. 그러는 동안 아들 삼 형제도 낳았지.

삼 년이 지나 길 값, 물 값, 구경 값을 다 치르고 아들 삼 형제를 낳아 주니 비로소 동수자가 바리데기를 약물터에 데리고 가는 거야. 약물터는 거기서도 삼천 리를 더 가야 하는데, 가는 도중에 보니 아주 넓고 아름다운 꽃밭이 있더래. 넓디넓은 꽃밭이 하늘 아래 끝도 없이 펼쳐졌는데, 난생 처음 보는 꽃이 울긋불긋 눈부시게 피어 있고 꽃향기가 천지에 가득하더래. 바리데기가 동수자에게 물었어.

"여기는 어디이기에 이렇게 많은 꽃이 피어 있습니까?"
"여기는 서천꽃밭이라오."

서천꽃밭 꽃 구경을 하면서 가다가 한 곳에 이르니 칠흑같이 검은 꽃이 피어 있어.

"이것은 무슨 꽃입니까?"
"그것은 죽은 사람 뼈를 살리는 뼈살이꽃이오."

그 꽃을 한 송이 따서 품속에 넣었지.

또 한 곳에 이르니 샛빛처럼 샛노란 꽃이 피어 있어.

"이것은 무슨 꽃입니까?"
"그것은 죽은 사람 살을 살리는 살살이꽃이오."

그 꽃도 한 송이 따서 품속에 넣었지.

또 한 곳에 이르니 핏빛처럼 새빨간 꽃이 피어 있어.

"이것은 무슨 꽃입니까?"

"그것은 죽은 사람 피를 살리는 피살이꽃이오."

그 꽃도 한 송이 따서 품속에 넣었지.

또 한 곳에 이르니 물빛처럼 새파란 꽃이 피어 있어.

"이것은 무슨 꽃입니까?"

"그것은 죽은 사람 숨을 살리는 숨살이꽃이오."

그 꽃도 한 송이 따서 품속에 넣었지.

또 한 곳에 이르니 눈처럼 새하얀 꽃이 피어 있어.

"이것은 무슨 꽃입니까?"

"그것은 죽은 사람 혼을 살리는 혼살이꽃이오."

그 꽃도 한 송이 따서 품속에 넣었어.

서천꽃밭을 지나니 험한 바위 골짜기요, 바위 골짜기를 지나니 가파른 벼랑이야. 벼랑을 지나니 우거진 가시덤불길이요, 가시덤불길을 지나니 끝없는 자갈밭이야. 이렇게 멀고 험한 길을 걷고 또 걸어서 드디어 약물터에 이르렀어.

약물터에 이르니 커다란 거북 모양 바위가 하늘로 솟았는데, 그 거북 입에서 약물이 방울방울 떨어지더래. 그런데 얼마나 더디 떨어지는지 아침에 한 방울, 한낮에 한 방울, 저녁에 한 방울, 이렇게 하루 세 방울밖에 안 떨어져. 바리데기가 그 아래 앉아 기도하고 절하며 호리병에 약물을 받기를 석 달 열흘 동안 받았어. 그러니까 호리병에 약물이 가득 차더래.

이제 바리데기가 집으로 돌아갈 차례야. 그 동안 곁에서 지켜 주던 동수자가 말하기를,

"나는 본래 하늘 옥황궁의 문지기였는데, 죄를 짓고 동대산 산지기로 내려온 바 되었소. 옥황상제께서 말씀하시기를 누구든지 나와 혼인하여 아들 셋을 낳는 사람이 있으면 도로 하늘로 불러 올리리라 하셨는데, 마침 그대가 나

와 혼인하여 아들 셋을 낳았기로 나는 이제 죄를 씻고 하늘로 올라가게 되었소. 부디 조심해서 돌아가시오."

하고는 구름을 불러 타고 하늘로 올라가 버리는 거야. 바리데기는 하릴없이 아이 셋과 함께 집으로 돌아가는데, 첫째는 걸리고 둘째는 업고 막내는 안고 나는 듯이 달려 집으로 돌아갔어. 약물터에 올 때는 그렇게나 멀고 험하여 힘들던 길이 돌아갈 때는 얼마나 쉬운지 몰라. 부처님의 도움인지 옥황상제의 도움인지, 땅도 평평해지고 물도 얕아지고 천 리가 백 리로 줄고 백 리가 십 리로 줄어 어느덧 삼나라에 다 왔어.

삼나라에 이르니 길가 논에서 농부들 여럿이 모를 심으며 노래를 부르는데, 가만히 들어 보니 이런 노래일세.

"얼릴릴 상사뒤여 얼릴릴 상사뒤여. 불쌍하다 오구대왕 불쌍하다 길대부인. 효성스런 일곱째 딸 바리공주 바리데기 서천서역국 동대산에 약물 뜨러 가더니 죽었는지 살았는지 소식이 없고, 이제나저제나 소식만 기다리다 불쌍한 오구대왕 불쌍한 길대부인 한 날 한 시에 죽어 혼백이 되었네. 얼릴릴 상사뒤여 얼릴릴 상사뒤여."

들어 보니 다른 소리가 아니라 아버지, 어머니가 죽었다는 소리거든. 바리데기는 정신을 못 차리고 엎어지며 자빠지며 허둥지둥 궁궐로 달려갔어. 궁궐 앞에 이르니 벌써 상여가 나오는 거야. 마흔여덟 상두꾼이 흰 꽃 덮인 상여를 메고 '에헤뒤야 에헤뒤야' 소리를 메기고 받으며 나와. 여섯 언니는 흰 가마 타고 여섯 형부는 흰 말을 타고 상여를 따라 나오는 거야.

이 때 바리데기가 달려가 두 손을 높이 들어 상여를 세웠어. 그러니 여섯 언니 여섯 형부가 달려들어 바리데기를 밀쳐내면서 마구 야단을 치네.

"너는 서천서역국 동대산에 약물 뜨러 간다더니 여태 무엇하고 노닥거리다가 이제야 오는 게냐? 네가 늦게 온 탓에 아버지, 어머니가 돌아가셨는데 무슨 염치로 상여를 세우느냐? 어서 썩 비켜라."

바리데기가 그 말에는 대꾸도 않고 상여 문을 열었어. 상여 문을 여니 관

두 개가 나란히 누워 있어. 관 두껑을 차례로 열어 보니 아버지 오구대왕과 어머니 길대부인이 자는 듯이 누워 있어. 품 속에서 꽃을 꺼내어 차례로 아버지, 어머니 몸에 올려놨지.

"아버지, 어머니. 이 꽃은 뼈살이꽃입니다."

뼈살이꽃을 올려놓으니 뽀드득뽀드득 뼈가 살아 붙고,

"아버지, 어머니. 이 꽃은 살살이꽃입니다."

살살이꽃을 올려놓으니 몽실몽실 살이 살아 돋아나고,

"아버지, 어머니. 이 꽃은 피살이꽃입니다."

피살이꽃을 올려놓으니 발그스름하게 피가 살아 돌고,

"아버지, 어머니. 이 꽃은 숨살이꽃입니다."

숨살이꽃을 올려놓으니 새록새록 숨이 살아 나오고,

"아버지, 어머니. 이 꽃은 혼살이꽃입니다."

혼살이꽃을 올려놓으니 혼이 번쩍 살아 생겨서, 하늘 보고 절하고 물푸레나무로 세 번을 치니 아버지, 어머니가 기지개를 켜고 긴 숨을 쉬면서 벌떡 일어나 앉더래.

"이게 잠결이냐, 꿈결이냐? 여기가 어디냐?"

"이게 누구냐? 우리 일곱째 딸 바리데기가 돌아왔구나."

"예, 어머니. 제가 돌아왔습니다. 아버지, 이 약물 드시고 어서 기운 차리십시오."

바리데기가 호리병에 받아 온 약물을 드리니, 오구대왕이 받아서 단숨에 꿀꺽꿀꺽 마시고 그만 병이 씻은 듯이 나았어.

이렇게 해서 오구대왕의 병을 고치고, 그 뒤로 바리데기는 어머니, 아버지 모시고 아들 삼 형제와 함께 오래오래 잘 살았대.

잘 살다가 바리데기는 오구신이 됐는데, 오구신은 죽은 사람을 저승길로 이끌어 주는 일을 맡아 보는 신이란다. 언월도와 삼지창, 방울과 부채를 들고 '이리 오라, 이리 오라' 고 영혼을 이끌어 주지. 사람이 죽으면 누구든지 바리데기가 이끄는 대로 저승길을 가게 되는 거야.

  비리공덕 할머니와 비리공덕 할아버지는 저승길을 지키는 신이 됐어. 요새도 사람이 죽으면 노제라는 걸 지내는데, 노제에 차린 음식은 비리공덕 할머니와 비리공덕 할아버지가 받아 먹는단다. 그리고 바리데기 아들 삼 형제는 저승 시왕이 됐지. 저승 시왕이라고 하는 것은 저승을 다스리는 왕이 모두 열이어서 그렇게 부르는데, 그 중에 으뜸은 염라대왕이고 나머지 아홉은 초공 삼 형제, 범을임금 아들 삼 형제, 바리데기 아들 삼 형제라는 거야.

저승 삼시왕 초공 삼 형제

옛날 옛적 주년국 큰 마을에 한 부부가 살았는데, 남편은 천하문장 임정국대감이요 아내는 지하문장 김진국부인이었어. 본디 임정국대감은 하늘 천하궁에 살고 김진국부인은 땅 세상 지하궁에 살았는데, 부부 된 뒤로 주년국에 내려와 벼슬하며 살았지. 이 부부는 살림 넉넉하고 금실 좋아서 아무 근심 걱정이 없는데, 딱 한 가지 설움이 있으니 나이 쉰이 넘도록 슬하에 자식 하나를 못 얻은 게야.

하루는 부부가 밖에 나들이 갔다가, 어디서 크게 웃는 소리를 듣고 그 소리를 따라가 봤지. 가 봤더니 다른 곳이 아니라, 나무돌쩌귀에 거적문을 달아 놓고 기어 들어가고 기어 나오는 가난한 집인데, 그 집 부부가 아기 재롱을 보고 재미나게 웃고 있거든. 아기 재롱이 하도 귀엽고 재미나서 문구멍으로 정신없이 보고 있는데, 그 집 주인이 알고,

"웬 사람이 문구멍으로 남의 아기를 훔쳐 보느냐?"

하고 호통을 치니 부부가 무안을 당하고 쫓겨났지. 쫓겨나서 생각하니 자식 없는 설움이 뼈 속에 사무쳐서 절로 한숨이 나거든.

"아무리 좋은 집에 노적가리 쌓아 놓고 살면 무엇하나. 부부 금실 아무리 좋으면 무엇하나. 자식 없이 살아 보니 재물도 소용없고 금실도 소용없네."

부부가 집에 돌아와 눈물을 흘리며 한탄을 하고 있는데, 마침 웬 스님이 문간에 와서 목탁을 두드리는 거야.

"나무아미타불 관세음보살, 소승 문안 드립니다."

"어디서 무슨 일로 오신 스님이오?"

"황금산 도단절에서 주자라 하는 중이 시주 받으러 왔습니다."

"원하는 대로 시주를 할 터이니 우리 부부 자식 낳을 방도나 알려 주오."

주자스님이 사주팔자를 짚어 보고는 방도를 일러 줬어.

"부처님께 바칠 황금 백 근을 마련해 놓고 석 달 열흘 동안 새벽이슬 맞으며 정성을 들이면 자식을 얻을 것입니다."

임정국대감과 김진국부인이 그 말대로 황금 백 근을 마련해 놓고, 뒤뜰에 단을 쌓고 정화수 떠다 놓고 날마다 새벽 이슬 맞으며 정성을 들였어. 하루도 빠지지 않고 석 달 열흘 동안 정성을 들였지. 석 달 열흘째 되는 날 황금산 도단절 주자스님이 와서 부처님께 바칠 황금을 저울에 달아 보니 백 근에서 한 근이 모자라는 아흔아홉 근이거든.

"황금 백 근이 다 찼으면 아들아기가 태어날 터인데, 한 근이 모자라는 아흔아홉 근이니 아마도 딸아기가 태어날 것입니다."

아니나다를까, 그 날부터 김진국부인의 배가 불러오더니 열 달이 차서 아기가 태어났는데 어여쁜 딸아기야. 모습이 어찌나 고운지, 앞을 보니 해님이요 뒤를 보니 달님이요 두 눈은 샛별 같고 두 볼은 앵두 같아. 이름을 노가단풍자지명왕이라 지어 주고 금이야 옥이야 고이고이 키웠지.

노가단풍자지명왕아기는 무럭무럭 잘 자랐어. 한두 살에 어머니 무릎에서 놀고 서너 살에 아버지 무릎에서 놀고, 대여섯 살에 소꿉 가지고 놀고 일여덟 살에 붓대 가지고 놀더니, 열두셋 지나 열다섯 살이 되니 어엿한 처녀로 자랐어.

이 때 하늘 천하궁에서 옥황상제 천지왕이 기별을 보냈는데 어떤 기별인고 하니,

"천하문장 임정국대감은 하늘 천하궁으로 천하공사 벼슬 살러 오고, 지하문장 김진국부인은 땅 세상 지하궁으로 지하공사 벼슬 살러 오라."

하는 분부거든.

옥황상제 영이니 어서 받들고 떠나야 할 터인데, 다른 것은 아무 것도 걱정될 게 없으나 열다섯 살 먹은 딸 노가단풍자지명왕아기가 걱정이야. 벼슬 살러 가는 몸이 딸을 데리고 갈 수는 없고, 혼자 남겨두자니 이 걱정 저 걱정에 마음이 안 놓여. 부부가 의논한 끝에 노가단풍자지명왕아기를 쥐도 새도 모르는 곳에 깊이 감춰 두고 떠나기로 했어.

대문 안에 중문 짓고 중문 안에 샛문 짓고, 그 뒤에 별당 짓고 별당 안에 흙방 지어, 그 안에 노가단풍자지명왕아기를 앉혀 두고, 일곱 겹 장지문에 가로세로 빗장 지르고, 아홉 겹 장지문에 가로세로 빗장 질러, 구멍 하나만 남겨 두고 모두 봉한 뒤에 일천 근 자물쇠로 문을 꼭 잠갔어. 이렇게 해 놓으니 나는 새인들 들어올까, 기는 쥐인들 들어올까. 제아무리 천하장사인들 일천 근 자물쇠를 열 수 있겠나. 그렇게 단단히 숨겨 놓고 아기씨 몸종 느진덕이에게 이르기를,

"느진덕아, 느진덕아. 우리가 벼슬 다 살고 돌아올 때까지 아기씨를 돌봐 주되, 어느 누가 오더라도 문을 열어 주지 말고, 어느 누가 보자고 하더라도 아기씨 모습을 보여 주지 말아라. 구멍으로 밥을 주고 구멍으로 옷을 주며 고이고이 돌봐 주고 지켜 다오."

하고 신신당부를 했어. 그래 놓고 아버지는 천하공사 벼슬 살러 천하궁으로 가고, 어머니는 지하공사 벼슬 살러 지하궁으로 갔어.

천하문장 임정국대감이 하늘 천하궁에서 천하공사 벼슬을 사는데, 하루는 글공부하는 선비들이 천하궁에 모여 잔치를 벌였어. 하늘 세상 선비란 선비는 다 모여서 그 수가 삼천이나 됐지. 마침 밤이 깊어 휘영청 달이 밝은데, 은은한 달빛이 하도 고와서 삼천 선비가 모두 넋을 잃고 감탄을 해.

"참, 달빛이 곱기도 하다!"

"인간 세상에도 저처럼 고운 사람이 있겠는가?"

그 말을 듣고 있던 임정국대감이 문득 집에 두고 온 딸 생각이 나서 은근히 자랑을 했지.

"달빛이 아무리 고운들 내 딸 노가단풍자지명왕아기만 하겠는가."
"대감님 따님이 정말 그렇게 곱습니까?"
"곱다마다. 그대들이 만약 본다면 내 말이 옳다는 걸 알 터인데……."
그러니까 여러 선비가 다 그 따님을 한 번 보았으면 하거든.
"하하. 그건 안 될 말일세. 내 딸 노가단풍자지명왕아기는 아무도 볼 수 없는 곳에 숨어 있다네. 암, 볼 수 없고말고."
임정국대감은 자기가 딸을 얼마나 깊디깊은 곳에 꼭꼭 숨겨 두었는지 자랑하고 싶어서, 그만 엉뚱한 내기를 걸었어.
"만약 누구든지 내 딸 노가단풍자지명왕아기를 만나 보고 오는 사람이 있으면 삼천 금을 주겠네."
삼천 선비 모두가 서로 눈치만 보고 선뜻 나서는 사람이 없어. 이 때 황금산 도단절 주자스님이 옥황상제를 만나러 천하궁에 와서 그곳을 지나다가 이야기를 들었어. 그리고 자기가 가 보겠다고 나섰지.
"소승이 노가단풍자지명왕아기씨를 만나 뵙고 시주를 받아 오겠습니다."
그 말을 듣고 임정국대감이 코웃음을 쳤지.
"아무리 주자스님이라도 그건 어려울 거외다."
주자스님도 지지 않고 약속을 했어.
"만약 소승이 아기씨를 만나지 못하면 대신 이 목숨을 바치겠습니다."
주자스님은 그 길로 바삐 걸어 황금산 도단절로 돌아왔어. 돌아와서 길 떠날 채비를 하는데, 머리에는 흰 고깔 쓰고 비단장삼 떨쳐 입고 목에는 염주 걸고 등에는 바랑 메고 한 손에는 목탁 들고 한 손에는 요령을 들었어. 그런 차림으로 길을 나섰지. 청산·황산·흑산·백산 열두 고개를 넘고, 청수·황수·흑수·백수 열두 강을 건너 노가단풍자지명왕아기씨 사는 집으로 갔어.
"나무아미타불 관세음보살, 소승 문안 드립니다."
대문 앞에서 목탁을 치고 염불을 했어. 집안에서는 하님 느진덕이가 그 소리를 들었지마는, 아무도 들이지 말고 문도 열어 주지 말라는 대감 분부를 지키느라고 못 들은 체하고 가만히 있었어. 그런데 하루 종일을 그러고 있어도 스님은 가지 않고 대문 앞에서 목탁을 치고 염불을 하고 있네. 하루가 가고 이틀이 가고 사흘째 되는 날, 대문·중문·샛문 지나 별당 안에 있던 노가단풍자지명왕아기씨도 그 소리를 들었어.

"느진덕아, 느진덕아. 저 소리는 웬 소리냐?"

"웬 스님이 와서 목탁 치고 염불하는 소리랍니다."

"그러면 나가서 웬일로 오셨는지 물어 보아라."

느진덕이가 나가서 스님에게 물어 봤지.

"어디서 무슨 일로 오신 스님입니까?"

"황금산 도단절에서 주자라 하는 중이 시주 받으러 왔습니다."

느진덕이가 들어가서 아기씨에게 그 말을 전했어.

"그러면 깨끗하게 씻은 쌀 한 말을 스님께 드려라."

느진덕이가 깨끗하게 씻은 쌀 한 말을 놋대야에 담아 가지고 나가서 스님에게 주었지. 그런데 주자스님은 손사래를 치면서 받지를 않네.

"이 댁 아기씨가 손수 주시는 쌀만 받겠습니다."

"그건 안 될 말입니다. 우리 아기씨는 대문·중문·샛문 지나 별당 안 흙방에 계시는데, 일곱 겹 장지문과 아홉 겹 장지문에 가로세로 빗장 지르고 일천 근 자물쇠로 잠가 놓아서 나올 수 없습니다."

"만약 소승이 대문·중문·샛문 열고 일곱 겹 장지문과 아홉 겹 장지문에 빗장 풀고 일천 근 자물쇠를 연다면 아기씨가 손수 나와 쌀을 주시겠습니까?"

느진덕이가 들어가서 아기씨에게 그 말을 전했어.

"하하하. 천하장사도 못 여는 문을 스님이 무슨 수로 연단 말이냐? 만약 스님이 문을 열면 내가 나가 쌀을 드리마."

느진덕이가 나가서 스님에게 그 말을 전했지. 그랬더니 주자스님이 요령을 흔드는데, 한 번 흔드니 대문이 열리고 두 번 흔드니 중문이 열리고 세 번 흔드니 샛문이 열려. 별당 앞에 나아가서 또 요령을 흔드는데, 일곱 번 흔드니 일곱 겹 장지문에 가로세로 지른 빗장이 풀리고 아홉 번 흔드니 아홉 겹 장지문에 가로세로 지른 빗장이 풀려. 그 다음에 하늘 보고 진언 치고 요령을 크게 열두 번 흔드니까 일천 근 자물쇠도 힘없이 스르르 풀리겠지.

노가단풍자지명왕아기씨가 하릴없이 문밖으로 나오는데, 푸른 너울 쓰고 누른 너울 쓰고 가만가만 나와서 놋대야에 쌀을 담아 스님에게 주었지. 스님은 바랑을 내밀어 쌀을 받는데, 한 귀는 손에 들고 한 귀는 입에 물고 바랑 아귀를 열어 쌀을 받는구나.

"스님, 스님. 한 손은 어디에 두고 입으로 바랑을 잡습니까?"

아기씨가 물으니 스님이 입에 문 바랑을 놓고 대답하기를,

"한 손은 이 세상에서 가장 높고 귀한 것을 쓰다듬을 손이라 감춰 두었습니다."

하면서 감춰 두었던 한 손을 내밀어 아기씨 머리를 쓰다듬는데, 오른쪽으로 세 번 쓰다듬고 왼쪽으로 세 번 쓰다듬는 거야. 노가단풍자지명왕아기씨가 깜짝 놀라 뒷걸음질치며 소리를 질렀어.

"스님, 이게 무슨 짓입니까?"

그러자 주자스님은 두 손을 모으고 '나무아미타불'을 외더니,

"아기씨는 용서하십시오. 하지만 석 달이 지나면 반드시 나를 찾을 일이 있을 것이니, 그 때는 황금산 도단절에 와서 주자스님을 찾으소서."

하고는 뒤돌아서 가는데, 샛문 지나 중문 지나 대문 지나 장삼자락을 펄럭이며 나는 듯이 가는구나.

노가단풍자지명왕아기씨가 가만히 생각하니, 석 달이 지나면 반드시 저를 찾을 일이 있을 것이라 하는 말에 반드시 무슨 곡절이 있을 것 같거든. 얼른 하님 느진덕이에게 부탁을 했어.

"느진덕아, 느진덕아. 어서 스님 뒤를 쫓아가서 고깔 귀 한 조각과 장삼 귀 한 조각을 찢어 오너라."

느진덕이가 스님 뒤를 쫓아가 몰래 고깔 귀 한 조각과 장삼 귀 한 조각을 찢

어 오니, 아기씨는 그것을 장롱 속 깊이 간직해 뒀어.

그러고 나서 한 달이 지나니 아기씨가 밥맛이 없어지고, 두 달이 지나니 몸이 점점 야위더니, 석 달이 지나니 배가 불러오는구나. 하님 느진덕이가 이상하게 여기고 천하궁 임정국대감과 지하궁 김진국부인에게 기별을 했지. 부부가 기별을 듣고 놀라서 벼슬살이를 그만두고 바삐 집으로 돌아왔어. 와 보니 딸의 몸은 젓가락처럼 야위고 얼굴은 기름종이처럼 누렇게 뜨고 배는 항아리처럼 부르거든.

"아이고, 얘야. 이게 무슨 변이냐?"

어머니, 아버지가 이리 보고 저리 보고, 아무리 보아도 아기를 밴 것이 틀림없는지라, 그만 화가 머리끝까지 나서 호통을 쳤어.

"혼인하지 않은 처녀가 아기를 밴 것은 큰 죄이니 용서할 수 없다. 너는 어서 집을 나가서 다시 돌아오지 말아라."

이래서 노가단풍자지명왕아기씨가 집에서 쫓겨났어. 쫓겨날 때 장롱 속에 깊이 숨겨 둔 고깔 귀 한 조각과 장삼 귀 한 조각을 꺼내 품에 품고 나왔지. 어머니, 아버지 앞에 엎드려 절을 하고 느진덕이와 함께 집을 나설 때, 검은 암소 한 마리에 쌀과 옷을 싣고 나섰어.

느진덕이가 앞에 서고 아기씨가 뒤에 서고, 앞서거니 뒤서거니 황금산 도단절을 찾아가는데, 열두 고개를 넘고 열두 강을 건너가야 해. 청산 고개 넘고 청수 강 건너, 황산 고개 넘고 황수 강 건너 자꾸자꾸 걸어갔지.

가다가 고개 하나 넘고 강 하나 건너니 검은 바위 험하디 험한 고개가 불쑥 솟았는데 이것이 흑산 고개야. 이리 보고 저리 봐도 너무 험해 넘을 수가 없네. 둘이서 울면서 한탄하고 있으니 문득 하늘에서 커다란 연이 남실남실 날아와 멈추었어. 그 연에 매달렸더니 바람을 타고 날아 무사히 흑산 고개를 넘었지.

또 가다가 강 하나 건너고 고개 하나 넘으니 시커멓게 깊은 물이 앞을 가로막는데 이것이 흑수 강이야. 이리 보고 저리 봐도 너무 깊어 건널 수가 없어.

둘이서 울면서 한탄하고 있으니 문득 강 건너편에서 빈 나룻배가 저절로 둥실둥실 떠 왔어. 그 배를 타고 노를 저어 무사히 흑수 강을 건넜지.

또 가다가 고개 하나 넘고 강 하나 건너니 흰 눈 쌓인 높은 고개가 가로막는데 이것이 백산 고개야. 이리 보고 저리 봐도 너무 높아 넘을 수가 없어. 둘이서 울면서 한탄하고 있으니 문득 하늘에서 무지개다리가 너울너울 내려와 고갯마루에까지 척 걸렸어. 그 다리를 타고 무사히 백산 고개를 넘었지.

또 가다가 강 하나 건너고 고개 하나 넘으니 흰 물결이 사납게 천둥 치는 소리를 내며 흐르는데 이것이 백수 강이야. 이리 보고 저리 봐도 물결이 너무 사나워 건널 수가 없어. 둘이서 울면서 한탄하고 있으니 문득 강바닥에서 바윗돌이 우르르 솟아나와 징검다리가 되었어. 그 다리를 밟고 무사히 백수 강을 건넜지.

이렇게 열두 고개 다 넘고 열두 강을 다 건너 황금산에 다다르니 아흔아홉 칸 절집이 있는데, 절 문에 귀 없는 고깔과 귀 없는 장삼이 걸려 있어. 노가단풍자지명왕아기씨가 품에 품고 온 고깔 귀와 장삼 귀를 꺼내 맞추어 보니 딱 들어맞거든. 이곳이 주자스님 사는 도단절이 틀림없다 하고, 얼른 안으로 들어가 사람을 찾았지. 한 사람이 나오는데 가만히 보니, 석 달 전에 시주 얻으러 왔던 바로 그 주자스님이야. 얼마나 반가운지 장삼자락을 부여잡고 눈물을 흘렸어.

"임정국대감과 김진국부인의 딸 노가단풍자지명왕아기가 주자스님을 찾아 왔습니다."

그런데 주자스님은 웃지도 않고 가만히 바라보기만 하더니, 이윽고 껍질 안 벗긴 벼 한 섬을 내놓으면서,

"이곳에 들어오려면 벼 한 섬을 껍질 벗겨 쌀 한 동이를 만들어 부처님께 바쳐야만 들어올 수 있습니다."

하는 거야.

노가단풍자지명왕아기씨가 벼 한 섬을 멍석에 널어놓고 손으로 하나씩 하

나씩 껍질을 벗기는데, 하루 밤낮을 벗겨도 한 되를 못 벗겼네. 손은 아프고 몸은 너무 지쳐서 그 자리에 쓰러져 그만 깜빡 잠이 들었어. 한참 뒤에 문득 잠에서 깨어나 보니 이게 무슨 변이야. 까치 수백 마리가 모여들어 멍석에 널어 놓은 벼를 까먹고 있는 거야.

"까치야, 까치야. 살 같은 시주미 피 같은 공양미 그만 까먹고 어서 가거라. 훠이, 훠이."

날려 보내고 다시 보니, 그 많던 벼 껍질이 다 벗겨지고 멍석 가득 하얀 쌀만 남았구나. 그 많은 까치가 벼 낟알을 까먹은 게 아니라 껍질을 벗겨 놓았던 게야.

까치 덕분에 그 많은 벼 껍질을 쉽게 다 벗겼지. 쌀 한 동이를 만들어 부처님께 바치니 그제서야 스님이 아기씨를 맞아들였어. 그런데 밥 한 그릇 먹고 하루 쉬고 나니 스님이 말하기를,

"중의 몸으로 절에서 살림을 차릴 수 없으니 아기씨는 이 절을 떠나 저 아래 불도땅에 내려가십시오. 그 땅에 세 칸 풀집을 지어 놓았으니 거기서 지내도록 하십시오."

하거든.

아기씨가 그 말대로 불도땅에 내려가 그 날부터 세 칸 풀집에서 지냈어. 날이 가고 달이 가자 배가 점점 불러오더니 이윽고 아기를 낳는데, 아들 세 쌍둥이를 낳았어. 큰아들은 왼쪽 겨드랑이에서 나오고, 둘째 아들은 오른쪽 겨드랑이에서 나오고, 셋째 아들은 가슴 한복판에서 나왔어. 왼쪽 겨드랑이에서 나온 큰아들은 초공이라 이름 짓고, 오른쪽 겨드랑이에서 나온 둘째 아들은 이공이라 이름 짓고, 가슴 한복판에서 나온 셋째 아들은 삼공이라 이름 지었지.

아들 삼 형제는 한여름 장마철에 쑥부쟁이 자라듯이 무럭무럭 잘 자랐어. 잘 자라서 나이 세 살이 되고 다섯 살이 되고 일곱 살이 됐어. 사내아이 나이 일곱 살이면 글공부할 때가 됐는데, 다른 집 아이들은 글방에 다니면서 글공

부를 하건만 초공 삼 형제는 가난해서 글삯을 낼 수가 없었어. 삼 형제가 궁리 끝에 글방 선생을 찾아가, 글삯 대신 일을 해주고 글을 배우게 해 달라고 간청을 했어. 글방 선생이 허락하니, 초공이는 불 때는 일을 하고 이공이는 물 긷는 일을 하고 삼공이는 방 쓸고 마당 쓰는 일을 하면서 어깨 너머로 글을 배웠어.

어깨 너머로 배운 글이건만 삼 형제 글재주가 어찌나 훌륭한지 따라올 사람이 없어. 삼 형제 나이 열다섯이 되니 과거를 보러 가고자 하는데 옷도 없고 노자도 없어 갈 수가 없네. 글방 선생이 딱하게 여겨, 입던 헌 옷 한 벌씩 내주고 글방에서 과거 보러 가는 열두 선비 짐꾼으로 따라가게 해줬어. 초공 삼 형제가 열두 선비 짐을 지고 따라가는데, 선비들이 가만히 생각해 보니 삼 형제 글재주가 저희보다 나은지라, 데리고 가면 삼 형제는 과거에 붙고 저희는 떨어질 게 틀림없거든. 어떻게든 떨어뜨리고 저희끼리만 가기로 작정을 하고 초공 삼 형제에게 수작을 부렸어.

"너희 삼 형제가 우리 짐을 지고 따라온다마는 노자가 한 푼도 없으니 무얼 먹고 어디서 자겠느냐? 너희들이 만약 황승상 댁 배나무에 올라가 배를 많이 따 준다면 우리가 노자를 넉넉하게 마련해 주마."

초공 삼 형제가 그 말을 듣고 황승상 댁 배나무가 있는 곳으로 갔어. 그런데 그 배나무는 높이가 열두 길 되는 데서부터 가지가 벌어져 나와 도저히 올라갈 수가 없어. 열두 선비가 열두 층 무등을 태워 초공 삼 형제를 나무 위에 올려 줬지. 삼 형제는 열두 층 무등을 타고 나무 위로 올라가서 배를 따다 아래로 던졌어. 그런데 열두 선비는 그 배를 다 주워 가지고 삼 형제를 남겨두고 그만 도망을 가 버렸어.

삼 형제는 열두 길이나 되는 나무 위에서 오도가도 못하고 울고 있었지. 이때 황승상이 낮잠을 자다가 꿈을 꾸는데, 푸르고 붉고 흰 용 세 마리가 배나무 위에 올라가 나뭇가지를 친친 감고 있는 꿈을 꿨어. 이상한 일이다 하고 나가 보니, 웬 총각 셋이 배나무 위에서 울고 있거든. 사다리를 놓고 내려오게 해서 연유를 물어 보니 이러저러한 일로 배나무 위에서 오도가도 못하고 있었다고 그런단 말이야. 재주를 시험해 보니 셋이 모두 과거를 본다면 장원급제감이야. 황승상이 칭찬을 하고 노자를 듬뿍 줘서 보냈어.

그래서 삼 형제는 무사히 과거 보는 곳까지 가게 됐지. 그런데 가 보니 벌써 날이 저물어 과거장 동서남북 네 군데 문이 다 꽉꽉 닫혀 있지 뭐야. 게다가 미리 간 열두 선비가 붓전에 가서 붓을 몽땅 사고 먹전에 가서 먹을 몽땅 사고 종이전에 가서 종이를 몽땅 사 가지고 가 버려서 아무 것도 살 수가 없네. 삼 형제가 주저앉아 울고 있으니, 마침 소 모는 견우동자와 숯 굽는 흑주할아버지와 닥나무 파는 목구할머니가 그 옆을 지나다가 사정을 듣고는, 쇠털 깎아 붓 만들고 숯을 갈아 먹 만들고 닥나무 껍질 삶아 종이를 만들어 주었어.

초공 삼 형제가 그 자리에서 붓을 들어 먹을 갈고 종이 위에 글을 휙휙 써서 돌멩이를 매달아 과거장 안으로 던져 넣었어. 과거장 상시관이 주워서 보니, 세상에 그보다 더 잘 쓴 글은 없겠거든. 그래서 장원급제를 시켜 줬어. 삼 형제가 과거에 급제하여 누더기를 벗어 던지고 사모관대로 치장하고 청패·홍패 둘러차고 용마 타고 나오는데, 이 때 열두 선비는 과거에 떨어지고 초공 삼 형제를 시샘하여 상시관을 찾아가 따졌어.

"시관께서 중의 자식을 급제시키고 양반의 자식은 낙방시키니 이게 무슨 변고입니까?"

본래 중은 자식을 낳지 않는 법이라, 중의 자식은 과거를 볼 수도 없고 벼슬도 할 수 없게 되어 있거든.

"초공 삼 형제가 중의 자식이라는 걸 어찌 알겠는가?"

"중은 술과 고기를 먹지 않으니 한 번 시험해 보옵소서."

상시관이 초공 삼 형제를 다시 불러 술과 고기를 한 상 차려 먹으라고 내놓으니, 과연 입에도 대지 않는 거야.

"너희들이 술과 고기를 먹지 않으니 중의 자식이 틀림없구나. 사모관댈랑 도로 벗고 청패·홍패·용마도 도로 내놓고 물러가거라."

삼 형제가 하릴없이 사모관대 도로 벗고 청패·홍패·용마도 돌려주고 누더기를 갈아입고 돌아서 나왔지. 과거장을 나와 억울하고 분한 마음에 하염없이 눈물을 흘리는데, 이 때 열두 선비는 또 흉계를 꾸며 삼 형제에게 다가가 은근한 말로 꾀었어.

"너희 삼 형제가 이렇게 된 것은 다 중의 자식으로 태어난 탓이다. 일천제석궁에 있는 쇠북을 부숴 버리면 우리가 상시관에게 말씀드려 너를 다시 과거에 급제하게 해주마."

일천제석궁에 있는 쇠북은 부처님과 스님들을 기리려고 만든 것이거든. 그걸 부숴 버리면 틀림없이 부처님의 노여움을 살 텐데, 삼 형제는 그것도 모르고 열두 선비의 꾐에 넘어가 그만 일천제석궁 쇠북을 부숴 버렸어.

쇠북이 부서지자 부처님이 노하여 일만 군사를 보내 삼 형제를 잡아 오게 했어. 그제서야 삼 형제가 열두 선비에게 속은 걸 알고 산 속에 숨어 버리니, 일만 군사는 불도땅으로 달려가 삼 형제의 어머니 노가단풍자지명왕부인을 대신 잡아가 버렸어.

초공 삼 형제가 산 속에서 숨어 지내다가 어찌어찌 고생 끝에 집으로 돌아오니, 어머니는 간 데 없고 하님 느진덕이 혼자 세 칸 풀집을 지키고 있거든.

"느진덕님, 느진덕님. 우리 어머니는 어디 가셨나요?"

"부인은 도련님들 죄를 대신 받고 일만 군사에게 잡혀 갔답니다."

초공 삼 형제가 땅을 치며 사흘 밤낮을 울다가, 아버지 주자스님을 찾아가기로 작정하고 길을 떠났어. 아홉 날 아홉 밤을 걸어 황금산 도단절에 이르렀지. 삼 형제가 아버지 주자스님을 찾아 그 앞에 엎드려 절하고 어머니를 찾는 방법을 물었어.

"너희 어머니는 삼천제석궁에 깊이 갇혀 있느니라. 좋은 쇠 일만 근으로 부숴 버린 쇠북을 다시 만들어 일천제석궁에 도로 걸고, 오동나무·말가죽으로 북장구를 만들어 삼천제석궁 문 앞에서 세 이레 스무하루 동안 한시도 쉬지 않고 밤낮으로 울리면 어머니를 다시 볼 수 있을 것이다."

초공 삼 형제는 곧바로 목욕재계하고 부숴 버린 쇠북을 다시 만들려고 했지만, 만드는 방법을 모르니 만들 수가 있나. 쇠북 만드는 일은 쇠철이 쇠도령이 잘 하는데, 쇠도령은 동해바다에 살거든. 삼 형제가 동해바다로 가서 쇠도령을 데려와 의형제를 맺고, 좋은 쇠 일만 근을 녹여서 쇠북을 만들었어. 석 달 열흘 동안 쇠북을 갈고 닦아 맑은 소리가 나게 해서 일천제석궁에 도로 갖다 걸었지.

그 다음으로 북장구를 만들려고 했지만, 이번에도 만드는 방법을 몰라서 만들 수가 없어. 북장구 만드는 일은 너사매 너도령이 잘 하는데, 너도령은 불도땅에 살거든. 삼형제가 불도땅으로 가서 너도령을 찾아 의형제를 맺었지. 그리고 오동나무를 베고 말가죽을 벗겨다가 북장구를 만들었어.

북장구를 만들어 가지고 쇠도령, 너도령과 함께 삼천제석궁으로 갔어. 삼천제석궁 문 앞에서 북장구를 치는데, 세 이레 스무하루 동안 밤낮으로 쉬지 않고 쳤어. 그러니까 부처님이 그 정성에 감동해서 노가단풍자지명왕부인을 풀어 줬어.

삼 형제는 큰 집을 두 채 지어서 한 채에는 쇠북과 요령 같은 쇠로 만든 악기를 넣어 두고, 한 채에는 북장구 같은 나무로 만든 악기를 넣어 뒀어. 그리고 쇠로 만든 악기는 쇠도령이 지키고, 나무로 만든 악기는 너도령이 지키게 했어. 이 두 도령이 바로 악기의 신이 된 거란다.

그러고 나서 초공 삼 형제는 어머니 노가단풍자지명왕부인을 모시고 외할아버지 임정국대감과 외할머니 김진국부인을 찾아갔어. 열두 고개, 열두 강을 건너 고향으로 돌아가서 집 앞에 이르니, 옛날에 살던 집이 그 모습 그대로야.

먼저 노가단풍자지명왕부인이 어머니, 아버지 앞에 나아가 절을 했어.

"쫓겨난 딸 노가단풍자지명왕이 돌아와서 어머니, 아버지께 문안 드립니다."

"그래, 그 동안 얼마나 고생이 많았느냐?"

그 다음 초공 삼 형제도 대감과 부인에게 절을 했어.

"초공, 이공, 삼공이가 외할아버지, 외할머니께 인사 드립니다."
"우리 외손주들이 왔구나. 잘 왔다, 잘 왔어."
그리고 임정국대감과 김진국부인은 딸과 외손주들에게 각각 할 일을 맡겼어.
"노가단풍자지명왕아기야, 너는 복의 신이 되어 사람들에게 복을 알맞게 내려주도록 하여라."
사람들은 누구나 복을 타고나는 법인데, 복의 신 노가단풍자지명왕이 점지해 준 복을 가지고 태어나는 거란다.
"초공, 이공, 삼공아, 너희들은 저승 시왕이 되어 사람의 수명을 다스리도록 하여라."
그래서 저승에 세 시왕이 새로 생기게 됐단다. 본래 저승에는 열 시왕이 있는데, 시왕 중 으뜸이 염라대왕이요 나머지 아홉 왕이 초공 삼 형제와 동정국 범을임금 아들 삼 형제와 오구신 바리데기 아들 삼 형제란다.

서천꽃밭 꽃감관 신산만산할락궁이

옛날 옛적에 김진국과 원진국이 한 마을에 살았어. 김진국은 너무 가난해서 가진 거라고는 쌀 서 되 서 홉밖에 없었고, 원진국은 너무 부자라서 가진 황금만도 석 섬 서 말이나 됐지.

이 둘이 살림은 이렇게나 다르지마는 똑같은 게 하나 있었는데, 그게 뭔고 하니 나이 마흔이 넘도록 슬하에 자식이 없었다는 게야. 남들이 딸 아들 섞어서 주렁주렁 여섯이고 일곱이고 낳을 동안 딸이고 아들이고 하나도 못 낳았으니 얼마나 외롭고 쓸쓸했겠어. 날마다 날마다 그저 쉬느니 한숨이요 짓느니 눈물이야.

그런데 하루는 이 마을에 스님이 동냥을 하러 와서, 김진국과 원진국 집에 들러 같은 말을 하는데, 한마디도 안 틀리게 꼭 이렇게 하네.

"동쪽 산너머 동개남상주절에 가서 석 달 열흘 동안 공을 드리되, 하루도 거르지 않고 정성을 다하면 자식을 볼 수 있을 것입니다."

김진국, 원진국이 그 말을 듣고 동쪽 산너머 동개남상주절에 가서 석 달 열흘 동안 공을 들였어. 김진국은 가난해서 가진 거라고는 쌀 서 되 서 홉밖에 없으니, 그 쌀 서 되 서 홉을 깨끗이 씻어 새벽이슬을 맞혀서 무명 보자기에 싸 가지고 갔어. 원진국은 부자라서 가진 황금만도 석 섬 서 말이나 되니, 그 황금 석 섬 서 말을 깨끗이 닦아 꽃으로 장식해서 비단 보자기에 싸 가지고 갔어. 가서 정성을 다해 공을 들이는데, 하루도 거르지 않고 날마다 아침저녁으로 절하고 빌었더니, 과연 석 달 열흘 뒤에 김진국부인도 태기가 있고 원진국부인도 태기가 있어.

 열 달을 채워 아기를 낳으니, 김진국은 아들을 낳고 원진국은 딸을 낳았어. 김진국 아들은 사라도령이라 이름 짓고 원진국 딸은 원강아미라 이름 짓고, 그 날로 두 집은 사돈 맺기를 언약했어. 아들 딸이 열다섯 살이 되면 혼인을 시키기로 약속을 한 거지.

 사라도령도 원강아미도 비 온 뒤에 봄풀 자라듯 쑥쑥 잘 자라서 어느덧 나이 열다섯이 되었어. 두 집에서는 언약대로 혼례를 올리는데, 사라도령은 사모관대로 치장하고 목화 신고 홀기 들고, 원강아미는 연지 찍고 곤지 찍고 원삼 입고 족두리 쓰고, 구경꾼을 구름같이 모아 놓고 초례를 치렀지. 신랑은 신선 같고 신부는 꽃 같아서, 동서남북에서 구름같이 모여 든 구경꾼들 중 어느 하나 칭찬 안 하고 부러워하지 않는 사람 없더래.

 날이 가고 달이 가서 혼인한 지 일 년이 지났는데, 하루는 하늘에서 옥황상제의 차사가 편지 한 장을 가지고 찾아왔어. 편지를 펼쳐 읽어 보니 다른 말이 아니라,

 '서천꽃밭에 꽃을 지키는 꽃감관 자리가 비었으니, 사라도령은 당장 올라와 꽃감관 벼슬을 맡으라.'

하는 말이거든. 옥황상제 영이니 거역할 수 있나. 당장 하늘 세상 서천꽃밭 머나먼 곳으로 떠나갈 채비를 하는데, 원강아미가 저도 같이 가겠다고 따라나서네.

 "아서시오. 당신은 지금 홀몸도 아닌 터에 그 멀고 험한 길을 어찌 가겠다고 나서는 것이오? 그러지 말고 집에 남아 내가 돌아올 때까지 부모님이나 잘 모셔 주오."

 "하늘을 나는 날짐승도 짝이 있고 땅을 기는 길짐승도 짝이 있어 서로 따르는데, 하물며 사람으로 태어나 지아비를 어찌 홀로 보내겠습니까? 나도 따라가겠습니다."

 원강아미 먹은 마음이 바위같이 굳으니 어찌할 수 있나. 부부가 함께 길을

떠났지. 머리에 수건 질끈 동여매고, 봇짐 꾸려 이고 지고, 행전 치고 신들메 바짝 조이고 길을 떠났어.

하늘 세상 서천꽃밭까지 가는 길은 힘센 장정 걸음으로도 삼백예순 밤낮이 걸릴 만큼 머나먼 길이거든. 그 먼 길을 가자니 밤낮으로 걷고 또 걸어도 끝이 없어. 산을 넘고 물을 건너 걷고 또 걸었지. 걷다가 지치면 나무등걸을 베고 누워 잠깐 졸기도 하고, 바위언덕에 기대어 잠깐 쉬기도 하면서 하염없이 걸었지. 몇 달 동안 쉬지 않고 걷다 보니 원강아미는 그만 발이 두꺼비 잔등같이 부르트고 온몸이 배부른 장독처럼 부어올라 더 걸을 수가 없게 됐어.

하루는 둘이서 산속 억새풀숲에서 밤을 새우고 나서 오늘은 어찌 갈까 걱정을 하고 있는데, 마침 저 아래 동네에서 개 짖고 닭 우는 소리가 들리거든. 원강아미가 지나가는 나무꾼에게 물었지.

"나무꾼님, 나무꾼님, 짖는 저 개는 뉘 집 개며 우는 저 닭은 뉘 집 닭입니까?"

"짖는 개도 자현장자네 개요, 우는 닭도 자현장자네 닭이오."

"그 집은 어떤 집입니까?"

"쌀 만 석에 보리 만 석, 소 천 마리에 말 천 마리, 금 백 섬에 은 백 섬 가진 장자 중의 장자 집이지요."

그 말을 들은 원강아미가 남편한테 하소연을 했어.

"서방님, 서방님. 내 말 좀 들어 보십시오. 내 발은 두꺼비 잔등같이 부르트고 온몸은 배부른 장독처럼 부어올라 한 발짝도 더 못 걷겠습니다. 서천꽃밭 가기도 글렀고 집에 돌아가기도 글렀으니, 나를 여기 자현장자 집 종으로 팔아 두고 가십시오. 마침 노자도 떨어졌으니 나를 팔고 뱃속의 아기를 팔면 서방님 노자 마련하여 좋고 나와 아기 묵을 곳 생겨 좋으니 일석이조가 아닙니까?"

"아무리 형편이 어려운들 어찌 그럴 수가 있겠소?"

"만약 허락을 안 해주시면 여기서 죽을 길밖에 없습니다."

사라도령이 기가 막혀 한참 동안 말을 못 하다가, 죽는 것보다는 남의 집 종이 되어 사는 것이 나으리라 하고 아내 손을 잡고 자현장자 집을 찾아갔어. 소슬대문 앞에 서서,

"종 사오. 종 사오. 배 부른 아낙 종과 뱃속의 아기 종 사오."

하고 소리치니, 자현장자가 나와 보고서는 세 딸을 불러 종을 살지 말지 물어 보는구나. 먼저 큰딸을 불러 물어 봤어.

"큰아기 나와 보아라. 저 종 사는 게 어떻겠니?"

"아버지, 아버지. 그 종 사지 마십시오. 우리 집안 망합니다."

둘째 딸을 불러 물어 봤어.

"둘째 아기 나와 보아라. 저 종 사는 게 어떻겠니?"

"아버지, 아버지. 그 종 사지 마십시오. 우리 집안 망합니다."

막내딸을 불러 물어 봤어.

"막내아기 나와 보아라. 저 종 사는 게 어떻겠니?"

"아버지, 아버지. 그 종 사십시오. 우리 집안 이롭게 할 종인지 해롭게 할 종인지 모르니 사 두십시오."

"그 말대로 하자꾸나."

흥정을 하여 어머니는 삼백 냥, 뱃속의 아기는 백 냥을 쳐서 받고 원강아미는 그 집 종으로 팔렸어.

자현장자가 밥을 주는데, 사라도령은 방으로 불러 더운밥을 차려 주고, 원강아미는 부엌으로 보내 식은밥을 물에 말아 주네. 사라도령이 장자에게 말하기를,

"이곳 풍습은 어떤지 모르지만 우리 사는 곳에서는 내외 이별할 때는 한 방에서 먹고 한 방에서 잠을 자는 법이오."

하니, 자현장자가 마지못해 원강아미를 방으로 불러 겸상을 차려 줘.

부부가 겸상을 받아 놓고 하염없이 울기만 했지. 울다가 울다가 원강아미가 남편에게 부탁을 했어.

"뱃속에 든 아이 이름이나 지어 주십시오."

사라도령이 한참 생각하다가 말하기를,

"만약 아들을 낳으면 신산만산할락궁이라 하고, 딸을 낳으면 신산만산할락덕이라 하시오."

하고는, 명주실 한 꾸러미와 얼레빗 한 짝을 아내한테 줬어.

"이것을 잘 간수했다가 나중에 다시 만날 때 증표로 삼읍시다."

그러고는 날이 밝아 아침이 되니 그만 서천꽃밭으로 훌훌 떠나 버렸어. 원강아미는 종이 되어 자현장자 집에 남게 됐지. 자현장자는 집 밖에 움막을 하나 짓고, 거기에 원강아미를 두고 종으로 부려먹었어.

하루는 밤이 이슥하여 자현장자가 움막으로 원강아미를 찾아와서 문을 두드리네.

"이 문 열어라. 이 문 열어라."

"왜 그러시오?"

"너는 오늘부터 내 둘째 아내가 되어라."

"이곳 풍습은 어떤지 모르지만 우리 사는 곳에서는 뱃속에 든 아기가 태어날 때까지는 남의 아내가 될 수 없는 법이오."

그러니 장자가 하릴없이 돌아갔어.

얼마 뒤에 원강아미가 아기를 낳았는데, 떡두꺼비 같은 아들을 낳았어. 남편이 지어 준 대로 이름을 신산만산할락궁이라 짓고, 정성을 다해 키웠지.

그런데 하루는 밤이 이슥하여 자현장자가 또 움막을 찾아왔어.

"이 문 열어라. 이 문 열어라."

"왜 그러시오?"

"약속대로 이제 내 둘째 아내가 되어라."

"이곳 풍습은 어떤지 모르지만 우리 사는 곳에서는 태어난 아기가 노래하고 죽마 타고 지게 지고 밭을 갈 때까지는 남의 아내가 될 수 없는 법이오."

그러니 장자가 하릴없이 돌아갔어.

사라도령과 원강아미의 아들 신산만산할락궁이는 비 온 뒤에 봄풀 자라듯 쑥쑥 잘 자라서, 어느덧 노래하고 죽마 타고 지게 지고 밭을 갈게 됐어. 그러자 하루는 밤이 이슥하여 자현장자가 또 움막을 찾아왔어.

　"이 문 열어라. 이 문 열어라."

　"왜 그러시오?"

　"약속대로 이제 내 둘째 아내가 되어라."

　"장자님, 장자님, 어리석은 장자님. 주인과 종 사이는 부모 자식 사이와 같은데, 어찌 자식으로 아내를 삼으려 하시오? 그건 안 될 말이오."

　그러니 장자가 그만 화가 머리끝까지 나서 대뜸 원강아미를 죽이려고 하는 거야. 그 때 막내딸이 나와서 제 아버지를 붙잡고 말렸어.

　"아버지, 그 종 죽이면 이로움이 없습니다. 차라리 살려 두고 일을 많이 시키는 것만 못합니다."

　"그 말대로 하자꾸나."

　자현장자가 원강아미와 신산만산할락궁이에게 고된 일을 시키는데, 아들 신산만산할락궁이에게는,

　"너는 오늘 낮에는 깊은 산에 들어가 나무 쉰 바리를 해 오고, 밤에는 새끼 쉰 동을 꼬아 놓아라."

하고, 어머니 원강아미에게는,

　"너는 오늘 낮에는 물명주 다섯 동을 짜고 밤에는 광명주 다섯 동을 짜 놓아라."

하거든.

　신산만산할락궁이가 깊은 산에 들어가서 나무 한 짐을 해다가 소 한 마리 등에 실어 놓고, 하늘 보고 절하고 빌고 나니 눈 깜짝할 새에 쉰 마리 소 등에 나무 쉰 바리가 실려 있구나. 밤이 되어 새끼 한 발을 꼬아 놓고도, 하늘 보고 절하고 빌고 나니 눈 깜짝할 새에 새끼 쉰 동이 쌓여 있어.

　원강아미도 짤깍짤깍 물명주 한 자를 짜 놓고, 하늘 보고 절하고 빌고 나니

눈 깜짝할 새에 다섯 동이 되어 있구나. 밤이 되어 짤각짤각 광명주 한 자를 짜 놓고, 하늘 보고 절하고 빌고 나니 눈 깜짝할 새에 다섯 동이 되어 있어. 이렇게 일을 쉽사리 해 놓으니 자현장자는 깜짝 놀라 눈이 휘둥그레졌지.

그 다음날에는 자현장자가 더 고된 일을 시켰어. 신산만산할락궁이를 불러 조 한 섬을 주면서, 깊은 산에 들어가 우거진 숲 속에 너른 밭을 만들어 조 한 섬을 하루에 다 뿌리고 오라 하네.

신산만산할락궁이가 깊은 산에 들어가 우거진 숲 속에 너른 밭을 만드는데, 난데없이 커다란 멧돼지가 나타나더니 이리 뛰고 저리 뛰며 나무를 베어 내고 흙을 다져 눈 깜짝할 새에 너른 밭을 만들어 줘. 그래서 손쉽게 조 한 섬을 다 뿌리고 돌아왔지.

자현장자가 깜짝 놀라 더 힘든 일을 시키는데, 씨를 잘못 뿌렸으니 도로 가서 한 섬 조를 하나도 모자람 없이 다 주워 오라 하네. 신산만산할락궁이가 하릴없이 도로 밭에 가서 조를 주워 모으는데, 난데없이 무수한 개미떼가 나타나더니 이리 기고 저리 기며 조를 물어다 눈 깜짝할 새에 한 섬을 다 모아 줘. 그래서 손쉽게 조 한 섬을 모아 가지고 돌아왔지.

자현장자가 깜짝 놀라 주워 온 조를 되어 보고 세어 보더니, 한 섬에서 한 알이 모자라니 얼른 가서 찾아 오라 하네. 신산만산할락궁이가 조 한 알을 찾으러 밖으로 나가니 어느새 개미 한 마리가 조 한 알을 물고 문밖에 와 있어. 그걸 받아 장자에게 갖다 줬지.

신산만산할락궁이가 가만히 생각하니 이러다가는 제 명에 못 죽을 것 같아서 어머니 원강아미를 찾아가 물었어.

"어머니, 어머니. 내 아버지는 누구이며 어디에 있습니까?"

"자현장자가 네 아버지다."

"그럴 리 없습니다. 세상 어떤 아버지가 아들한테 그리 모질게 한단 말입니까? 바른 대로 가르쳐 주십시오."

"자현장자가 네 아버지다."

끝내 가르쳐 주지 않으니, 신산만산할락궁이가 어머니더러 콩 한 되를 볶아 달라 하는 거야. 원강아미가 장자집 콩장막을 털어 콩 한 되를 얻어다 솥 안에 넣고 볶아 줬어. 그러니 신산만산할락궁이가 콩 젓는 나무주걱을 멍석 아래 감춰 두고 제 손을 솥 안에 집어넣어 뜨거운 콩을 저으면서 어머니한테 물었어.

 "어머니, 어머니. 아버지도 모르는 자식 마음 아프기가 이 손 같으니 부디 가르쳐 주십시오. 내 아버지는 누구이며 어디에 있습니까?"

 원강아미가 보니, 아들 손이 시뻘겋게 달아올라 곧 탈 것 같거든.

 "신산만산할락궁이야, 신산만산할락궁이야. 그 손 그만 꺼내어라. 가르쳐 주마."

 신산만산할락궁이가 손을 꺼내니,

 "네 아버지는 사라도령으로, 하늘 세상 서천꽃밭에 꽃을 지키는 꽃감관으로 가 계신다."

하고 바른 대로 가르쳐 줬어. 그리고 증표로 남긴 명주실 한 꾸러미와 얼레빗 한 짝도 아들한테 건네줬지.

 그 날도 신산만산할락궁이가 소 쉰 마리를 몰고 깊은 산에 들어가 나무 쉰 바리를 해 오는데, 웬 머리 허연 노인이 흰 사슴을 데리고 나타나서,

 "이 사슴을 끌고 가서 외양간에 매어 놓되, 박덩굴로 고삐를 해서 매어 놓으면 사슴이 고삐를 끊고 달아날 터이니, 그 때 사슴을 타고 네 아버지를 찾아가거라."

하더니 사슴을 건네주고는 온데간데없어.

 신산만산할락궁이가 집에 돌아와 노인이 시킨 대로 흰 사슴에 박덩굴로 고삐를 해서 외양간에 매어 놨지. 그러고는 어머니한테 갔어.

 "어머니, 어머니. 저는 이제 아버지 찾아가렵니다. 제게 메밀범벅 세 덩이를 만들어 주되, 소금 닷 되에 고춧가루 닷 되를 메밀가루에 버무려 만들어 주십시오."

어머니 원강아미가 장자집 메밀장막을 털어 메밀을 얻어다 소금 닷 되에 고춧가루 닷 되를 메밀가루에 버무려 범벅을 만들어 줬어. 신산만산할락궁이가 메밀범벅 세 덩이를 보따리에 넣어 메고 어머니한테 하직 인사를 하고 나오니, 마침 외양간에 매어 놨던 흰 사슴이 고삐를 끊고 달아나네. 자현장자에게 가서,

"달아나는 흰 사슴을 잡으러 가겠습니다."

하니, 장자는 흰 사슴 얻을 욕심에 두 말 않고 허락을 해.

신산만산할락궁이가 그 길로 집을 나서 흰 사슴을 쫓아가 등에 올라탔어. 사슴을 타고 나는 듯이 달려 백 리를 갔는데, 이 때 자현장자는 신산만산할락궁어에게 속은 것을 알고 하루에 백 리를 달리는 백리둥이 개를 풀어 신산만산할락궁이를 잡아 오게 했어.

백리둥이 개가 신산만산할락궁이를 쫓아오니 신산만산할락궁이는 얼른 메밀범벅 한 덩이를 개한테 던져 줬어. 개가 그걸 덥석 받아먹고는, 너무 짜고 매워서 백 리 밖에 있는 백리수를 마시러 가 버렸어. 그 틈에 신산만산할락궁이는 천 리를 달려갔지.

자현장자는 다시 하루에 천 리를 달리는 천리둥이 개를 풀어 신산만산할락궁이를 잡아 오게 했어. 천리둥이 개가 신산만산할락궁이를 쫓아오니 신산만산할락궁이는 얼른 메밀범벅 한 덩이를 개한테 던져 줬어. 개가 그걸 덥석 받아먹고는, 너무 짜고 매워서 천 리 밖에 있는 천리수를 마시러 가 버렸어. 그 틈에 신산만산할락궁이는 만 리를 달려갔지.

자현장자는 다시 하루에 만 리를 달리는 만리둥이 개를 풀어 신산만산할락궁이를 잡아 오게 했어. 만리둥이 개가 신산만산할락궁이를 쫓아오니 신산만산할락궁이는 얼른 메밀범벅 한 덩이를 개한테 던져 줬어. 개가 그걸 덥석 받아먹고는, 너무 짜고 매워서 만 리 밖에 있는 만리수를 마시러 가 버렸어. 그 틈에 신산만산할락궁이는 몇 만 리를 달려갔지.

이렇게 가까스로 개들을 따돌리고 나서 자꾸 가다가 보니 까마귀 일곱 마

리가 슬피 울고 있거든.

"까마귀야, 까마귀야. 너희들은 어찌 우느냐?"

"배가 고파 웁니다."

"너희들은 무얼 먹느냐?"

"땅 속 벌레 일곱 말, 물 속 벌레 일곱 말, 풀 속 벌레 일곱 말을 먹습니다."

신산만산할락궁이가 벌레를 잡는데, 땅 속 벌레 일곱 말, 물 속 벌레 일곱 말, 풀 속 벌레 일곱 말을 잡아다 까마귀에게 줬어. 그러고 나서 서천꽃밭 가는 길을 물어 봤지.

"까마귀야, 까마귀야. 서천꽃밭은 어디로 가느냐?"

"이리로 가면 선녀 세 사람이 울고 있을 터이니 거기 가서 물어 보십시오."

자꾸 가다 보니 선녀 세 사람이 물동이를 앞에 놓고 슬피 울고 있어.

"선녀님, 선녀님. 무슨 일로 그리 슬피 우십니까?"

"우리는 옥황상제 심부름으로 물을 길어 가야 하는데, 그만 잘못하여 물동이를 깨뜨렸습니다. 깨진 물동이로는 물을 길을 수 없어 이렇게 울고 있답니다."

신산만산할락궁이가 깨진 물동이 조각을 맞추어 붙이고 마뿌리와 칡뿌리를 캐어 단단하게 매고 송진을 발라 금 간 곳을 막아 줬어. 그러고 나서 서천꽃밭 가는 길을 물어 봤지.

"선녀님, 선녀님. 서천꽃밭은 어디로 가나요?"

"이리로 가면 얕은 물, 깊은 물, 더 깊은 물이 나올 터이니 그 물을 차례로 다 건너가십시오."

자꾸 가다 보니 무릎까지 차는 물이 있어 그 물을 건넜어. 또 가다 보니 가슴까지 차는 물이 있어 그 물도 건넜어. 또 가다 보니 목까지 차는 물이 있어 그 물도 건넜어.

물을 다 건너가니 서천꽃밭인데, 천지사방에 진기한 꽃과 아름다운 향기가 가득하여 눈이 어지럽고 정신이 아득하더래.

꽃밭 어귀에 연못이 있고, 그 옆에 아름드리 수양버드나무가 서 있기에 신산만산할락궁이가 나무 위에 올라가 가만히 살피고 있었지. 조금 있으니 선녀들이 물동이를 이고 나와 연못에 물을 길으려 하기에, 신산만산할락궁이가 가만히 손가락을 깨물어 피를 내어 가지고 연못에 한 방울 떨어뜨렸어. 그랬더니 연못물이 흐려지고 물이 바짝 말라 버리는 거야.

선녀들이 돌아가 꽃감관 사라도령에게 아뢰기를,

"연못가 수양버드나무 위에 웬 총각이 있어 연못물에 조화를 부리고 있나이다."

하니, 꽃감관이 나와 보고 신산만산할락궁이를 꾸짖어.

"너는 누구이기에 이 신성한 곳에 와서 장난을 하느냐?"

"저는 신산만산할락궁이옵고 서천꽃밭 꽃감관으로 계시는 아버지를 찾아 왔습니다."

사라도령이 깜짝 놀라 다시 물었어.

"그러면 너의 어머니는 누구냐?"

"제 어머니는 원강아미로 자현장자 집에 종으로 있습니다."

"그럼 어서 증표를 보여 다오."

신산만산할락궁이가 품속에서 명주실 한 꾸러미와 얼레빗 한 짝을 내놓았지. 사라도령이 받아 들고 보니 십몇 년 전 원강아미에게 준 증표가 틀림없거든.

"내 아들이 틀림없다. 네 어머니는 잘 있느냐?"

"고된 일로 고생이 많지만 제가 떠나올 때는 살아 계셨습니다."

사라도령이 근심 가득한 얼굴로 또 물었어.

"네가 여기 올 때 물을 건넌 적이 있느냐?"

"예, 있습니다."

"몇 번이나 건넜느냐?"

"세 번 건넜습니다."

"어떤 물을 건넜느냐?"

"처음에는 무릎까지 차는 물을 건넜습니다."

"그것이 네 어머니 첫 원한 서린 물이다."

"두 번째는 가슴까지 차는 물을 건넜습니다."

"그것이 네 어머니 두 번째 원한 서린 물이다."

"마지막에는 목까지 차는 물을 건넜습니다."

"그것이 네 어머니 마지막 원한 서린 물이다."

어머니 원강아미가 자현장자에게 죽임을 당하고 그 원한이 서려 물이 됐단 말이거든. 이런 원통할 데가 있나. 신산만산할락궁이가 아버지더러 어머니 원수를 갚으러 가겠다 하니, 사라도령은 가기 전에 꼭 보아야 할 것이 있다며 아들을 서천꽃밭에 데리고 가 꽃 구경을 시켜 줬어.

"아버지, 아버지. 이 검은 꽃은 무슨 꽃입니까?"

"그것은 죽은 사람 뼈를 살리는 뼈살이꽃이다."

"아버지, 아버지. 이 샛노란 꽃은 무슨 꽃입니까?"

"그것은 죽은 사람 살을 살리는 살살이꽃이다."

"아버지, 아버지. 이 새빨간 꽃은 무슨 꽃입니까?"

"그것은 죽은 사람 피를 살리는 피살이꽃이다."

"아버지, 아버지. 이 새파란 꽃은 무슨 꽃입니까?"

"그것은 죽은 사람 숨을 살리는 숨살이꽃이다."

"아버지, 아버지. 이 새하얀 꽃은 무슨 꽃입니까?"

"그것은 죽은 사람 혼을 살리는 혼살이꽃이다."

다섯 가지 환생꽃을 하나씩 따서 품에 넣었어. 그리고 보기만 하면 웃게 되는 웃음꽃, 보기만 하면 싸우게 되는 싸움꽃, 보기만 하면 서로 죽이고 죽는 수리멸망악심꽃도 있기에, 그 꽃도 가지대로 다 한 송이씩 따서 품에 넣었지.

그러고 나서 아버지한테 하직 인사를 하고 자현장자 집으로 갔어. 오던 길을 되짚어 집으로 돌아가니 자현장자가 크게 화를 내면서 신산만산할락궁이를 죽이려고 하네.

"너는 나를 속이고 도망갔으니 죽어 마땅하다."

"나를 죽이기 전에 장자님 식구들을 다 불러 주십시오. 보여 드릴 것이 있습니다."

장자가 식구들을 다 불러 모으니, 신산만산할락궁이가 웃음꽃을 내놓았어. 웃음꽃을 보더니 모두 배를 움켜쥐고 데굴데굴 구르며 웃느라 정신을 못 차리는 거야. 싸움꽃을 내놓았지. 싸움꽃을 보더니 모두 서로 머리채를 잡고 밀쳤다 당겼다 싸우느라 정신을 못 차리는 거야. 이 때 신산만산할락궁이가 장자네 막내딸더러,

"너는 어서 눈을 가려라."

하고 소리치면서 수리멸망악심꽃을 내놓았어. 수리멸망악심꽃을 보더니 모두 서로 달려들어 죽이고 죽는데, 장자네 막내딸만은 눈을 가리고 있어서 화를 면했어. 다들 쓰러져 죽은 뒤에 신산만산할락궁이가 막내딸더러 물었지.

"우리 어머니 죽은 몸은 어디에 있느냐?"

"뒷산 청대밭에 있습니다."

뒷산 청대밭에 가 보니 어머니 죽은 몸이 버려졌는데, 이마에는 동백나무가 나고 배에는 오동나무가 나 있더래. 어머니 죽은 몸에 뼈살이꽃을 올려놓으니 뼈가 살아 붙고, 살살이꽃을 올려놓으니 살이 살아 돋아나고, 피살이꽃을 올려놓으니 피가 살아 돌고, 숨살이꽃을 올려놓으니 숨이 살아 나오고, 혼살이꽃을 올려놓으니 혼이 살아 생겨서, 하늘 보고 옥황상제님께 절 한 번 하고 물푸레나무 회초리로 세 번 치니 어머니가 기지개를 켜며 벌떡 일어나더래.

"아, 봄잠을 달게 잤구나."

그 뒤로 어머니 죽은 몸에 돋아났던 동백나무는 그 열매로 세상 여자들의 머리에 바르는 기름을 짜는 데 쓰고, 오동나무는 어머니 여윈 상제의 지팡이로 쓰게 됐단다.

신산만산할락궁이는 어머니와 함께 서천꽃밭에 가서 아버지를 만나 세 식

구가 오래오래 잘 살았단다. 나중에 사라도령은 꽃감관 자리를 아들 신산만산할락궁이에게 물려주고, 자기는 원강아미와 함께 서천의 신선이 됐지. 신산만산할락궁이는 아버지 뒤를 이어 서천꽃밭 꽃감관이 되었는데, 갖가지 신비한 꽃을 가꾸고 지키며 세상 사람들의 소원을 들어주는 일을 한단다.

농신 자청비와 문도령

옛날 옛적 주년국의 오로대감이 늙도록 자식을 못 얻어서 근심하다가, 동쪽 산너머 동개남상주절에서 온 스님이 제 절에 시주하면 자식을 볼 수 있을 거라 하여 동개남상주절로 시주하러 갔어. 검은 암소에 명주 백 필과 쌀 백 석과 금은 백 냥을 싣고 동개남상주절로 가는데, 도중에 마침 서쪽 산너머 서개남금수절에서 온 스님을 만났어.

"대감은 어디에 가시는 길입니까?"

"동쪽 산너머 동개남상주절에 시주하면 자식을 볼 수 있다 하여 시주하러 가는 길이오."

"그 절 신령보다 우리 서개남금수절 신령이 더 영험하니 우리 절에 시주하십시오."

오로대감은 그 말에 귀가 솔깃해서, 가던 발길을 돌려 서쪽 산너머 서개남금수절로 갔어. 싣고 간 옷감 백 필과 쌀 백 석과 금은 백 냥을 시주하고 정성 들여 기도하니, 아니나다를까 부인이 아기를 갖게 됐어.

그런데 동쪽 산너머 동개남상주절 스님은 아무리 기다려도 오로대감이 안 오기에 사람을 보내 알아 봤더니, 글쎄 제 절에 시주를 안 하고 서개남금수절에 시주를 했다 하거든. 그만 화가 나서 제 절 신령님께 빌기를, 대감 부인에게 점지할 아기를 그 집 여자 종에게 줘 버리라고 빌었어. 그래서 오로대감 집 여자 종 정수덕이도 똑같이 아기를 갖게 됐지.

열 달이 차서 오로대감 부인과 그 집 여자 종 정수덕이가 같은 날 같은 시에 아기를 낳았는데, 대감 부인은 딸을 낳고 정수덕이는 아들을 낳았어. 대감 딸은 이름을 자청비라 짓고, 정수덕이 아들은 이름을 정수남이라 지었지. 이 때 하늘 옥황궁에서 문관 벼슬을 하는 문곡성도 같은 날 같은 시에 아들을 낳았는데, 그 이름을 문왕성 문도령이라 했어.

자청비는 무럭무럭 잘 자라서 어느덧 나이 열다섯 살이 됐지.

하루는 자청비가 우물가에 빨래를 하러 갔는데, 이 때 마침 하늘 옥황궁 문곡성의 아들 문왕성 문도령이 그 옆을 지나게 됐어. 문도령은 주년국 동개남 상주절 주청당의 거무선생에게 글 배우러 가는 길이었지. 마침 더운 여름날이라 목이 몹시 마른데, 우물가에서 웬 처녀가 빨래를 하고 있기에 물 한 바가지를 청했어.

"아기씨, 내 지금 목이 몹시 마르니 물 한 바가지만 얻어먹읍시다."

그러자 자청비가 바가지에 우물물을 가득 떠다가 문도령에게 주는데, 그냥 주는 게 아니라 옆에 있는 버들잎을 주르르 훑어서 바가지에 띄워 주거든. 문도령이 물을 먹는데, 버들잎을 후후 불어가며 먹으려니 얼마나 성가시고 귀찮아? 그래서 불평을 했지.

"아기씨는 겉모습과 달리 속마음은 고약한가 보오. 어찌 물도 마음대로 못 먹게 심술을 부린단 말이오?"

"도련님, 그런 게 아니라 급히 물을 마시다가 체할까 봐 천천히 드시라고 그랬습니다."

말을 듣고 보니 제가 생각한 것처럼 속마음이 고약한 게 아니라 참으로 어질고 똑똑한 처녀거든. 그래서 문도령이 뉘우치고 사과를 했어.

"그런 것도 모르고 불평을 했으니 용서하십시오."

"괜찮습니다. 그런데 도련님은 어디 가시는 길입니까?"

"동개남상주절 주청당에 가는 길입니다."

"거기는 무슨 일로 가십니까?"

"거기 사는 거무선생에게 글 배우러 갑니다."

자청비가 가만히 생각하더니 말하기를,

"도련님, 우리 오라버니가 벌써부터 동개남상주절 주청당 거무선생에게 글 배우러 가고 싶어하더니, 글동무가 없어서 못 가고 있었습니다. 함께 가시는 것이 어떻습니까?"

하거든. 그런데 그건 지어낸 말이지.

"그것, 참으로 좋습니다. 글동무가 있으면 나도 심심하지 않아서 좋지요."

"그러면 도련님은 여기서 잠시 기다리십시오. 제가 집에 가서 오라버니께 그 말씀을 전하겠습니다."

자청비가 바삐 집으로 돌아가 어머니, 아버지 앞에 꿇어앉아 간청했어.

"어머님, 아버님. 동개남상주절 주청당에 좋은 스승이 있다 하니 글공부하러 가게 허락해 주십시오."

"딸자식이 무슨 글공부를 하려고 하느냐? 물길어 밥하고 베 짜서 옷 짓는 일만 배우면 그만이지."

얼른 허락을 안 해주네. 그래도 자청비는 굽히지 않았어.

"어머님, 아버님. 그런 말씀 마십시오. 딸자식이라고 글 못 배우게 하면, 나중에 어머님, 아버님 돌아가신 뒤 제사에 축문, 지방은 누가 쓴단 말입니까?"

"그 말은 그럴 듯하구나. 그러면 어서 가서 글공부 많이 하고 돌아오너라."

겨우 허락을 얻고 나서 길 떠날 채비를 하는데, 남자 옷 입고 남자처럼 꾸며 가지고 집을 나섰어. 우물가에 가서 문도령을 만나, 처음 보는 것처럼 인사를 했지.

"나는 자청비의 오라버니 자청도령이라 하오."

"나는 문왕성 문도령이라 합니다."

나이를 따져 보니 두 사람이 같은 해 같은 날 같은 시에 태어났거든. 누가 위고 아래고 할 것도 없으니 서로 허물없는 동무로 지내기로 하고, 둘이 함께 동쪽 산너머 동개남상주절 주청당에 갔어. 그리고 그 날부터 거무선생 아래서 글공부를 시작했지.

둘이서 한솥밥 먹고 한 방에서 잠을 자며 공부를 하는데, 자청비는 잠을 잘 때 제 곁에 은대야를 갖다 놓고 물을 가득 채운 뒤에 은저, 놋저를 걸쳐 두고 잠을 자는 거야. 문도령이 물었지.

"자청도령은 무슨 일로 은대야에 물을 떠다 놓고 잠을 자는가?"

자청비는 대답이 궁색하니까 지어내서 대충 둘러댔어.

"이렇게 하면 글공부가 더 잘 된다기에 그런다네."

문도령은 글공부가 더 잘 된다는 말에 자기도 은대야에 물을 가득 떠다 놓고 은저, 놋저를 걸쳐 두고 잠을 잤어. 행여 물이 엎질러질세라 젓가락이 떨어질세라 조심조심하느라고 문도령은 밤에 잠을 잘 못 잤어. 밤에 못 자고 낮에 꾸벅꾸벅 조느라고 글공부가 뒤졌지. 그런데 자청비는 젓가락이 떨어지거나 말거나 밤에 마음놓고 잠을 자고 낮에 맑은 정신으로 공부하니 늘 문도령보다 앞섰어.

문도령은 자청비에게 뒤지는 것이 몹시 부끄럽고 속상했어. 그래서 하루는 자청비에게 내기를 걸었지.

"글공부는 내가 자네한테 뒤질지 모르나 활 솜씨로 말하면 내가 나을 걸세. 어디 한 번 겨루어 볼 텐가?"

자청비가 그러자 하고 내기를 해보니, 문도령이 쏜 화살은 삼백 걸음 나아가는데 자청비가 쏜 화살은 육백 걸음이나 나아가네. 자청비는 똑똑하기만 할 뿐 아니라 힘도 무척 세었거든.

문도령은 글공부에다가 활쏘기까지 자청비에게 뒤지자 더 부끄럽고 속상했어. 대체 무엇으로 자청비를 앞서 보나 궁리하다가, 하루는 또 다른 내기를 걸었지.

"글공부와 활쏘기는 내가 자네한테 뒤질지 모르나 오줌 멀리 갈기기로 말하면 내가 나을 걸세. 어디 한 번 겨루어 볼 텐가?"

아뿔싸, 오줌 멀리 갈기기 내기라니! 자청비가 어찌할 바를 모르고 있는데, 문도령은 벌써 오줌을 여섯 발이나 갈겨 놓고 뽐을 내면서 어서 해보라고 하는 거야. 자청비는 궁리 끝에 대나무 대롱을 몰래 바지춤에 감추어 두고 그리로 오줌을 갈기니 열두 발이나 나아가거든. 그래서 이번 내기에도 자청비가 이겼지. 그러고 나니 다시는 문도령이 내기하잔 말을 안 해.

 이러구러 한 삼 년이 지났는데, 하루는 문도령의 아버지 문곡성이 하늘에서 기별을 보내기를, 서수대왕 딸아기와 혼례를 치러야 하니 속히 돌아오라는 거야. 문도령이 기별을 받고 하늘로 돌아가려고 하니, 자청비는 마음속으로 서운하기 짝이 없지마는 내색하지 않고 저도 같이 돌아가기로 했어.

 둘이 같이 집으로 돌아가다가 냇가에 이르렀는데, 마침 여름철이라 날씨가 몹시 더웠어. 문도령이 말을 하기를,

 "자청도령, 자청도령. 삼 년 동안 글공부하느라 우리 몸에 글때는 안 올랐을까? 여기서 미역이나 감고 가세."

하네. 그래서 미역을 감으러 냇물에 들어갔어. 문도령은 옷을 벗고 아랫물에 들어가서 미역을 감고, 자청비는 옷을 입고 윗물에 들어가서 미역을 감았지. 자청비가 미역을 감으면서 가만히 생각해 보니, 제 마음을 모르는 문도령이 야속하기 그지없건마는 속마음을 전할 길이 없거든. 궁리 끝에 버들잎을 따다가 글자를 써서 물에 동동 띄웠어. 그러고 나니 부끄러운 생각이 들어 저 혼자 먼저 집으로 돌아가 버렸지.

 문도령은 그것도 모르고 미역을 감다 보니 버들잎이 동동 떠내려오는데, 거기에 글자가 까뭇까뭇 씌어져 있거든. 건져서 읽어 보니 이렇게 써 놨어.

 '바보 같은 문도령아. 삼 년 동안 함께 지내며 남녀 구별도 못 하고, 자청도령인지 자청비인지도 몰라본단 말이냐?'

 깜짝 놀란 문도령이 그제서야 내막을 알았지. 삼 년 전 우물가에서 바가지 물에 버들잎 띄워 주던 그 아기씨가 바로 자청비이고, 삼 년 동안 함께 지낸 글동무 자청도령이 같은 사람이라는 걸. 어쩐지 닮았다 하면서도 오누이 사이니까 그러려니 하고 지냈는데 말이야.

 문도령이 부랴부랴 자청비를 찾으니 벌써 어디론가 가 버리고 자취도 없

네. 허겁지겁 물에서 나와 옷을 입는다는 것이 저고리 소매에 두 다리를 꿰고 바짓가랑이에 두 팔을 꿰었어. 그 모양을 해 가지고 헐레벌떡 자청비 뒤를 쫓아갔지. 삼 년 전 물 얻어먹던 우물가에 이르러 동네 사람들에게 물어서 자청비 집을 찾아갔어. 대문간에서 큰 소리로 자청비를 불렀지.

"자청비아기씨, 자청비아기씨. 문도령이 왔으니 문을 열어 주십시오."

"어머님, 아버님 허락을 얻으면 열어 주겠습니다."

문도령이 자청비 어머니, 아버지 있는 문 앞에 가서 엎드려 고했어.

"저는 하늘 옥황궁 문왕성 문도령으로, 자청비아기씨와 함께 글공부하던 글동무입니다. 잠깐 들어가서 아기씨를 만나게 해주십시오."

"그러면 내 묻는 말에 대답을 해 보게. 꽃 중에 중한 것은 무엇인가?"

"벼꽃이 가장 중하고 목화꽃이 그 다음입니다."

"왜 그런가?"

"사람에게는 먹는 것, 입는 것이 중한데, 벼꽃은 곡식을 만들고 목화꽃은 옷감을 만들기에 그렇습니다."

"그러면 사람 중에 중한 것은 무엇인가?"

"부모형제가 가장 중하고 동무가 그 다음입니다."

"그건 왜 그런가?"

"사람의 몸과 마음은 수레의 두 바퀴와 같은데, 부모형제는 내 몸을 지키고 동무는 마음을 지키므로 그렇습니다."

"그만하면 내 딸의 동무가 될 만하다."

겨우 허락을 받고 집안으로 들어가니, 자청비가 그새 남자 옷을 벗어버리고 열두 폭 홑단치마에 깨끼적삼을 고이 받쳐입고 나오는데, 그 모습이 선녀처럼 곱구나. 둘이서 이런 이야기 저런 이야기를 나누다가 밤이 깊어 헤어질 때가 됐어. 문도령이 박씨 한 알을 꺼내어 자청비에게 주면서,

"이 박씨를 대문간에 심어, 줄이 벋고 열매가 익으면 반드시 다시 돌아오겠소."

하고 굳게 약속을 했어. 또 얼레빗을 반으로 잘라 한쪽은 제가 갖고 한쪽은 자청비에게 주면서, 나중에 다시 만날 때 증표로 삼자 했어. 그러고 나서 문도령은 하늘로 올라갔지.

자청비는 문도령이 떠나간 뒤에 곧 박씨를 대문간에 심었어. 물을 주고 거름을 주며 가꾸었더니 금세 줄이 뻗고 열매가 열리고, 얼마 안 있어 박이 토실토실 익는구나. 그런데도 문도령한테는 아무런 소식이 없어. 가을이 가고 겨울이 가고, 해가 바뀌어 이듬해 봄이 되어도 문도령은 죽었는지 살았는지 감감무소식이야.

자청비가 슬픔에 잠겨 지내다가, 하루는 밖에 나가 보니 동네 장정들이 저마다 지게에 나무를 한 짐씩 해서 지게머리에 울긋불긋 진달래를 꽂아 가지고 오거든. 그런데 자청비 집 종 정수덕의 아들 정수남은 양지쪽에 멍석 깔고 누워 쿨쿨 낮잠만 자고 있는 거야.

"정수남아, 정수남아. 다른 집 장정들은 나무 한 짐씩 해서 지게머리에 고운 진달래까지 꽂아 지고 오는데 너는 어인 일로 낮잠만 자느냐?"

정수남이 잠을 깨어 대답하기를,

"아기씨, 아기씨. 말 아홉 마리에 소 아홉 마리만 있으면 나도 나무 많이 해 오겠소."

하기에, 말 아홉 마리에 소 아홉 마리를 내어 줬어. 그랬더니 정수남이 말과 소를 몰고 오동산에 나무를 하러 갔어. 가다가 다리가 아프니까 말 아홉 마리와 소 아홉 마리를 모두 동서로 뻗은 버드나무 가지에 단단히 붙들어매어 놓고서는, 자기는 양지쪽에 드러누워서 낮잠을 잤지. 낮잠을 얼마나 길게 잤는지 일곱 번 해가 뜨고 일곱 번 해가 지도록 잤어. 그렇게 실컷 자고 일어나 보니, 글쎄 말 아홉 마리와 소 아홉 마리가 죄다 굶어서 애가 말라 죽어 버렸네.

정수남은 죽은 마소의 가죽을 벗겨내고 마른 삭정이를 모아다가 불을 피워 고기를 구웠어. 익었는가 한 점, 설었는가 한 점 먹다 보니 말 아홉 마리와 소 아홉 마리를 다 먹어 버렸구나. 남은 것은 말가죽 아홉 장과 쇠가죽 아홉 장인데, 이것을 짊어지고 집으로 돌아갔지.

가다가 보니 연못 가운데 오리가 동동 떠서 놀고 있거든.

"죽은 마소 대신 저놈이나 잡아가야지."

정수남이 오리를 잡으려고 도끼를 연못에 던졌어. 그런데 오리는 못 맞추고 도끼만 물에 풍덩 빠뜨려 버렸지 뭐야. 하릴없이 도끼를 찾으러 옷을 벗고 연못에 들어갔지. 한참 동안 물 속에서 헤매다가 찾지 못하고 빈손으로 나오니, 아 그새 말가죽 아홉 장과 소가죽 아홉 장에 벗어 놓은 옷까지 몽땅 도둑이 훔쳐가고 말았네.

정수남이 발가벗고 빈손으로 집에 돌아가는데, 밝은 낮에는 남부끄러워 못 가고 밤이 되기를 기다려 몰래 갔어. 집에 돌아가서도 남부끄러워 앞문으로는 못 들어가고 샛문으로 들어가 장독 속에 숨어 있었지. 자청비가 밤늦게 장을 뜨러 장독간에 갔더니, 아닌 밤중에 홍두깨 격으로 장독 뚜껑이 들썩들썩 하는구나. 이게 뭔가 하고 뚜껑을 열어 보니 그 안에 시커먼 것이 옷도 안 입고 웅크리고 있지 뭐야.

"이크, 네가 사람이냐, 귀신이냐?"

"사람 중에서도 정수덕의 아들 정수남이오."

"아니, 너는 마소를 끌고 산에 나무하러 가더니, 마소는 어디 두고 도끼는 어디 두고 옷은 어디 두고 이 꼴이 되어 있느냐?"

정수남이 거짓말로 얼렁뚱땅 둘러댄다.

"아 글쎄, 내가 나무하러 오동산에 올라갔더니 하늘 옥황궁 문도령이 제자 삼천 명을 거느리고 내려와 꽃구경을 하기에 정신없이 구경하다 깜빡 잠이 들었는데, 잠을 깨어 보니 마소도 간 곳 없고 도끼도 간 곳 없고 옷도 간 곳 없더이다."

자청비는 문도령이라는 말에 그만 귀가 솔깃하여 새빨간 거짓말에 홀딱 속아 넘어갔어.

"그게 정말이냐? 문도령이 아직도 게 있느냐?"

"꽃구경이 좋아 며칠 묵어 간다 합디다. 가 보고 싶으시면 나와 함께 가십시다."

"그래, 당장 가 보자꾸나."

날이 밝아 자청비가 어머니, 아버지께 오동산에 꽃구경 가게 허락을 해 달라 하니 어머니, 아버지가 허락을 안 해주네. 몇 번 졸라도 허락을 안 해주니, 마음은 바쁘고 해는 자꾸 가고 해서 그만 몰래 가기로 했어. 문도령을 만나는데 아무 옷이나 입고 갈 수 있나. 열두 폭 홑단치마에 깨끼적삼을 고이 받쳐 입고 오동산으로 올라갈 채비를 했지.

"정수남아, 정수남아. 점심은 무엇으로 싸 갈까?"

"메밀범벅을 만들되, 아기씨 것일랑 메밀가루 닷 되에 소금 닷 되 넣고, 내 점심일랑 메밀가루 닷 말에 소금은 넣는 둥 마는 둥하십시오."

정수남이 말대로 메밀범벅을 만들어 싸 가지고 산으로 올라갔어. 정수남이 앞장서고 자청비 뒤를 따라 올라가는데, 산길이 하도 험하여 고운 옷은 다 찢어지고 팔다리는 가시에 찔려 피가 나네. 그래도 자청비는 문도령을 만날 생각에 힘들다 말 한마디 안 하고 부지런히 올라갔어.

어느 만큼 가니 시장기가 돌아 싸 가지고 간 메밀범벅을 먹는데, 정수남은 메밀가루 닷 말에 소금은 넣는 둥 마는 둥한 것이라 괜찮지만, 자청비 점심은 메밀가루 닷 되에 소금 닷 되를 넣은 것이라 얼마나 짜? 먹고 나니 목이 말라 견딜 수가 없네.

"정수남아, 정수남아. 샘물은 어디에 있느냐?"

"저어기 콸콸 흐르는 내를 건너가야 샘물을 마실 수 있지요."

자청비가 샘물을 마시러 내를 건너는데, 치마·적삼을 벗어 놓고 속옷만 입은 채로 내를 건넜어. 샘물을 마시고 나서 도로 내를 건너오니, 아 정수남이 해 놓은 짓 좀 보소. 옷을 어디엔가 감춰 버리고 능글능글 웃으면서 서 있구나.

그제서야 자청비가 정수남에게 속은 것을 알았어. 속으로 화가 부글부글

끓었지만 겉으로는 은근히 좋은 말로 달랬어.

"정수남아, 정수남아. 그리 말고 옷을 다오."

"아기씨 손이나 한 번 잡게 해주면 옷을 주지요."

"내 손 잡기보다 집에 가서 토시 한 짝 끼어 보면 더 좋을 게다. 그리 말고 옷을 다오."

"아기씨 입이나 맞추게 해주면 옷을 주지요."

"내 입 맞추기보다 집에 가서 꿀단지나 핥아 보면 더 좋을 게다. 그리 말고 옷을 다오."

"아기씨 허리나 안아 보게 해주면 옷을 주지요."

"내 허리 안기보다 새 솜 넣어 만든 베개 안아 보면 더 좋을 게다. 그리 말고 옷을 다오."

정수남이 하릴없이 옷을 내주고 나서, 제풀에 화가 나서 동으로 펄쩍 서로 펄쩍 뜀뛰기만 하는구나. 자청비가 또 좋은 말로 달랬어.

"정수남아, 정수남아. 그리 말고 오늘 밤이나 지내게 돌을 주워 담을 쌓아 움막이나 지어 보자."

정수남이 왈각달각 움막을 짓는데, 돌을 주워 담을 쌓고 풀을 베어 지붕을 이으니 금방 어엿한 움막이 됐어. 그런데 돌 사이에 틈이 생겨 구멍이 여기저기 숭숭 뚫렸거든. 자청비가 움막 안에 들어가 불을 켜 놓고 하는 말이,

"정수남아, 정수남아. 돌 틈 구멍이 숭숭 뚫려 찬바람이 들어오니, 밖에서 보고 불빛이 새어 나오는 곳을 찾아 풀을 베어다가 막아 다오."

정수남이 이리 뛰고 저리 뛰며 풀을 베어 돌구멍을 막는데, 자청비가 움막 안에 있다가 열 구멍을 막으면 아홉 구멍을 빼고, 다섯 구멍을 막으면 네 구멍을 빼니, 막아도 막아도 끝이 없구나. 이러구러 이튿날 아침 날이 밝으니, 정수남이 제풀에 화가 나서 동으로 펄쩍 서로 펄쩍 뜀뛰기만 하네. 자청비가 또 좋은 말로 달랬어.

"정수남아, 정수남아. 그리 말고 이리 와서 내 무릎이나 베고 누우면 쑥대

밭 같은 머리나 빗겨 주마."

　정수남이 좋아라고 자청비 무릎을 베고 누우니, 자청비가 쑥대밭같이 흐트러진 머리를 싸리나무 꼬챙이로 올올이 빗겨 줬어. 정수남은 밤새 돌구멍을 막느라고 한잠도 못 잔 데다가 머리를 만져 주니 그만 잠이 소록소록 쏟아져서 이내 드르렁드르렁 코를 골며 자는구나. 이 때 정수남의 머리 빗겨 주던 싸리나무 꼬챙이가 잘못하여 귀를 찌르니, 정수남은 그만 먼산에 봄눈 녹듯이 스르르 죽어 버렸어.

　자청비가 깜짝 놀라 정수남을 흔들어 깨웠지만 한 번 죽은 사람이 다시 살아날 리 있나. 하릴없이 혼자서 산을 내려와 집으로 돌아갔어. 집에 가니 어머니, 아버지가 기다리고 있다가, 허락도 얻지 않고 꽃구경 간 것을 나무라며 정수남은 어찌하고 혼자서 오느냐고 물어.

　"어머님, 아버님. 정수남은 싸리나무 꼬챙이에 귀가 찔려 죽었습니다."

　"네가 얌전치 못해서 사람 목숨까지 잃게 했구나. 그렇게 부정한 딸을 집에 둘 수 없으니 당장 나가거라."

　자청비가 집에서 쫓겨나 가만히 생각하니, 집에 다시 들어갈 길은 죽은 정수남을 살리는 길뿐이요, 죽은 정수남을 살릴 길은 서천꽃밭에 가서 죽은 사람 되살린다는 환생꽃을 얻어 오는 길뿐이겠거든. 그래서 그 날로 신들메를 고쳐 매고 길을 떠났어.

　몇 달이 걸려 갖은 고생 끝에 서천에 이르렀지. 서천꽃밭 꽃감관 사라대왕의 집을 찾아가니 소슬대문이 하늘에 닿을 듯 높이 솟았는데, 문 앞에는 문지기가 지키고 서서 들여보내 주지를 않네. 하릴없이 동네를 빙빙 돌다 보니, 들리는 말이 꽃감관 사라대왕의 집에 밤마다 부엉이가 날아와 안뜰에 심어 놓은 꽃을 쪼아먹는 바람에 아주 골머리를 앓고 있다, 이런 소문이 돌거든.

　그 소문을 듣고 동네를 빙빙 돌다 마침 한 곳에 이르니, 아이 둘이 죽은 부엉이 한 마리를 두고 서로 다투고 있어.

　"너희들은 무슨 일로 다투느냐?"

"이 부엉이를 보기는 내가 먼저 보았고 잡기는 저 아이가 먼저 잡았는데, 나는 내 것이라 하고 저 아이는 제 것이라 합니다."

"내 붓 한 자루씩을 줄 터이니 그 부엉이 나를 다오."

부엉이를 얻어다가 화살로 양쪽 귀를 꿰어 가지고 서천꽃밭 꽃감관 사라대왕의 집으로 갔어. 담 밖에서 집 안뜰로 부엉이를 던져 넣고, 대문으로 가서 시치미를 뚝 떼고 문지기에게 말했지.

"날아가는 부엉이를 활로 쏘았더니 맞아서 이 댁 뒤뜰에 떨어지기에, 화살이나 찾아가려고 왔소이다."

안뜰에 가 보니 아니나다를까 두 귀에 화살을 맞은 부엉이가 떨어져 있거든. 집 주인 사라대왕이 놀라워하며 반갑게 맞아들여 밥 한 상 잘 차려 대접을 하고 나서 부탁을 해.

"우리 집 안뜰에 밤마다 부엉이가 날아와 꽃잎을 쪼아먹는 바람에 귀한 꽃이 다 망가져 가니, 아기씨는 부디 우리 집에 머물면서 부엉이를 잡아 주시오."

자청비가 허락을 하고 그 날부터 사라대왕의 집에 묵는데, 먼저 흰 옷에 알록달록 꽃 그림을 앞뒤로 가득히 그려 넣었어. 그래 놓고 밤만 되면 꽃을 그린 옷을 입고 안뜰에 나가 꽃밭 고랑에 가만히 누워 있었지. 며칠 동안 그렇게 했더니 과연 며칠 뒤에는 한밤중에 부엉이가 날아와 자청비 배 위에 앉는 거야. 알록달록 꽃 그림이 그려져 있으니까 꽃인 줄 알고 앉는 게지. 그 때 자청비가 부엉이 다리를 꽉 붙잡아 가지고 주인에게 갖다 줬어.

사라대왕이 고마워하며 무엇이든지 소원을 말하라 하니, 자청비는 다른 것은 말고 오직 서천꽃밭에 핀 꽃 중에서 죽은 사람 되살리는 환생꽃을 갖고 싶다 했지. 사라대왕이 꽃밭에 가서 뼈살이꽃, 피살이꽃, 살살이꽃, 숨살이꽃, 혼살이꽃을 한 송이씩 꺾어 주기에 품에 품고 나와, 곧바로 정수남이 죽은 산으로 달려갔어.

몇 달이 걸려 갖은 고생 끝에 산 속으로 돌아오니 정수남이 움막 옆에 잠자는 듯이 누워 있거든. 죽은 몸 위에 뼈살이꽃을 올려놓으니 뼈가 살아 붙고, 살살이꽃을 올려놓으니 살이 살아 돌아나고, 피살이꽃을 올려놓으니 피가 살아 돌고, 숨살이꽃을 올려놓으니 숨이 살아 나오고, 혼살이꽃을 올려놓으니 혼이 살아 생겨서, 하늘 보고 옥황상제께 절 한 번 하고 물푸레나무 회초리로 세 번 치니 정수남이 기지개를 켜며 벌떡 일어나네.

"아이구, 봄잠을 너무 오래 잤구나. 아기씨, 어서 집으로 돌아갑시다."

정수남을 앞세워 집으로 돌아와 어머니, 아버지께 고했지.

"어머님, 아버님. 죽었던 정수남을 되살려 왔습니다. 용서해 주십시오."

"사람을 죽였다가 살렸다가 네 마음대로 하는구나. 그 짓이 점점 더 괴이하다. 보기 싫으니 당장 나가거라."

자청비는 또 집에서 쫓겨나와 정처없이 길을 갔어. 몇날 며칠 동안 가다 보니 날은 저물어 어두워졌는데 어디선가 짤깍짤깍 베 짜는 소리가 들리거든. 그 소리를 따라 가 봤더니, 조그마한 초가집에 등불이 은은한데 웬 할머니가 베틀에 명주실을 걸어 놓고 비단을 짜고 있어. 들어가서 할머니께 하룻밤 묵어 갈 것을 청했지. 할머니가 허락을 하고 저녁상을 차리러 나간 사이에 자청비가 베틀에 앉아 짤깍짤깍 비단을 짰어. 저녁상을 들고 들어온 할머니가 짜 놓은 비단을 보더니 감탄을 하네.

"아기씨는 누구이기에 이리도 곱게 비단을 짜는가?"

"저는 자청비라 하는데, 부모에게 쫓겨나 집도 없이 떠돌아다니는 몸입니다."

"나는 베 짜는 마리할멈일세. 나도 혼자 살기 적적하니, 만약 갈 곳이 없으면 나와 함께 사는 것이 어떤가?"

"만약에 저를 거두어 주시면 어머니처럼 모시고 살겠습니다."

그 날부터 자청비는 마리할멈 집에 머물면서 비단 짜는 일을 거들었어. 마리할멈은 누에를 먹여 명주실을 잣고, 자청비는 베틀에 앉아 짤깍짤깍 비단을 짜는데, 얼마나 잘 짜는지 이레 만에 한 동씩 짰어. 마리할멈이 비단을 한 동씩 짤 때마다 공단보에 열두 겹으로 정성스레 싸 두기에 자청비가 물어 봤지.

"이 비단은 어디에 쓸 건가요?"

"하늘 옥황궁 문왕성 문도령이 서수대왕 따님에게 장가 들 때 쓸 비단이란다. 일곱 동을 다 짜면 하늘 옥황궁에 갖다 줄 거야."

문왕성 문도령이란 말에 자청비 귀가 번쩍 뜨였어. 그 다음부터 자청비는 비단을 짤 때마다 끝자락에 '가련하다 자청비' 일곱 글자를 수놓았어.

드디어 비단 일곱 동을 다 짜서 마리할멈이 머리에 이고 하늘 옥황궁으로 올라갔지. 문도령이 받아 보니 비단결이 얼마나 고운지 절로 탄성이 나오는데, 한 동마다 끝자락에 '가련하다 자청비' 일곱 글자가 수놓여 있거든. 깜짝 놀라 마리할멈에게 물었어.

"할머니, 이 비단은 누가 짠 것입니까?"

"내 수양딸 자청비가 짠 것입니다."

문도령이 그 말을 듣고 자청비를 만나러 아무 날 내려가겠다고 약속을 했어. 할머니가 돌아와서 자청비에게 그 말을 전했지.

드디어 약속한 날이 됐어. 자청비는 온종일 이제나저제나 하고 문도령을 기다렸지만 해가 질 때까지 문도령은 오지를 않네. 이윽고 밤이 되어 자청비는 방안에 혼자 앉아 마음을 달랠 겸 바느질을 하고 있었지. 그 때 밖에서 사람 그림자가 어른어른하더니 헛기침 소리가 나며 문틈으로 손이 살짝 들어와 문을 열려고 하는 거야. 자청비가 깜짝 놀라 엉겁결에 들고 있던 바늘로 그 손을 쿡 찔러 버렸어. 그랬더니 바깥에 있던 사람은 깜짝 놀라 손을 도로 거두며 탄식하기를,

"자청비아기씨는 겉모습과 달리 속마음은 고약한가 보오. 어찌 오랜만에 찾아온 사람을 이리 박대한단 말이오?"

하거든. 그 목소리가 틀림없는 문도령 목소리기에 놀랍고 반가워 얼른 문을 열고 나갔더니, 어느새 문도령은 하늘로 올라가 버리고 자취도 없네.

자청비는 눈물로 한탄하며 밤을 새웠어. 아침이 되어 날이 밝으니 할머니

가 와서 자초지종을 다 듣고는 한숨을 쉬면서 말하기를,

"네가 얌전치 못하고 덤벙대는 바람에 도련님을 쫓았구나. 나도 너를 더 거둘 수 없으니 이제 그만 네 갈 길로 가거라."

이런다.

자청비는 하릴없이 할머니 집을 나와 또 정처없이 길을 갔어. 마음 같아서는 당장이라도 하늘 옥황궁에 올라가서 문도령을 만나고 싶지만, 하늘 가는 길도 모르고 가는 법도 모르니 어쩔 수 있나.

몇날 며칠 동안 여기저기 떠돌아다니다가 어느 마을에 들어서니, 냇가에 웬 선녀 셋이 물동이를 앞에 놓고 울고 있네.

"선녀 아기씨들은 웬일로 여기서 울고 있습니까?"

"우리는 하늘 옥황궁 선녀들이온데, 문왕성 문도령님이 자청비아기씨와 목욕했던 물을 떠 오라 하여 내려왔으나 그 물이 어디에 있는지 찾지 못해 웁니다."

"만약 내가 그 물을 가르쳐 주면 나를 하늘 옥황궁에 데려다 주겠습니까?"

"물만 찾아 주시면 그리하지요."

자청비가 선녀들을 예전에 문도령과 글공부하다 돌아오는 길에 함께 목욕했던 냇가에 데려다 줬어. 선녀들이 물동이에 물을 떠서 줄을 타고 하늘로 올라갈 때, 자청비도 줄을 타고 함께 갔지.

하늘 옥황궁에 이르자 선녀들이 문도령 집을 가르쳐 주기에, 그 집 앞 홰나무에 기대어 가만히 서 있었어. 해가 지고 날이 어두워지니 둥근 달이 휘영청 떠오르는데, 때마침 문도령이 집에서 나와 뜰을 거닐다가 밝은 달을 보고 슬픈 목소리로 노래를 부르는 거야.

"저 달이 곱다마는 인간 땅 주년국의 자청비만큼 고우랴."

자청비가 노랫소리를 듣고 저도 따라 노래를 불렀지.

"저 달이 훤하다마는 하늘 옥황궁 문도령님만큼 훤하랴."

문도령이 노랫소리를 듣고 깜짝 놀라 소리나는 곳을 찾아가 보니, 집 앞 홰

나무에 자청비가 기대어 서 있거든. 서로 품에 품고 있던 얼레빗을 한 쪽씩 내어 맞춰 보니 딱 들어맞는구나. 너무나 반가워서 둘이서 손을 잡고 눈물을 하염없이 흘렸어.

그런데 이 일을 어쩌나. 문도령이 서수대왕 딸아기에게 장가 갈 날이 바로 내일이라네. 문도령이 궁리 끝에 아버지 문곡성과 어머니 문곡부인을 찾아가 조용히 여쭈었어.

"아버님, 어머님. 옷은 새 옷이 따숩니까, 묵은 옷이 따숩니까?"
"묵은 옷이 더 따숩지."
"장은 새 장이 맛납니까, 묵은 장이 맛납니까?"
"묵은 장이 맛나지."
"사람은 새 사람이 좋습니까, 묵은 사람이 좋습니까?"
"묵은 사람이 좋지."

그제서야 문도령이 지난 일을 다 이야기하고, 새 사람 서수대왕 딸아기 대신 묵은 사람 자청비에게 장가들고 싶으니 허락해 달라고 간청을 했어. 그러자 문곡성과 문곡부인이 말하기를,

"인간 땅 사람이 내 며느리가 되려면 쉰 자 구덩이를 파고 쉰 섬 숯에 불을 붙인 다음 불 위에 작두를 걸어 놓고 작둣날을 타고 걸어야 되느니라."

하거든. 문도령이 돌아와 자청비에게 그 말을 전하니, 자청비는 죽을 때 죽더라도 해보겠다고 그랬어.

문곡성과 문곡부인이 사람을 시켜, 쉰 자 구덩이를 파고 쉰 섬 숯에 불을 붙인 다음 불 위에 작두를 걸어 놨어. 작둣날이 불에 벌겋게 달아서 보기만 해도 무시무시하지. 자청비가 작둣날에 오르려 하니 문도령이 울면서 잡아당기고, 또 오르려 하니 울면서 잡아당기는 거야. 여러 번 실랑이 끝에 자청비가 말하기를,

"문도령님, 문도령님. 살아서 이별하기보다 죽어서 다시 만나는 게 나으니 부디 놓아 주십시오."

하기에 문도령도 어쩔 수 없이 놓아 줬어. 자청비가 벌겋게 단 작두 위에 맨발로 사뿐히 올라서서 작두를 타는데, 한 발짝 두 발짝 작둣날을 밟고 걸어서 드디어 나는 듯이 땅에 내렸어.

"그만하면 되었다. 우리 며느릿감이로다."

문곡성과 문곡부인이 허락을 하니, 자청비와 문도령은 날을 받아 혼례를 올리고 부부가 되었어. 오랜 소원을 이뤘으니 얼마나 기쁘겠나. 서로 아껴 주고 위해 주고 재미나게 잘 살았어.

그러던 중 하늘에 난리가 났어. 저 멀리 서역에서 백귀군대가 쳐들어온 거야. 옥황상제가 명을 내려 문도령을 선봉장군으로 삼아 나가 싸우게 했지. 이때 자청비가 나서서,

"서방님 대신 제가 나아가 싸우겠습니다."

하고는, 갑옷 입고 투구 쓰고 백마 타고 싸움터에 나아갔어. 갈 때 서천꽃밭에 들러 사라대왕한테서 수리멸망악심꽃을 얻어 가지고 갔지. 수리멸망악심꽃은 보기만 하면 서로 죽이고 죽는 꽃이야.

싸움터에 가서 백마 타고 적군 앞에 나아가 수리멸망악심꽃을 공중에 흩뿌리니, 적군이 그걸 보고 저희들끼리 서로 죽이고 죽어 삼밭에 늙은 삼대 쓰러지듯 즐비하게 쓰러지지. 이렇게 백귀군대를 물리치고 돌아오니 옥황상제가 크게 칭찬하며 온갖 보물을 상으로 내려줬어. 그런데 자청비는 다 사양하고,

"다른 것은 그만두고, 주시려면 가지가지 곡식 씨앗이나 주옵소서."

하니, 옥황상제가 가지가지 곡식 씨앗을 내려줬어. 그 곡식 씨앗을 얻어 가지고 땅에 내려왔지. 어머니, 아버지 살던 집에 가 보니 어머니, 아버지는 벌써 세상을 떠나고, 하님 정수덕이도 저 세상 사람이 되고, 텅 빈 집에 정수남이 혼자 있다가 반기네.

"아이고, 아기씨. 배가 고파 죽겠으니 밥 좀 주십시오."

마침 한 곳을 보니 큰 밭이 있는데, 어떤 젊은 부부가 말 아홉 마리와 소 아홉 마리에 머슴 아홉을 거느리고 쟁기로 밭을 갈아 씨를 뿌리고 있더래.

"정수남아, 정수남아. 저 밭에 가서 밥 한 술 달라 하여 먹고 오너라."

정수남이 그 밭에 가서 밥 한 술 달라 하니 주인이 밥은 안 주고 욕만 실컷 하기에 그냥 돌아왔어. 자청비가 그것을 보고 괘씸하다 하여 그 밭에는 씨앗을 하나도 주지 않았어. 그래서 그 밭에는 흉년이 들었지.

또 한 곳을 보니 작은 밭이 있는데 두 늙은이가 쟁기도 없이 호미로 밭을 갈아 씨를 뿌리고 있더래.

"정수남아, 정수남아. 저 밭에 가서 밥 한 술 달라 하여 먹고 오너라."

정수남이 그 밭에 가서 밥 한 술 달라 하니 반갑게 맞아 밥을 나누어주기에 잘 얻어먹고 돌아왔어. 자청비가 그것을 보고 고맙다 하여 그 밭에는 씨앗을 많이 나누어 줬어. 그래서 그 밭에는 풍년이 들었지.

이렇게 가지가지 곡식 씨앗을 다 나누어주고 나니 아뿔싸, 씨앗 한 가지를 잊어버리고 안 가져왔네. 그게 무슨 씨앗인고 하니 메밀 씨앗이야. 할 수 없이 도로 하늘로 올라가 옥황상제께 메밀 씨앗을 얻어 가지고 뒤늦게 땅에 내려와 뿌렸지. 요새도 메밀 씨앗은 다른 씨앗보다 좀 늦게 뿌리는데, 거기에는 이런 까닭이 있는 거란다.

그 뒤로 문도령은 상세경으로 큰 농신이 되고, 자청비는 중세경으로 작은 농신이 되어 인간세상 농사 짓는 법을 잘 다스렸어. 정수남은 뭐가 되었는고 하니, 하세경으로 목축신이 되어 온갖 집짐승 기르는 일을 다스리게 됐지.

객귀 사마장자와 저승 고지기 우마장자

옛날 옛적 해동국에 사마장자와 우마장자가 한 동네에 살았지. 두 사람은 한 날 한 시에 태어나서 사주가 같은데도 성품은 영 딴판이야. 사마장자는 부자로 살면서도 인색하고 심술궂고 부모에게 불효하고, 우마장자는 가난하게 살면서도 마음씨 곱고 형제간에 우애 있고 부모에게 효도하면서 살았어.

사마장자가 얼마나 인색했느냐 하면, 곳간에 곡식이 썩어서 두엄이 되고 돈궤에 돈이 썩어서 재가 되어도 남을 도와 주는 법이 없었어. 또 얼마나 심술궂었느냐 하면, 남에게 곡식을 빌려 줄 때는 작은 말로 주고 받을 때는 큰 말로 받고, 아침에 돈을 꾸어 주면 그 날 저녁에 당장 내놓으라 하고, 남에게 꾸어 주는 쌀에는 흰 모래를 섞어 줬어. 그뿐인가. 사마장자가 지은 죄로 말하자면 열 손가락으로 꼽아도 다 못 꼽을 지경이지.

새끼 밴 개 옆구리 차기, 우는 아기 꼬집어 뜯기, 옹기전에 말 달리기, 비단전에 물총 놓기, 밥상에다 바가지 놓고 식칼 갈아 부뚜막에 놓고, 소 여물 안 주고도 주었다고 거짓말하고, 스님이 동냥을 오면 거름흙을 던져 주고, 거지가 밥 얻으러 오면 식은 밥덩이에 흙 묻혀서 내던지고…….

이렇게 못된 짓만 골라가며 하는 사람이 제 조상인들 잘 섬길까. 조상 제삿날이 되면 돈이 아까워서 제수는 하나도 안 차리고, 그냥 제사상 위에다가 돈을 주르르 얹어 놓고 제사를 지내는 거야. 그런 다음에 돈을 도로 거둬들이는 거지. 이렇게 하니까 사마장자 조상들은 제삿날이 되어도 밥 한 술 못 얻어먹고 물 한 모금 못 얻어마실 게 아니야? 그러니 배는 좀 고프며 목은 좀 마를까.

올해도 설날 명절이 지났는데 차례상에 차려 놓은 것이 죄다 못 먹는 돈이라, 찬물 한 모금 못 얻어먹은 사마장자 조상들이 참다 참다 못해 저승 시왕한테 몰려가서 하소연을 했어.

"시왕님, 시왕님. 이런 원통할 데가 어디 있습니까? 우리 자손 사마장자란 녀석이 천석꾼, 만석꾼 부자로 살면서도 인색하기 짝이 없어, 제삿날이 되어도 명절이 되어도 밥 한 술 차리는 법 없고 물 한 그릇 내놓는 법이 없습니다. 다른 집 조상은 제삿날이나 명절만 되면 배불리 얻어먹고 호강을 한다던데, 우리는 제삿날이 열두 번 지나가고 명절이 스물네 번 지나가도 밥 한 술 못 얻어먹고 물 한 모금 못 얻어 마시고 쫄쫄 굶고 있으니 이게 무슨 꼴입니까?"

시왕이 들어 보니 참 딱한 일이거든.

"그러면 어떻게 해주기를 바라는가?"

"우리에게 밥을 주고 물을 주어 기갈이나 면하게 해주십시오. 그리고 저 괘씸한 사마장자란 놈을 잡아다가 혼내 주십시오."

저승 시왕이 곧바로 사마장자 조상들에게 밥과 물을 주어 달래고 나서, 심부름할 차사들을 불렀어. 저승차사 해원맥과 이승차사 이덕춘, 그리고 염라차사 강림도령과 황금산 도단절 주자스님의 제자 무야스님, 이렇게 넷을 불렀지. 네 차사가 바람같이 달려오니 시왕이 명을 내렸어.

"앉아 듣는 말과 서서 보는 것은 다르다 했는데, 사마장자가 과연 소문대로 심보가 고약한지 가서 보고 오너라. 누가 가겠느냐?"

해원맥과 이덕춘, 그리고 강림도령은 이승에서 죽은 사람을 저승으로 데려오는 일로 바쁘다 하고, 황금산 도단절 무야스님만 아무 말도 않고 가만히 있었어. 그래서 무야스님이 이승으로 내려가게 됐지.

무야스님이 장삼 입고 고깔 쓰고 염주 걸고 목탁을 두드리며 인간 땅 해동국에 내려가, 정월 초이렛날 아침에 사마장자 집을 찾아갔어.

"나무아미타불, 이 댁 주인이 부자란 말을 듣고 우리 절 단청불사 동냥 왔습니다. 쌀도 좋고 돈도 좋으니 시주 좀 하십시오."

문 앞에서 소리치니 사마장자가 그 소리를 듣고 밖으로 나오는데, 두 뺨은 실룩실룩, 두 팔은 휘적휘적, 눈은 퉁방울눈이요, 걸음은 팔자걸음이야. 나와서는 냅다 고함을 질러댔지.

"어떤 놈이 정초부터 남의 집 대문간에 와서 행패를 부리느냐?"

"행패가 아니오라 중이 동냥하러 왔습니다. 우리 절 단청불사에 시주 좀 하십시오."

"너희 절에 줄 돈이 있으면 외양간 소한테나 주고 마구간 말한테나 주겠다."

사마장자가 저희 집 머슴들에게 고래고래 고함을 지르는데,

"이놈들아, 뭣들 하고 있는 게냐? 얼른 저 버릇없는 중을 잡아다 볼기를 치고, 동냥자루 속에 냄새나는 거름이나 가득 채워 줘라."

아, 이런단 말이야. 머슴들이 듣고 보니, 아무리 주인 영이지마는 그게 어디 사람으로서 할 짓인가. 차마 못해 머뭇거리고 있으니까, 사마장자가 달려들어 바가지에 거름을 퍼담아 무야스님에게 퍼부어. 스님은 온몸에 거름을 뒤집어쓰고, 하도 어이가 없어서 '나무아미타불, 나무아미타불' 염불만 하고 서 있었지.

이 때 사마장자 며느리가 이 소란을 보고 달려 나와서,

"아버님, 아버님. 왜 이러십니까? 옛말에 동냥은 못 줄망정 쪽박은 깨지 말랬는데, 저 대사님이 무슨 죄가 있다고 이러십니까?"

하고는, 시아버지 몰래 쌀 한 말과 물명주 한 필을 가지고 나와 바랑에 담아주네.

"대사님, 대사님. 우리 아버님이 잠깐 망령이 드셔서 그러시는 것이니 부디 노여워 마시고, 이 쌀로는 단청불사에 보태시고 이 물명주로는 대사님 장삼이나 새로 지어 입으십시오."

무야스님이 사례를 하고, 그 길로 저승으로 돌아가서 시왕에게 아뢰었어.

"과연 사마장자는 인색하고 심술궂기가 소문과 다르지 않습니다. 그러나

그 집 며느리는 마음씨가 착했습니다."

시왕이 듣고 나서 영을 내리기를,

"사마장자 하는 짓으로 봐서는 당장 벼락이라도 내릴 것이다마는, 며느리 정성을 보아 마음을 고쳐먹게 며칠 말미나 줘 보자. 다가오는 정월 대보름날 경계하는 꿈을 한 자리 마련하여 사마장자 잠결에 넣어 주어라."

하기에, 스님이 꿈 한 자리를 마련하여 정월 대보름날 밤 사마장자 잠결에 넣어 주었어.

정월 대보름날이 되어 사마장자가 꿈을 꾸니, 뒤뜰의 고목나무가 세 도막으로 부러지고 마당에 푸른 기, 붉은 기가 솟아올라 있거든. 깨어 보니 꿈인지라 또 잠을 청했는데 똑같은 꿈을 또 꾸었어. 깨고 나서 또 꾸고, 이렇게 내리 세 번을 똑같은 꿈을 꾸고 나니 참 이상하단 말이야. 아침에 아내와 딸, 며느리를 불러서 꿈 이야기를 했지.

꿈 이야기를 다 듣고 나서 아내는 꿈을 풀기를,

"여보, 그 꿈 장히 좋소. 고목나무가 세 도막으로 부러지는 것은 떡메를 만든다는 것이고, 푸른 기, 붉은 기는 잔치마당에 세우는 것이니, 반드시 맛난 음식 얻어먹을 꿈이오."

하고, 딸은 꿈을 풀기를,

"아버지, 그 꿈 참으로 좋습니다. 고목나무가 부러지는 것은 새로 호패를 찬다는 것이고, 푸른 기, 붉은 기는 벼슬아치 행차에 따르는 것이니, 반드시 높은 벼슬하실 꿈입니다."

하거든. 사마장자가 꿈풀이를 듣고 좋아서 입이 딱 벌어졌어.

"허허, 그 해몽 잘도 하는구나."

이 때 며느리가 썩 나서서 다르게 꿈을 풀었어.

"아버님, 제 말 좀 들어보십시오. 콩 심은 데 콩 나고 팥 심은 데 팥 납니다. 제가 시집 온 뒤 석삼 년이 지나도록 아버님 밥 한 술 적선하는 것 본 일이 없고, 조상님 제삿상에 찬물 한 그릇 떠놓는 것 본 일이 없는데, 그러고서야 어찌 좋은 일이 생기기를 바라겠습니까? 고목나무가 세 도막으로 부러진 것은, 한 도막으로는 제사상을 만들고 한 도막으로는 관을 짜고 한 도막으로는 상여를 짜라는 것이요, 마당에 푸른 기, 붉은 기가 솟아오르는 것은 조기 명정 띄우라는 것이니 이 꿈은 정녕 아버님 돌아가실 꿈입니다. 지금이라도 늦지 않았으니 곳간에 썩어나는 곡식과 돈궤에 썩어나는 돈으로 가난한 사람 구제하여 쌓인 죄나 씻어 보십시오."

사마장자가 그 말을 듣고 그만 낯빛이 울그락불그락해져서 호통을 친다.

"해몽도 흉칙하고 하는 말도 괘씸하다. 에라 이 못된 것, 당장 나가거라."

이래서 며느리가 하릴없이 친정으로 쫓겨났어.

그런데 사흘이 못 가 사마장자 몸에 병이 들었네. 머리는 지끈지끈하고 눈은 침침하고 귀는 멍멍하고 코는 맹맹하고 입은 바짝바짝 타들어 가고 가슴은 두근두근하고 배는 뒤틀리고 팔다리는 욱신욱신하고 정신은 오락가락하니 이게 예사 병이 아니라 꼭 죽을 병이거든. 사마장자가 그래도 죽기는 싫었는지 얼른 사람을 시켜 엊그저께 쫓아낸 며느리를 도로 불러왔어.

"애야, 애야. 며늘아가. 네 꿈풀이가 꼭 들어맞는구나. 이제 내가 정녕 죽나 보다. 이 일을 어쩌면 좋단 말이냐?"

"전들 어찌 알겠습니까? 건넛마을에 용하다는 점쟁이나 찾아가 물어 보시지요."

사마장자가 며느리 말을 듣고 물명주 열 자와 생금 서 되를 싸 가지고 건넛마을 점쟁이를 찾아갔어.

"여보게, 판수. 내 점괘나 한 번 뽑아 주게."

"아니, 사마장자가 웬일이오? 하늘이 무너지는 걸 보았으면 보았지 사마장자 주머니에서 돈 나오는 건 못 본다는 말도 있는데, 오늘은 돈을 들고 나를 찾아왔으니 대체 웬일이오?"

"그럴 만한 일이 있어 그러니 점괘나 속 시원히 뽑아 주게."

점쟁이가 오동나무 소반을 내어놓고 대나무 산통을 흔들어 점괘를 뽑아 보니, 반드시 죽을 것이나 적선을 오지게 하면 혹 살 길이 있을지도 모른다는 괘가 나오거든.

 "아무 말 말고 집에 돌아가 곳간도 모두 털고 돈궤도 모두 털어 가난한 사람들 구제하고, 떡도 하고 술도 빚고 소 잡고 돼지 잡아 조상님들 대접하고, 대문간에 다리베 깔고 좋은 음식을 세 상 차려 놓고 옷 세 벌, 신 세 켤레 마련해 놓았다가 저승차사가 잡으러 오거든 빌어나 보시오. 혹 운이 좋으면 살 길이 생길지 누가 아오?"

 사마장자가 점쟁이 말을 듣고 탄식하며 집으로 돌아와, 며느리와 의논하여 난생 처음으로 좋은 일을 시작하는데, 여태 못해 본 일을 한꺼번에 다 하느라고 아주 야단법석이 났어.

 곳간 털고 돈궤 털어 마을 앞에 쌓아 놓고 이 마을 저 마을에서 온 가난한 사람들에게 다 나누어주고, 떡 하고 술 빚고 소 잡고 닭 잡아 음식을 푸지게 마련하여 조상님들한테 제사를 지내는 거야. 가난한 사람들이 그 동안 사마장자한테 얻어먹은 거라고는 욕밖에 없었는데 뜻밖에 쌀과 돈을 받고서는 어안이 벙벙해서 고마워하기보다 되레 날라 겁을 내네. 사마장자 조상들도 제삿날 열두 번에 명절 스물 네 번을 지나는 동안 찬물 한 그릇 못 얻어먹다가 갑자기 진수성찬을 잘 얻어먹고서는, 저 자손이 정신을 차린 건가 정신이 나간 건가 도무지 모를 일이라고 혀를 차네.

 이렇게 하고 나서 사마장자가 대문간에 다리베를 깔고 좋은 음식을 세 상 차려 놓고 옷 세 벌, 신 세 켤레를 마련해 놨어. 그래 놓고 마당가 나무 뒤에 숨어서 가만히 보고 있었지.

 밤이 이슥해져서 온 마을 사람들은 말할 것도 없고 개도 소도 닭도 쥐도 다 잠든 때가 되니까, 아니나다를까 저 멀리서 두런두런 말소리가 들리더니 차사 셋이 나타나거든. 맨앞에 선 차사는 저승차사 해원맥인데 쇠망치를 어깨에 둘러멨고, 가운데 선 차사는 이승차사 이덕춘인데 쇠사슬을 허리에 둘러찼고, 맨 끝에 선 차사는 염라차사 강림도령인데 두루마리를 손에 들었어.

마침 밤이 이슥하여 배는 고프고 때는 정월 끝이라 날씨는 춥고 먼 길을 걸어와 발은 부르텄거든. 맨 앞에 선 해원맥이 먼저 하는 말이,

"아이고, 배고파. 이럴 때 누가 밥 한 상 차려 주면 죽을 목숨도 살려 주련마는."

가운데 선 이덕춘도 따라 하는 말이,

"아이고, 추워. 이럴 때 누가 옷 한 벌만 주면 죽을 목숨도 살려 주련마는."

맨 끝에 선 강림도령도 따라 하는 말이,

"아이고, 발 아파. 이럴 때 누가 신 한 켤레만 주면 죽을 목숨도 살려 주련마는."

했어. 그러다가 막 사마장자 집 대문간에 이르니, 이게 웬 떡이야? 다리베가 곱게 깔려 있고 좋은 음식이 세 상 차려져 있거든. 차사들이 배가 고프니까 앞뒤 재고 자시고 할 겨를도 없이 달려들어 배불리 먹었어. 그러고 나니 옆에 옷이 세 벌 있거든. 추우니까 그것도 입었지. 신도 세 켤레 있기에 발도 부르튼 터에 그냥 신었어.

그 때 나무 뒤에 숨어 있던 사마장자가 나와서 세 차사 앞에 엎드려 비는 거야.

"비나이다, 비나이다. 차사님께 비나이다. 이 사마장자가 마음을 고쳐먹고 곳간 털고 돈궤 털어 가난한 사람 구제하고, 소 잡고 닭 잡아 조상님들 극진히 대접하고, 차사님께 드리려고 음식 세 상 차려 놓고 옷 세 벌과 신 세 켤레를 마련해 놓았습니다. 그 음식 잡수시고 옷 입고 신 신었으니 이제 사마장자 살려 줍시오."

차사 셋이 그 말을 듣고 그만 기겁을 하네.

"아이쿠, 이것 참 큰일났구나. 사마장자가 차린 음식인 줄 알았으면 입엔들 대었겠나. 사마장자가 마련한 옷과 신인 줄 알았으면 손엔들 스쳤겠나. 그런데 이미 먹고 입고 신었으니 이 일을 어쩔거나."

저승차사들은 이승 사람한테 뭘 얻어먹으면 못 잡아가는 법이 있었거든.

세 차사가 머리를 맞대고 의논하다가, 하릴없이 사마장자와 사주 같은 사람을 대신 잡아가기로 했어.

"이 마을에 너와 한 날 한 시에 나서 사주가 같은 사람이 또 있느냐?"

"예, 우마장자가 있습니다."

차사 셋이 우마장자를 잡으러 갔어. 우마장자 집에 들어가 영문 모르고 자고 있는 우마장자를 막 잡아가려 하는데, 이 때 집 지키는 성주신, 지신, 터주신, 삼신, 조왕신, 문왕신, 업왕신, 철융신, 마부왕, 측신이 한꺼번에 달려들어 우리 주인 내놓으라고 호령이 천둥 같네. 그뿐인가. 집에서 키우는 마소와 삽살개, 고양이, 장닭까지 합세하여 우리 주인 잡아가지 말라고 히힝, 음매, 멍멍, 야옹, 꼬끼오 난리가 났어.

겨우겨우 이들을 뿌리치고 나서 우마장자를 데리고 저승으로 갔지. 저승 시왕 앞에 우마장자를 데려다 놓으니, 시왕은 사람이 바뀐 것도 모르고 사주가 같으니까 사마장자인 줄 알고 호령을 하네.

"네 이놈, 네 죄를 네가 알렷다. 이놈을 당장 칼산지옥에 가두고 삼천 년 동안 쇠줄로 매를 맞게 하여라."

이 때 우마장자 조상들이 버선발로 달려와서 시왕 앞에 엎드려 눈물을 흘리며 빌어.

"시왕님, 시왕님. 살펴 줍소서. 우리 자손 우마장자는 마음씨가 고와 그 동안 가난한 사람 구제하기를 새털만큼 많이 하고, 부모에게 효도하고 형제간에 우애 있고 식구간에 화목하고, 조상 제사 받들기를 하늘 모시듯 하여 단 한 번 실수도 없었습니다. 사마장자가 재물로 저승차사를 꾀어 애매한 우마장자가 대신 잡혀 왔으니 굽어 살펴 줍소서."

시왕이 다시 살펴보니 과연 우마장자가 대신 잡혀 왔는지라, 오라를 풀고 위로를 한 다음에 도로 이승으로 내보냈어. 그러고 나서 사람을 잘못 잡아 온 죄를 물어 차사 셋을 벌주고 나서 다시 호령을 하는데,

"늦기 전에 어서 가서 진짜 사마장자를 잡아 오너라."

하니, 세 차사가 서로 맹세하기를,

"이번에는 설령 뱃가죽이 등에 달라붙는 한이 있어도 주인 모를 음식일랑 먹지 말고, 얼어 죽는 한이 있어도 주인 모를 옷일랑 입지 말며, 발이 닳아 없어지는 한이 있어도 주인 모를 신일랑 신지 말자."

하고 굳게 다짐을 하고서 부리나케 사마장자 집으로 달려갔어.

그런데 이 때 사마장자는 저승차사가 다시 올 것을 짐작하고 용한 무당을 데려와 걸판지게 굿을 하여 오방신장을 불러 놨어. 동쪽에 청제장군, 서쪽에 백제장군, 남쪽에 적제장군, 북쪽에 흑제장군, 한가운데 황제장군을 다 불러 놨단 말이야. 이 사나운 신장들이 무쇠방망이를 꼬나들고 대문을 지키고 섰으니, 제아무리 날고기는 저승차사인들 들어갈 수 있나. 하릴없이 문밖에서 이리 빙빙 저리 빙빙 돌고 있는데, 담장 안 나무 위에서 검은 탈을 쓴 노인이 굽어보며 말을 해.

"차사님들, 그러지 말고 뒷문으로 들어오시오."
"그대는 뉘시기에 주인 잡아가려는 우리를 막지 않고 들이는 것이오?"
"나는 이 집 장독간의 철융신인데, 이 날 이 때까지 사마장자한테서 밥 한 그릇 물 한 모금 얻어먹지 못하였소. 괘씸하기 짝이 없으니 어서 잡아가시오."

가만가만 뒷문으로 들어서니, 칠보로 단장한 관을 쓴 노인이 부엌문 안에서 내다보고 있다가 말을 해.

"사마장자는 사랑채, 안채 다 비워 놓고 행랑채에서 자고 있소."
"그대는 뉘시기에 주인 행방을 감추지 않고 일러주는 것이오?"
"나는 이 집 부엌의 조왕신인데, 사마장자가 아침저녁으로 부뚜막을 밟고 지나면서 칼을 던져대니 무서워서 못 살겠소. 어서 잡아가시오."

가만가만 행랑채로 다가가니 철통 같은 자물쇠로 방문이 꽉 잠겨 있는데, 문득 푸른 옷 입은 사내아이가 나타나 열쇠를 내어주네.

"이 열쇠로 행랑채 문을 여십시오."

"너는 누구이기에 주인 자는 방문을 열라 하는 것이냐?"

"나는 이 집 대문간의 문왕신인데 도둑, 짐승 못 들게 이 집을 지켜 주어도 사마장자가 들며나며 발로 차고 괴롭혀서 못 살겠소. 어서 잡아가시오."

세 차사가 방문을 열고 들어가 사마장자를 잡아가는데, 저승차사 해원맥이는 쇠망치로 머리를 치고, 이승차사 이덕춘이는 쇠사슬로 몸을 묶고, 염라차사 강림도령은 두루마리를 펴 들고 천둥 같은 목소리로 저승 시왕 영을 읽어 내려갔어.

"사마장자는 당장 이승을 하직하고 저승으로 들라."

사마장자가 머리를 감싸쥐고 떼굴떼굴 구르면서 "아이고, 아야. 아이고, 아야." 소리를 지르니, 이 때 며느리가 달려나와 이 꼴을 보고서는 저승차사가 시아버지 잡으러 온 줄 알았지. 얼른 마당 가운데 초석을 깔고 앉아서 소반 위에 정화수 한 사발 떠다 놓고 눈물을 흘리며 빌었어.

"명철하신 차사님께 비나이다. 우리 시아버지 그 동안 지은 죄가 많사오나, 이제 마음을 고쳐먹어 이웃에 적선하고 조상님 잘 위하고 위아래로 화목하게 지냅니다. 한 삼 년 말미를 더 주시면 그 동안 못다 한 적선, 효도 크게 할 것이니, 부디 살피셔서 우리 시아버지 살려 주옵소서. 비나이다, 비나이다."

인정 많은 차사들이 그 모습을 보고 감동해서 차마 사마장자를 데려가지를 못하네. 셋이서 머리를 맞대고 의논하더니 며느리한테 물어.

"이 집에 사마장자 대신 데리고 갈 만한 짐승이 있느냐?"

"예, 우리 시아버지 타고 다니는 흰 말이 있습니다."

"그럼 그 말을 대신 데려갈 것이니 사마장자 옷을 입히고 사마장자 갓을 씌워라."

며느리가 마구간에 가서 말을 끌고 나와 마당에 세워 놓고, 시아버지 입던 바지저고리와 두루마리를 입히고 시아버지 쓰던 갓 망건을 씌워 놨어. 그러니까 세 차사가 그 말을 끌고 가 버렸어.

차사들이 저승에 돌아가서 시왕 앞에 말을 데려다 놨지.

"사마장자 잡아 왔습니다."

"사마장자는 사람인데 너희들이 잡아온 것은 말이 아니냐?"

"하도 죄를 많이 지은 탓에 사람 모습이 아까워 짐승 모습으로 데려왔습니다."

"그도 그러하구나."

시왕이 대답하고 말을 벌주는데, 말 머리에는 철갑투구를 씌우고 목에는 큰칼을 씌우고 몸통에는 쇠그물을 씌우고 앞발에는 쇠고랑을 채우고 뒷발에는 족쇄를 달아 칼산지옥으로 보냈어. 그러고 나서, 저승 명부를 뒤져 사마장자 이름을 찾아 싹 지워 버렸어. 산 사람이 죽어서 저승에 들어오면 명부에서 이름을 지우는 법이거든.

이승의 사마장자는 말을 대신 저승으로 보내고 난 뒤 줄곧 꿈자리가 사나워서, 점쟁이에게 물어 보니 말이 원망하는 울음소리 때문에 그렇다고 하기에 씻김굿을 했어. 닷새 동안 씻김굿을 하는데, 첫날 굿을 하니 말 머리에서 철갑투구가 떨어져 나가고, 둘째 날 굿을 하니 목에서 큰칼이 벗겨져 나가고, 셋째 날 굿을 하니 몸통에서 쇠그물이 벗겨져 나가고, 넷째 날 굿을 하니 앞발에 쇠고랑이 풀어지고, 다섯째 날 굿을 하니 뒷발에 족쇄가 풀어져서 사람으로 환생했어.

사마장자는 그 뒤로 삼 년을 더 살다가 죽었는데, 저승 명부에서 이름이 지워진 탓에 죽은 뒤에도 저승에 들지 못하고 이리저리 떠도는 객귀가 되었다는 거야. 객귀가 되어 여기저기 돌아다니면서 남의 집 잔치 음식도 얻어먹고 장례 음식도 얻어먹고, 이러면서 살지도 죽지도 못하고 있대.

우마장자는 저승에 갔다가 돌아온 뒤로 아흔아홉 살까지 살다가 죽었는데, 죽어서는 저승 곳간을 지키는 고지기가 되었다지.

별의 신 칠성님과 옥녀부인

 옛날 옛적 하늘 세상 천하궁에는 칠성님이 살고 땅 세상 지하궁에는 옥녀아기씨가 살았지. 천하궁 칠성님은 나이 열일곱 살이고 지하궁 옥녀아기씨는 나이 열여섯 살이었는데, 하루는 옥녀아기씨가 물동이를 이고 우물에 물을 길러 가다가, 때마침 지하궁에 사냥을 나온 칠성님을 만났어. 먼발치에서 말을 타고 달리는 칠성님의 모습을 보고 무척 마음에 들어서, 옥녀아기씨는 집에 돌아오자마자 이웃집 매파 할머니를 천하궁에 보내 칠성님 집으로 혼인말을 넣었어. 청혼을 했단 말이지.

 그런데 날이 가도 달이 가도 하늘 칠성님한테서는 아무런 기별이 없네. 석달 열흘을 기다려도 아무 기별이 없어, 아기씨는 두 번째로 매파 할머니를 보내 혼인말을 넣었어. 그런데 이번에도 아무런 기별이 없기는 매한가지야. 석달 열흘 동안 기다리다가 아기씨가 세 번째로 천하궁 칠성님 집에 매파 할머니를 보내 청혼을 했어.

 내리 세 번 연거푸 혼인말을 넣으니까 그제서야 칠성님 집에서 기별이 오는데, 아무 날 아무 시에 혼례를 올리자는 기별이거든. 옥녀아기씨는 이제 소원을 풀었지.

 드디어 칠성님과 옥녀아기씨가 혼례식 올리는 날이 됐어. 하늘에서 칠성님이 사모관대 잘 차리고 용마 타고 오색 무지개 다리를 건너 땅 세상 옥녀아기씨 집으로 내려왔어. 신부는 원삼, 활옷에 족두리 쓰고 연지, 곤지 곱게 찍어 치장을 잘 하여서 대례청 앞에 서서 기다리고 있었지. 칠성님이 와서 옥녀아기씨와 마주서서 서로 절을 하고 인연주, 합환주를 따라 마시니, 드디어 두 사람이 부부가 됐어. 옥녀아기씨는 이제 옥녀부인이 된 거지.

　칠성님과 옥녀부인은 땅 세상 지하궁에 온갖 살림을 갖추어 놓고 살았어. 금실 좋게 오순도순 재미나게 살았는데, 한 가지 흠이 있다면 옥녀부인이 아기를 못 낳은 거야. 혼인한 지 삼 년이 지나고 육 년이 지나고 구 년이 지나고 십이 년이 지났는데도 딸이고 아들이고 아기 하나 못 얻었네. 그러니 부부가 오죽이나 쓸쓸했겠어? 하루는 칠성님이 옥녀부인을 보고 말하기를,

　"우리 부부 혼인한 지 열두 해가 지나도록 혈육이 없으니 웬일이오? 남들은 우리 나이에 아들딸을 셋도 낳고 넷도 낳아 잘도 기르건만, 우리만 부부간에 외롭게 지내니 조상 볼 면목 없고 이웃 눈총 곱지 않소. 우리 이럴 게 아니라 산신당에 공이나 들여 봅시다."

하거든. 옥녀부인이 좋다 하고, 그 날로 황금 백 근과 베 스무 필을 가지고 뒷산 산신당에 가서 신령님께 공을 들였어. 석 달 열흘 동안 날마다 아침저녁으로 기도하고 정성을 다하였더니, 하루는 옥녀부인 꿈에 머리 허연 노인이 일곱 자나 되는 지팡이를 짚고 나타나서 묻기를,

　"명을 달라 하느냐, 복을 달라 하느냐, 자식을 달라 하느냐?"

하거든.

　"명이야 하늘에서 정해 준 만큼 살면 족하고, 복도 더 바랄 것이 없습니다. 다만 혼인한 지 열두 해가 되도록 부부간에 외롭게 살고 있으니 부디 자식이나 점지해 주십시오."

　노인이 지팡이를 들어 하늘에 있는 별 일곱 개를 따다가 던지기에 부인이 그걸 치마폭에 받았어. 별이 치마폭에 우수수 쏟아지는 바람에 깜짝 놀라 깨보니 꿈이거든. 남편 칠성님한테 꿈 이야기를 했더니, 칠성님도 똑같은 꿈을 꾸었다는 거야.

　그러고 나서 옥녀부인 배가 점점 불러오더니 달이 차서 드디어 아기를 낳게 됐어. 정성스럽게 부처님께 기도하고 아기를 낳았는데, 낳고 보니 달덩이

같은 아들이야. 그런데, 이게 웬일이야? 뒤이어 아기가 또 나오네. 이번에도 달덩이 같은 아들이 나왔어.

"부처님께서 우리 부부 외롭다고 쌍둥이를 점지해 주셨구나. 고맙기도 하시지."

옥녀부인이 좋아라 하고 있는데, 아니 이런 변이 있나. 아기가 또 나오네.

"세 쌍둥이면 더욱 좋지."

하는데, 말이 채 끝나기도 전에 아기가 또 나오는 거야. 그리고 또 나오고, 또 나오고, 또 나와서 내리 일곱 쌍둥이를 낳았어. 다 낳아서 아기들을 눕혀 놓으니 다섯 칸 큰 방이 가득차는 거야. 옥녀부인이 몸종 천상금과 지상금을 불러 말하기를,

"천상금아, 지상금아. 칠성님께 아기 다 낳았다고 여쭈어라."

하니, 천상금과 지상금이 얼른 달려가서 칠성님께 아기 다 낳았노라 했지. 칠성님이 그 말을 듣고 좋아서 버선발로 달려와 방에 들어가 보니, 다섯 칸 큰 방에 열 자 이불이 빈틈도 없이 깔려 있거든.

"천상금아, 지상금아. 이불 귀를 들어 보아라."

이불을 들치고 보니 아기 일곱이 한 방 가득 누워 있네. 그걸 보고 칠성님이 그만 기가 탁 질려서 뒷걸음질하며 하는 말이,

"산짐승, 들짐승, 까막까치도 한 배에 일곱 낳기 어려운데, 하물며 사람이 일곱 쌍둥이 낳는 일이 웬일이오? 나는 저 일곱 자식 옷 없어 못 키우고 밥 없어 못 키우겠소."

하고는, 그 자리에서 옥녀부인을 소박 맞히고 나가 버리는 거야. 이 때 옥녀부인이 황급히 칠성님의 물명주 도포자락 한 자락을 찢어 이불 속에 숨겨 뒀어. 나중에라도 증표로 삼으려고 말이야. 칠성님은 그 날로 하늘 천하궁으로 냉큼 올라가 버렸어. 천하궁에 올라가서 후실 장가를 가 버렸지. 후실부인을 새로 얻어 살림을 차려 버린 거야.

옥녀부인이 혼자 남아 가만히 생각해 보니 참 기가 막히거든. 남편 없이 혼

자서 아비 없는 아들 일곱을 어찌 키우겠나. 생각다 못해 아들들을 강물에 갖다 버릴 작정을 했어.

"천상금아, 지상금아. 은광주리, 놋광주리 일곱 개를 마련하여라."

은광주리, 놋광주리에 아들 일곱을 담아서 포개어 머리에 이고 영천강가로 갔어. 막 강물에 광주리를 띄워 보내려고 하는데, 웬 머리 허연 노인이 지팡이를 짚고 오다가 옥녀부인을 보고 막 야단을 치네.

"저 부인은 들으시오. 자식을 낳으려고 공을 들인 뜻은 무엇이며, 낳고 나서 갖다 버리는 뜻은 또 무엇이오? 저 아이들을 기어이 버리면 부인은 앉은뱅이가 되고 아이들은 장님이 될 것이니 어서 도로 데려가시오. 데려가서 하루에 물 한 모금, 젖 한 모금씩만 먹이면 초승달이 차서 보름달이 되듯 잘 자랄 것이니 걱정말고 데려가시오."

옥녀부인이 그 말을 듣고 마음을 돌려 아이들을 도로 집으로 데리고 갔어. 집에 와서 한 방에 주르르 뉘어 놓고, 검은 모래 넣은 베개를 머리에 베이고 솜이불을 덮어 주니, 밤에는 새근새근 잠을 자고 낮에는 옹알옹알 옹알이를 하며 잘 커. 하루에 물 한 모금, 젖 한 모금씩만 먹여도 초승달이 차서 보름달이 되듯 하루가 다르게 무럭무럭 잘 크는 거야.

일곱 쌍둥이가 잘 자라서 돌이 되니 걸음마를 하고, 세 살이 되니 말을 하고, 다섯 살이 되니 짐을 지고, 일곱 살이 되니 말을 타고, 아홉 살이 되니 글방에 가서 글공부를 하게 됐어. 어머니 옥녀부인이 똑같은 옷감으로 똑같은 옷 일곱 벌을 지어 입혀 주니, 그 옷을 입고 글방에 가서 글공부를 하는데, 스승이 하나를 가르치면 열을 알아.

이러구러 아이들 나이 열다섯 살이 되었어. 그런데 하루는 글방에서 함께 공부하는 글동무가 일곱 쌍둥이를 보고 놀리기를 '아비 없는 후레자식'이라고 하거든. 그 말을 듣고 아이들이 집에 돌아와 어머니에게 묻기를,

"어머니, 어머니. 우리 아버지는 어디에 계십니까? 돌아가셨거든 무덤 자리나 가르쳐 주고, 살아 계시거든 간 곳이나 일러 주십시오."

하는 거야. 어머니 옥녀부인이 그 말을 듣고 한숨 한 번 쉬고 천장 한 번 쳐다 보고, 눈물 한 번 짓고 천장 한 번 쳐다보다가 실토를 했어.

"이제 와서 내가 너희들에게 무엇을 감추겠느냐? 너희 아버지는 하늘 천하궁의 칠성님인데, 너희 일곱을 한 배에 낳았다고 나를 소박 맞히고 천하궁에 올라가 후실 장가를 들었느니라."

"그러면 저희들이 아버지를 찾아가게 허락을 해주십시오."

옥녀부인이 허락을 하고, 바지저고리 일곱 벌을 새로 지어 입히고 미투리 일곱 켤레를 곱게 삼아 신겨 줬어. 그리고 칠성님이 떠나갈 때 찢어 놓은 물명주 도포자락을 꺼내어 일곱 조각을 내어 한 조각씩 건네줬지.

"이것은 너희 아버지 도포자락이니 잘 간수했다가 아버지를 만나거든 내보이도록 하여라."

아이들이 하직 인사를 하고 천하궁으로 올라갈 때, 오색 무지개 다리가 내려와 척 걸리기에 그것을 타고 하늘로 올라갔지.

하늘 천하궁에 올라가 보니 곳곳에 고대광실 높은 기와집이 우뚝우뚝 수없이 서 있는데, 어느 것이 아버지 칠성님 사는 집인지 알아야지. 지나가는 선비에게 물었어.

"여보시오, 선비님. 지하궁으로 장가들었다가 일곱 쌍둥이 낳은 부인 소박 맞히고 천하궁에 올라와서 후실 장가를 간 칠성님 사는 곳이 어디입니까?"

"나는 모르겠네."

하릴없이 지나가는 아낙에게 물었어.

"여보시오, 아주머니. 지하궁으로 장가들었다가 일곱 쌍둥이 낳은 부인 소박 맞히고 천하궁에 올라와서 후실 장가를 간 칠성님 사는 곳이 어디입니까?"

"나는 모르겠네."

하릴없이 지나가는 어린아이한테 물었어.

"애야, 애야. 어린 아가. 지하궁으로 장가들었다가 일곱 쌍둥이 낳은 부인 소박 맞히고 천하궁에 올라와서 후실 장가를 간 칠성님 사는 곳이 어디냐?"

"알지만 가르쳐 줄 수 없습니다."

저고리 한 벌씩, 일곱 벌을 벗어서 아이에게 주면서 다시 한 번 물었어.

"이걸 받고 부디 가르쳐 다오. 칠성님 사는 곳이 어디냐?"

그제서야 겨우 가르쳐 주는데,

"저기 산모퉁이를 돌아가면 일곱 대문이 달린 서른세 칸 청기와집이 있는데, 그 집이 바로 칠성님 사는 집이지요."

하기에, 그 말대로 산모퉁이를 돌아갔지. 가 보니 아닌게아니라 일곱 대문이 달린 서른세 칸 청기와집이 날아갈 듯이 우뚝 서 있겠지. 일곱 쌍둥이가 대문 앞에 늘어서서 꼼짝 않고 서 있으니, 그 집 하님이 물을 길어 가지고 들어가다가 아이들을 보고 칠성님께 고했어.

"칠성님, 칠성님. 대문 밖에 웬 일곱 아이가 꼼짝 않고 서 있습니다."

"밥 얻으러 왔거든 밥을 줘서 보내고, 옷 얻으러 왔거든 옷을 줘서 보내어라."

하님이 나가서 밥을 줘도 안 받고 옷을 줘도 안 받기에 다시 들어가 칠성님께 고했어.

"밥을 줘도 안 받고 옷을 줘도 안 받고, 서 있기만 합니다."

"그러면 이리로 불러들여라."

아이들을 불러서 뜰 아래 앉혀 놓고 칠성님이 물었어.

"너희들은 어디서 온 누구이기에 밥도 싫다 옷도 싫다 하고 문밖에 서 있느냐?"

"예, 저희들은 천하궁 칠성님과 지하궁 옥녀부인 사이에 태어난 일곱 쌍둥이로서 아버지를 찾으러 예까지 왔습니다."

아이들이 대답하며 물명주 도포자락 일곱 조각을 내놓았어.

칠성님이 깜짝 놀라 예전에 입던 도포를 꺼내어, 아이들이 내놓은 일곱 조각과 맞춰 보니 남지도 모자라지도 않고 꼭 들어맞거든. 그제서야 아들들인 걸 알고 반갑게 맞아들였어.

"너희들이 이렇게 훌륭하게 자란 것은 너희 어머니 공덕이로구나."

칠성님이 집 뒤뜰에 일곱 칸 기와집을 짓고 일곱 아들을 거기에서 묵게 하며 글공부를 시켰어. 일곱 아들은 날마다 부지런히 글공부를 하여 하나를 읽으면 열을 알게 됐지. 칠성님의 아들 사랑은 날마다 깊어 가서 눈에 넣어도 안 아플 만큼 애지중지 거두었어. 그걸 보고 후실부인이 그만 샘이 나서 어쩔 줄을 몰라.

'칠성님의 마음이 온통 저 아이들에게 가 있으니, 머지않아 나와 인연도 끊어지고 살림도 모두 빼앗기게 생겼구나. 저 아이들을 없애지 않고서는 내 살 도리가 없으렷다.'

이렇게 생각하니 속에서 울화가 끓어올라 견딜 수가 없거든. 그만 화병이 나서 자리에 누워 버렸어. 이불을 쓰고 누워 밤낮으로 끙끙 앓고 있으니 칠성님이 와서 보고 깜짝 놀라며,

"아픈 데는 있고 탈난 데는 없으니 분명 동티가 난 것 같소. 내일은 십 리 밖에 용하다는 점쟁이 강절도령을 찾아가서 물어 봅시다."

하는 거야. 후실부인이 그 말을 듣고 얼른 꾀를 내어, 그날 밤 아무도 몰래 십 리 밖에 점쟁이 강절도령을 찾아갔어. 금봉채, 은봉채와 은가락지, 옥가락지, 온갖 패물을 잔뜩 가지고 가서 내놓으며 은근히 구슬렸지.

"이보게, 판수. 내일이면 칠성님이 와서 문복을 할 터인즉, 더도 말고 덜도 말고 이렇게만 말해 주게. 부인의 병은 백 가지 약도 쓸 데 없고 천 가지 액막음도 소용없고, 동쪽에서 일곱 인간이 들어와서 동티가 난 것이니, 그 인간의 간을 빼 먹어야 나을 것이라 일러 주게."

"아이고, 나는 그리 못 하겠소. 일곱 목숨 죽였다가 무슨 벌을 받으려고요? 나는 그리 못 하겠소."

"그렇게만 해주면 이 패물에다가 황금 닷 말, 백은 닷 말을 얹어 주겠네."

점쟁이가 황금 닷 말, 백은 닷 말이라는 소리에 그만 귀가 솔깃하여 그리하기로 약속을 하네.

후실부인은 집에 돌아와 거짓으로 심하게 앓으며 숨 넘어가는 척 기함 하는 척하니, 칠성님이 마음이 급해 이튿날 새벽 첫닭이 울자마자 종종걸음으로 점쟁이를 찾아갔어.

"여보게, 판수. 우리 집 식구가 병이 나서 목숨이 경각에 달렸으니 부디 살릴 방도를 알려 주게."

점쟁이는 미리 후실부인과 약속한 대로 거짓 비방을 내놓았어.

"그 병에는 백 가지 약도 쓸 데 없고 천 가지 액막음도 소용없고, 동쪽에서 일곱 인간이 들어와서 동티가 난 것이니, 그 인간의 간을 빼 먹여야 나을 것입니다."

칠성님은 그 말을 듣고 기가 탁 막혀 정신이 오락가락했지. 일곱 아들 간을 빼 먹여야 병이 낫는다니 정신이 제대로 붙어 있을 수 있나. 후실부인을 살리려면 아들 일곱을 죽여야 하고, 아들 일곱을 살리려면 후실부인을 죽여야 할 판이니 이게 어디 사람이 할 일인가. 집으로 돌아오는 걸음이 비틀비틀 휘청휘청, 가다 서서 통곡하고 가다 서서 땅을 치고, 이러다 보니 날이 저물도록 길에서 헤매고만 있었어.

이 때 아들 일곱 쌍둥이는 글공부를 마치고 나서 아버지를 기다리는데, 날이 저물도록 오지를 않으니까 아버지 마중을 나갔어. 산길로 들길로 아버지 마중을 가다 보니, 저 멀리서 아버지 칠성님이 비틀비틀 휘청휘청 걸어오는데, 한 걸음 걷고 통곡하고 한 걸음 걷고 땅을 치고, 이러거든. 대체 무슨 일로 저러나 싶어 나무 뒤에 몸을 숨기고 들어 봤어. 들어 보니 딴 소리가 아니라,

"아이고, 내 팔자야. 후실부인을 살리자면 생매 같은 아들 일곱 죽여 간을 내어야 하고, 아들 일곱을 살리자면 후실부인 죽는 꼴을 가만히 앉아서 봐야 하니, 이게 무슨 기구한 팔자인고."

하는 소리란 말이야. 아들 일곱이 그 말을 듣고 얼른 아버지 앞에 나아가서,

"아버지, 걱정 마십시오. 새어머니는 한 번 죽으면 다시 살릴 길이 없지만, 아들은 죽더라도 또 낳으면 되지 않습니까. 저희들이 죽어서 간을 내어 드릴

터이니 걱정말고 여기서 잠시만 기다리십시오. 잠시 뒤에 숲 속에 들어오시면 저희들 간을 얻을 것입니다."

하고는, 숲 속에 들어가서 모두 죽으려고 했어. 막 죽으려는데, 난데없이 멧돼지 한 마리가 나타나서 일곱 아들 앞을 가로막네.

"그대들은 부처님이 점지한 목숨을 어찌 그리 쉽게 끊으려 하는가? 아무 말 말고 저기 동굴 속에 들어가 숨어 있되, 새어머니 병이 다 나았단 소식을 들을 때까지 나오지 말라."

멧돼지가 이렇게 말하더니, 제 몸에서 간을 꺼내 일곱 토막을 내어 뿌려 놓고 어디론가 가 버리는 거야. 아들들은 멧돼지 말대로 동굴 속에 들어가 숨어 있었지.

아버지 칠성님이 잠시 뒤에 숲 속에 들어가 보니, 아들들은 간 데 없고 간 일곱 토막만 흩어져 있거든. 울며불며 간을 수습해 가지고 집으로 돌아가 후실부인한테 주었어.

후실부인은 간을 받아서 먹는 체하다가 모두 버리는데, 하나는 삿자리 밑에 넣어 두고, 하나는 장롱 속에 넣어 두고, 하나는 뒤주 속에 넣어 두고, 하나는 헛간에 넣어 두고, 하나는 요강 속에 넣어 두고, 하나는 지붕 위에 던져두고, 하나는 감나무 가지에 걸어 뒀어.

이렇게 간 일곱 토막을 모두 버리고 이레를 더 누워 있다가 병이 다 나았다고 자리에서 일어났어. 칠성님은 후실부인을 살리려고 아들 일곱이 죽었으니 씻김굿이나 해야겠다 하고, 온갖 음식을 장만해서 아들들 한을 씻어 주는 씻김굿을 벌였어. 이 때 한 나무꾼이 지나다가 씻김굿 구경을 다 하고, 산 속에 들어가 나무를 하면서 혼잣말을 했지.

"칠성님네 일곱 아들 불쌍키도 불쌍하다. 새어머니 살리려고 일곱 목숨이 죽어 이 숲 속에 묻혔구나. 새어머니는 병이 다 나았다 하니 이제 넋이라도 편히 쉬어라."

이 소리를 동굴 속에 숨어 있던 일곱 아들이 들었어.

"새어머니 병이 다 나았다 하니, 어서 집으로 가 보자."

집으로 달려가 대문 안에 들어서서,

"어머니, 아버지. 일곱 아들 문안 드립니다."

하니, 집안 사람 모두가 기절초풍을 하는구나.

"너희들은 이미 죽었을 텐데 어찌 여기에 나타났느냐? 귀신이거든 어서 물러가거라."

"저희들은 귀신이 아니라 사람입니다. 숲 속에 있다가 새어머니 병이 다 나았단 소식 듣고 돌아왔습니다."

"너희들이 사람이면 손가락을 베어 피를 내어 보아라."

둥근 항아리에 물을 떠서 갖다 놓으니 일곱 형제가 차례로 가운뎃손가락을 베어 피를 흘려 넣었지. 칠성님도 손가락을 베어 피를 흘려 넣으니, 붉은 피가 모여들어 한 덩어리가 되는구나.

"내 아들들이 틀림없다. 너희들이 안 죽고 살아 왔구나."

칠성님이 반가워 아들 일곱을 얼싸안고 기뻐하는데, 후실부인은 아들들이 살아 돌아온 것이 원통해서 팔짝팔짝 뛰어다니다가 문지방에 걸려 넘어졌어. 그 때 버려 놓은 멧돼지의 간 토막이 모두 벌레나 새가 되어 후실부인을 물어뜯는데, 삿자리 밑에 넣어 둔 것은 벼룩이 되어 물어뜯고, 장롱 속에 넣어 둔 것은 빈대가 되어 물어뜯고, 뒤주 속에 넣어 둔 것은 바구미가 되어 물어뜯고, 헛간에 넣어 둔 것은 불개미가 되어 물어뜯고, 요강 속에 넣어 둔 것은 거머리가 되어 물어뜯고, 지붕 위에 던져둔 것은 솔개가 되어 물어뜯고, 감나무 가지에 걸어 둔 것은 새매가 되어 물어뜯는 거야.

"아이쿠, 아야. 아이쿠, 아야."

후실부인은 온갖 벌레와 새들에게 물어 뜯기다가 그만 두더지가 되어 땅 속으로 기어들어 가 버렸어.

칠성님이 일곱 아들에게 말하기를,

"얘들아, 내 아들들아. 지하궁에 두고 온 너희 어머니 옥녀부인은 어찌 되었는지 궁금해서 못 살겠다. 어서 내려가서 모시고 오너라."

하니, 아들들이 곧바로 오색 무지개 다리를 타고 지하궁에 내려갔어. 옛날에 살던 집을 찾아가 보니 집안은 온통 쑥대밭이 되었는데 어머니는 간 곳이 없네. 그 때 마침 대문 앞을 지나가는 사람이 있기에 물어 봤어.

"여기 살던 옥녀부인은 어디로 갔습니까?"

"불쌍해서 눈물 없이는 말 못 하겠소. 여기 살던 옥녀부인은 남편한테 소박 맞고 아들 일곱 천하궁에 떠나보내고, 혼자서 눈물로 지내다가 저 연못에 빠져 죽은 지 석 달이 지났소."

일곱 아들이 연못에 가서 서럽게 울며 어머니를 불렀어.

"어머니! 어머니! 어머니!"

한 번 부르니 연못물이 출렁이고, 두 번 부르니 연못물이 소용돌이치더니, 세 번 부르니 물 속에서 어머니 몸이 스르르 떠올라 물가로 흘러오는 거야. 자는 듯이 누웠건만 숨도 쉬지 않고 핏기도 없으니 틀림없이 죽은 모습이로구나. 일곱 아들이 하늘 보고 손을 모아 빌었어.

"서천꽃밭 꽃감관님, 저희들을 불쌍히 여기시거든 환생꽃을 내려 주십시오."

사흘 밤 사흘 낮 동안 간절히 빌었더니 하늘에서 환생꽃 다섯 송이가 팔랑팔랑 떨어지는데, 검은 것은 뼈살이꽃이요 누른 것은 살살이꽃이요 붉은 것은 피살이꽃이요 푸른 것은 숨살이꽃이요 흰 것은 혼살이꽃이야.

어머니 죽은 몸에 뼈살이꽃을 올려놓으니 뼈가 살아 붙고, 살살이꽃을 올려놓으니 살이 살아 돋아나고, 피살이꽃을 올려놓으니 피가 살아 돌고, 숨살이꽃을 올려놓으니 숨이 살아 나오고, 혼살이꽃을 올려놓으니 혼이 살아 생겨서, 하늘 보고 옥황상제께 절 한 번 하고 물푸레나무 회초리로 세 번 치니 어머니가 기지개를 켜며 일어나 앉는 거야.

"내가 봄잠을 너무 달게 자느라 너희들이 돌아온 것도 몰랐구나."

"어머니, 불효자식들을 용서하십시오."

일곱 아들이 어머니를 모시고 천하궁으로 올라가, 칠성님을 다시 만나 아홉 식구가 오순도순 잘 살았지. 나중에 일곱 아들은 북두칠성이 되어 세상 사람들의 길흉화복을 맡아 다스리고, 칠성님과 옥녀부인은 별 중의 으뜸인 천일성과 태일성이 되어 뭇별을 다스리게 되었단다.

운명신 감은장아기

옛날 옛날 주년국 어느 외진 마을에 처녀와 총각이 살았는데, 총각 이름은 강이영성이서불이고 처녀 이름은 구에궁전너설궁이야. 강이영성이서불은 윗마을에 살고 구에궁전너설궁은 아랫마을에 살았는데, 어느 해 흉년이 들어 온 마을 사람들이 쫄쫄 굶게 됐어. 그런데 소문이 나기를, 윗마을에서는 아랫마을이 살기 좋다고 하고 아랫마을에서는 윗마을이 살기 좋다고 해서, 둘이는 서로 다른 마을로 밥을 얻어먹으러 떠났어. 윗마을에 사는 강이영성이서불은 아랫마을로 가고, 아랫마을에 사는 구에궁전너설궁은 윗마을로 간 거지.

가는 동안에 둘이 만났어.

"나는 윗마을 사는 강이영성이서불이라 하오. 아기씨는 어디 사는 뉘시오?"

"나는 아랫마을 사는 구에궁전너설궁이라 합니다."

둘이서 이런 저런 이야기를 하다가, 이왕 얻어먹으러 다닐 거면 혼자보다 둘이 낫겠다 하고 함께 얻어먹으러 다녔어. 밥 한 술을 얻어도 똑같이 나누어 먹고 콩 한 개를 얻어도 똑같이 나누어 먹고, 그러다 보니 정이 담뿍 들어서 둘이 혼인을 했어. 푸른 나무 아래 찬물 한 그릇 떠다 놓고 백년가약을 맺었지.

둘이서 부부 되어 사는데, 얻어먹던 사람들이 혼인을 했다고 사는 게 달라지나. 남편이 얻어 오면 아내가 데워 먹고, 아내가 얻어 오면 남편이 데워 먹고, 이러구러 사는 거지. 얻어먹고 사는 중에 더러 남의 집 품팔이도 했어. 남편은 남의 집 밭도 갈고 논도 갈고, 아내는 남의 집 방아도 찧고 베도 짜고, 그렇게 입에 풀칠이나 하면서 살았지. 아무리 얻어먹고 품팔이나 하면서 사는 신세라지만 명색이 혼인한 내외가 집 없이 살 수 있나. 언덕 위에 움막을 하나 지어 놓고 살았지.

이 때 구에궁전녀설궁은 첫딸을 낳았는데, 첫딸이라 무척 귀여워서 은그릇에 밥을 주고 은대야에 물을 떠다 씻겨 줘도 모자란다고 이름을 은장아기라 했지.

두어 해가 지나 구에궁전녀설궁이 둘째 딸을 낳았는데, 둘째라 아무래도 첫딸보다는 덜 귀여워서 놋그릇에 밥을 주고 놋대야에 물을 떠다 씻겨 주면 좋겠다고 이름을 놋장아기라 했지.

또 두어 해가 지나 구에궁전녀설궁이 셋째 딸을 낳았는데, 위에 딸 둘이나 있는지라 훨씬 덜 귀여워서 검은 나무그릇에 밥을 주고 나무대야에 물을 떠다 씻겨 줘도 그만이라고 이름을 감은장아기라 했지.

아, 그런데 어찌 된 일인지 막내딸 감은장아기가 태어나고서부터 살림살이가 마구 불어나네. 한 해가 지나니 논밭이 생기고 두 해가 지나니 마소가 생기더니, 서너 해가 지나서는 언덕 위의 움막도 헐고 제법 번듯한 집을 지어서 살게 됐어. 이제는 얻어먹는 일도 그만두고 남들처럼 농사 짓고 마소 먹이며 사는 거야. 집안에 온갖 살림 다 갖추고 말이야. 그러다가 한 십 년이 지나서는 아주 큰 부자가 되었어. 푸른 기와집에 풍경 달고 비단옷 입고 온갖 살림 다 갖추고 살게 된 것이지.

이러구러 세월이 흘러 막내딸 감은장아기 나이 어느덧 열다섯 살이 됐지.

하루는 강이영성이서불과 구에궁전녀설궁 부부가 큰방에 앉아서 세 딸을 차례로 불러들여 누구 덕에 호강하며 사느냐고 물어 봤어. 먼저 큰딸을 불러서 물어 봤지.

"큰딸 은장아기, 이리 와서 대답해 보아라. 너는 누구 덕에 잘 먹고 잘 입고 호강하며 사느냐?"

"그야 아버지, 어머니 덕이지요."

"은장아기 기특하다. 너는 부모 은혜를 아는구나."

부부가 기뻐하며 칭찬하고 비단옷 한 벌을 줘서 보냈어.

그 다음에는 둘째 딸을 불러서 물어 봤지.

"둘째 딸 놋장아기, 이리 와서 대답해 보아라. 너는 누구 덕에 잘 먹고 잘 입고 호강하며 사느냐?"

"그야 아버지, 어머니 덕이지요."

"놋장아기 기특하다. 너도 부모 은혜를 아는구나."

부부가 기뻐하며 칭찬하고 비단신 한 켤레를 줘서 보냈어.

그 다음에는 막내딸을 불러서 물어 봤지.

"막내딸 감은장아기, 이리 와서 대답해 보아라. 너는 누구 덕에 잘 먹고 잘 입고 호강하며 사느냐?"

이번에도 아버지, 어머니 덕이라 할 줄 알았는데, 웬걸. 감은장아기는 다르게 대답을 하네.

"하느님 덕이요, 부모님 덕이기도 하지마는, 저의 복으로 먹고 입고 삽니다."

이 대답을 듣고 강이영성이서불과 구에궁전너설궁 부부가 그만 화가 머리 끝까지 났어.

"너는 부모 은혜를 모르니 이 집에 살 것 없다. 당장 나가거라."

벼락같이 호통을 치니 감은장아기는 하릴없이 집을 나가는데, 남자 옷 한 벌과 여자 옷 한 벌과 쌀 서 되를 보퉁이에 싸서 대문을 나섰어. 나서긴 했지마는 열다섯 해 동안 살던 집을 떠나기가 서러워 대문간에서 주춤주춤, 불쑥 떠나지 못하고 머뭇거리고 있었지.

이 때 강이영성이서불과 구에궁전너설궁 부부도 막상 막내딸을 쫓아내고 나니 섭섭하고 안되어서 큰딸을 불러 말하기를,

"너는 대문간에 나가서 감은장아기가 어떻게 하고 있는지 보되, 아직 안 가고 있거든 밥이나 먹고 가라 하고 데려오너라."

했지. 큰딸 은장아기가 나가 보니 막내아우가 아직도 떠나지 못하고 대문간에서 머뭇거리고 있거든. 그런데 다시 데리고 들어가 함께 살면 저 먹을 음식도 나누어야 하고 저 입을 옷도 나누어야 하고 저 받을 사랑도 나누어야 하니, 차라리 쫓아냄만 못하다 생각하고는 노둣돌 위에 올라서서 크게 소리쳤어.

"감은장아기야, 감은장아기야. 아버지, 어머니가 너를 때리려고 나오니 어서 도망가거라."

감은장아기가 그 소리를 듣고 큰언니 말이 거짓인 줄 알았지. 그 속셈이 하도 고약하고 괘씸해서 하늘 보고 절하고 땅 보고 절하고 진언을 쳤어.

"큰언니 심보가 고약하니 노둣돌 아래 내려서거든 여든여덟 다리 달린 청지네나 되십시오."

큰언니 은장아기가 노둣돌 아래 내려서자마자 여든여덟 다리 달린 청지네가 돼 버렸어. 청지네가 돼서 꿈틀꿈틀 노둣돌 틈으로 들어갔지.

강이영성이서불과 구에궁전너설궁 부부는 아무리 기다려도 큰딸이 안 오기에 둘째 딸을 불러 말하기를,

"대문간에 나가서 감은장아기가 어떻게 하고 있는지 보되, 아직 안 가고 있거든 밥이나 먹고 가라 하고 데려오너라."

했지. 둘째 딸 놋장아기가 나가 보니 막내아우가 아직도 안 가고 대문간에 서 있거든. 그런데 다시 데리고 들어가 함께 살면 저 먹을 음식도 나누어야 하고 저 입을 옷도 나누어야 하고 저 받을 사랑도 나누어야 하니, 차라리 쫓아냄만 못하다 생각하고는 두엄더미 위에 올라서서 크게 소리쳤어.

"감은장아기야, 감은장아기야. 아버지, 어머니가 너를 때리려고 나오니 어서 도망가거라."

감은장아기가 그 소리를 듣고 작은언니 말도 거짓인 줄 알았지. 그 속셈이 하도 고약하고 괘씸해서 하늘 보고 절하고 땅 보고 절하고 진언을 쳤어.

"작은언니 심보가 고약하니 두엄더미 아래 내려서거든 검은 독 흰 독 품은 말똥버섯이나 되십시오."

작은언니 놋장아기가 두엄더미 아래 내려서자마자 검은 독 흰 독 품은 말똥버섯이 돼 버렸어. 말똥버섯이 돼서 두엄더미에 붙어살게 됐지.

　강이영성이서불과 구에궁전너설궁 부부는 아무리 기다려도 둘째 딸도 안 오기에 답답해서 얼른 나가 보느라고 문을 열고 내닫다가 문지방에 걸려 넘어지는 바람에 그만 눈이 멀어 버렸어. 둘 다 장님이 돼 버린 거야. 장님이 되었으니 앉아 먹고 누워 먹고 하느라고 그 많던 살림이 얼마 안 가 바닥이 나고, 부부는 도로 옛날처럼 거지 신세가 됐어. 이 곳 저 곳 떠돌아다니며 밥을 얻어먹게 되었단 말이지.

　감은장아기는 집을 나서 정처 없이 걸어갔어. 남자 옷 한 벌과 여자 옷 한 벌과 쌀 서 되 싼 보퉁이를 꼭 안고서 산을 넘고 내를 건너 자꾸자꾸 갔지. 하루종일 가다 보니 해는 설핏 기울었는데 근처에 사람 사는 집은 안 보이고 마침 산에서 마를 캐는 총각이 있기에 물어 봤어.

　"마 캐는 저 총각님, 이 근처에 사람 사는 집이 있나요?"

　"내가 왜 그걸 가르쳐 줘?"

　퉁명스럽게 눈만 부라리고 안 가르쳐 주네.

　한참을 가다 보니 산에서 마를 캐는 다른 총각이 있기에 또 물어 봤어.

　"마 캐는 저 총각님, 이 근처에 사람 사는 집이 있나요?"

　"내가 왜 그걸 가르쳐 줘?"

　이 총각도 퉁명스럽게 눈만 부라리고 안 가르쳐 주네.

　한참을 가다 보니 산에서 마를 캐는 다른 총각이 있기에 또 물어 봤지.

　"마 캐는 저 총각님, 이 근처에 사람 사는 집이 있나요?"

　"이 산 아래로 가시면 초가집이 한 채 있을 것입니다. 거기에 가면 늙으신 할머니가 계실 것이니 하룻밤 재워 달라고 하십시오."

　이 총각은 싹싹하게 잘 가르쳐 주네. 그래서 '고맙다' 하고 산 아래로 가니 과연 초가집이 한 채 있는데, 다 쓰러져 가는 오막살이야. 주인을 찾으니 머리가 허연 할머니가 나오거든.

"지나가는 나그네가 날은 저물고 갈 곳 없어 왔으니 하룻밤 묵고 가게 해 주십시오."

"집은 허술하고 방은 좁은데 우리 아들이 삼 형제나 있어 불편하겠지만 어서 들어오게나."

들어가서 앉았으니, 조금 뒤에 밖에서 쿵쾅쿵쾅하는 소리가 들려.

"이건 무슨 소리입니까?"

"우리 큰아들이 마 캐서 돌아오는 소리라네."

과연 한 총각이 망태에 마를 가득 담아 메고 들어오는데, 가만히 보니 아까 처음 길을 물을 때 '내가 그걸 왜 가르쳐 줘?' 하고 퉁명스럽게 눈만 부라리던 그 총각이야. 집에 손님이 든 것을 보더니 그만 화를 버럭버럭 내며 소리를 고래고래 질러.

"집은 좁고 먹을 것도 없는데 손님은 왜 들였오?"

조금 있다 보니 또 밖에서 쿵쾅쿵쾅하는 소리가 들려.

"이건 무슨 소리입니까?"

"우리 둘째 아들이 마 캐서 돌아오는 소리라네."

과연 한 총각이 망태에 마를 가득 담아 메고 들어오는데, 가만히 보니 아까 두 번째 길을 물을 때 '내가 그걸 왜 가르쳐 줘?' 하고 퉁명스럽게 눈만 부라리던 그 총각이야. 집에 손님이 든 것을 보더니 제 형처럼 화를 버럭버럭 내며 소리를 고래고래 질러.

"집은 좁고 먹을 것도 없는데 손님은 왜 들였오?"

조금 있다 보니 밖에서 흥겹고 구성진 노랫소리가 들려.

"이건 무슨 소리입니까?"

"우리 막내아들이 마 캐서 돌아오는 소리라네."

과연 한 총각이 망태에 마를 가득 담아 메고 노래를 부르며 들어오는데, 가만히 보니 아까 세 번째 길을 물을 때 이 집으로 가라고 싹싹하게 잘 가르쳐 주던 그 총각이야. 집에 감은장아기가 와 있는 걸 보더니 활짝 웃으며 반가워해.

"어머니, 어머니. 오늘은 우리 집에 귀한 손님이 들었습니다그려."

조금 있으니 아들들이 제각각 캐 온 마를 삶아 저녁을 먹는데, 큰아들과 둘째 아들은 마를 삶아서,

"어머니는 종일 집에서 놀기만 했으니 모가지나 잡숫고."

하면서 어머니한테는 모가지를 뚝 잘라 던져 주고,

"손님은 남의 집 식구니 꼬리나 먹고."

하면서 감은장아기한테는 제일 볼품없는 꼬리를 뚝 잘라 던져 주고,

"우리는 일을 많이 했으니 가운데 잔등이를 먹고."

하면서 제일 좋은 잔등이를 저희들이 먹는 거야.

그런데 막내아들은 마를 삶아서,

"어머니는 날 낳고 키우느라 고생하셨으니 잔등이를 잡숫고."

하면서 어머니한테는 제일 좋은 잔등이를 접시에 담아 올리고,

"손님은 종일 걸어서 시장할 터이니 모가지를 드시고."

하면서 모가지를 잘라 사발에 담아 주고,

"나는 안 먹어도 배부르니 꼬리나 먹고."

하면서 제일 볼품없는 꼬리를 제가 먹는 거야.

감은장아기가 그것을 보고 있다가, 보퉁이를 끌러 쌀 서 되를 내어다가 깨끗이 씻어 솥을 빌려 밥을 했지. 김이 무럭무럭 나는 이밥을 한 솥 해서, 밥 한 그릇 수북히 떠서 큰아들을 주었더니, 큰아들은 맛없는 버러지밥이라고 안 먹네. 또 한 그릇 수북히 떠서 둘째 아들을 주었더니, 둘째 아들도 맛없는 버러지밥이라고 안 먹네. 또 한 그릇 수북히 떠서 막내아들을 주었더니, 막내아들은 맛있는 꿀밥이라고 잘 먹는 거야.

감은장아기가 그것을 보고 있다가, 보퉁이를 끌러 남자 옷 한 벌을 내어 어머니에게 주면서 부탁을 했어.

"세 아드님한테 이 옷을 입고 저한테 장가들려는지 물어 보십시오."

어머니가 큰아들을 불러 물어 봤어.

"큰아들아, 이리 와서 내 말 들어 보아라. 이 옷 입고 건넌방 손님아기씨한테 장가들겠느냐?"

"얻어먹는 거지처녀한테 장가들라니, 어머니가 제정신이오?"

큰아들은 화를 버럭버럭 내며 고래고래 소리를 지르네.

어머니가 둘째 아들을 불러 물어 봤어.

"둘째 아들아, 이리 와서 내 말 들어 보아라. 이 옷 입고 건넌방 손님아기씨한테 장가들겠느냐?"

"얻어먹는 거지처녀한테 장가들라니, 어머니가 제정신이오?"

둘째 아들도 화를 버럭버럭 내며 고래고래 소리를 지르네.

어머니가 막내아들을 불러 물어 봤어.

"막내아들아, 이리 와서 내 말 들어 보아라. 이 옷 입고 건넌방 손님아기씨한테 장가들겠느냐?"

"아기씨가 허락하고 어머니가 허락하면 그리하지요."

막내아들은 싹싹하게 대답을 하네. 그래서 막내아들에게 남자 옷 한 벌을 줬어. 그리고 감은장아기는 가지고 온 여자 옷을 갈아입었지.

막내아들이 옷을 갈아입고 갓 망건을 갖춰 쓰고 나니 헌헌장부가 따로 없구나. 감은장아기도 옷을 갈아입고 다리비녀 갖춰 꽂고 나니 절세미인이 따로 없구나. 둘이서 찬물 한 그릇 떠다 놓고 백년가약을 맺었지.

이튿날 아침에 감은장아기가 새서방과 함께 문을 나서니, 두 형이 마당에 섰다가 얼른 보고서는 동생 내외인 줄 모르고 굽실굽실 절을 하네.

"뉘 댁 서방님과 아기씨 행차이옵니까?"

"형님들, 왜 그러십니까? 제가 막내아우올시다."

그제서야 두 형이 자세히 보니 제 아우 내외가 틀림없거든.

"아이고, 이럴 줄 알았으면 내가 장가들걸."

땅을 치고 뉘우친들 소용이 있나.

감은장아기가 남편에게 마 캐던 곳에 구경이나 가자고 해서 같이 가 봤어.

큰아들 마 캐던 곳에 가 봤더니 구덩이마다 똥이 가득해. 둘째 아들 마 캐던 곳에 가 봤더니 구덩이마다 뱀이 가득해. 막내아들 서방님 마 캐던 곳에 가 봤더니 구덩이마다 금덩이가 가득해.

금덩이를 주워다가 팔아서 논도 사고 밭도 사고 말도 사고 소도 샀어. 아주 큰 부자가 되어서 푸른 기와집에 풍경 달고 비단옷 입고 살게 됐지.

이렇게 호강하며 잘 살다 보니 어머니, 아버지 생각이 날 게 아니야? 예전에 살던 집을 찾아가 보니 어머니, 아버지는 간 곳이 없고 집은 온통 쑥대밭이 되어 있지 뭐야. 장님이 되고 거지가 되어 집을 떠나 버렸으니까 그런 거지.

감은장아기가 남편과 의논을 해서 거지 잔치를 열기로 했어. 거지 잔치를 오래 하다 보면 세상의 모든 거지에게 소문이 퍼질 거고, 그러다 보면 어머니, 아버지도 소문을 듣고 찾아오지 않겠나 해서 말이야.

석 달 열흘 동안 거지 잔치를 열었는데, 세상의 거지란 거지는 다 모여도 어머니, 아버지는 보이지 않네. 그러다가 석 달 열흘이 다 지나고 마지막 날이 되어 감은장아기가 문틈으로 가만히 내다보니, 눈 먼 거지 내외가 지팡이를 짚고 와 있는데 틀림없는 어머니, 아버지 모습이거든.

감은장아기가 일꾼들에게 말하기를,

"저 장님 거지 내외가 윗자리에 앉거든 아랫자리부터 먹이고, 아랫자리에 앉거든 윗자리부터 먹이게나."

했어. 장님 거지 내외가 윗자리에 가 앉으니 아랫자리부터 음식이 들어와, 그릇 딸각거리는 소리만 나고 당최 음식이 안 오네. 아랫자리에 가 앉으니 윗자리부터 음식이 들어와, 그릇 딸각거리는 소리만 나고 당최 음식이 안 오지. 그래서 윗자리 아랫자리로 왔다갔다하다가 음식을 하나도 못 얻어먹고 그만 해가 저물었어. 다른 거지들은 다 가고 이 장님 거지 내외만 남았는데, 이 때 감은장아기가 안으로 불러들여 진수성찬으로 대접하고 나서 이야기를 청했어.

"앞 못 보는 거지님들, 옛날 이야기나 해보십시오."

"옛날 이야기나 요새 이야기나 들은 것이 없소이다."

"들은 것이 없으면 살아 온 이야기라도 해보십시오."
"우리 내외 살아 온 이야기야 밤을 새운들 다 할까."
내외가 살아 온 이야기를 늘어놓았지. 강이영성이서불과 구에궁전너설궁이 거지 되어 얻어먹으러 다니다가 만나서 부부 된 내력이 나오고, 세 딸 낳고 부자 되어 호강하며 잘 살던 시절 이야기가 나오고, 막내딸을 내쫓은 이야기가 나오는데 이 대목에서 감은장아기가 눈물을 흘리며 엎드려 소리쳤어.
"어머니, 아버지. 그 때 쫓겨난 막내딸 감은장아기가 여기 있습니다."
"뭐라고? 어느 게 내 딸이냐?"
깜짝 놀라 소리치다가 눈이 번쩍 떠졌지.
눈 뜬 어머니, 아버지와 함께 전에 살던 집으로 가 봤더니, 노둣돌 틈에 청지네도 그대로 있고, 두엄더미에 말똥버섯도 그대로 있어. 감은장아기가 하늘 보고 절하고 땅 보고 절하고 진언을 쳤지.
"큰언니, 작은언니, 이제 마음 고쳐 먹고 잘 살려거든 청지네 탈도 벗고 말똥버섯 탈도 벗고 사람이나 되십시오."
그랬더니 청지네와 말똥버섯이 도로 은장아기, 놋장아기가 됐어. 그렇게 온 식구가 다시 만나서 잘 살았대.
그 뒤로 감은장아기는 운명신이 되었는데, 사람이 살고 죽는 것과 잘 살고 못 사는 것이 다 운명신이 마련해 준 운명 때문이래.

마마신 강남국 손님네

옛날에는 아이들이 태어나면 누구든지 마마를 앓았어. 마마를 앓으면 온몸이 펄펄 끓고 땀이 비오듯이 흐르며 눈에 헛것이 보이고 헛소리를 하는데, 대개는 며칠 동안 그러다가 저절로 나았어. 그렇지만 어떤 아이들은 마마를 앓다가 죽기도 하고, 어떤 아이들은 마마를 앓고 나서 얼굴이 얽은 곰보가 되기도 했지.

이렇게 마마를 앓는 모습이 다 다른 것은 손님네들이 변덕스러워서 그런 거야. 손님네는 아이들에게 마마를 앓게 하는 신인데, 기분이 좋을 때는 아이들이 마마를 살짝 앓고 다 낫게 해주지만, 기분이 나쁠 때는 마마를 심하게 앓게 해서 죽게 하거나 곰보가 되게 했어.

손님네들은 쉰셋이나 있었는데, 모두 강남에 있는 대한국이라는 나라에 모여 살았어. 강남 대한국은 땅이 넓어서 끝에서 끝까지 가는 데 아흔아홉 해나 걸린대. 이 나라 사람들은 풀씨로 밥을 지어 먹고, 거름냄새 나는 풀을 무쳐 반찬으로 먹고, 굼벵이를 구워서 산적을 만들어 먹었어. 또 나무껍질을 벗겨서 옷을 지어 입고 돌멩이를 갈아서 머리에 쓰고 말린 개똥으로 신을 만들어 신었어.

손님네는 눈이 밝아서 앉아서 삼천 리를 내다보고 서서 삼천 리를 굽어볼 수 있었어. 하루는 손님네들이 언덕에 올라 사방을 둘러보니 삼천 리 밖에 해동국이라는 나라가 참 좋아 보이는 거야. 해동국 사람들은 외씨 같은 하얀 쌀로 밥을 지어 먹고, 온갖 향기로운 나물을 무쳐 반찬으로 먹고, 쇠고기와 돼지

고기를 구워서 산적을 만들어 먹거든. 또 모시, 삼베, 무명, 비단 등 갖가지 옷감으로 옷을 지어 입고, 맑은 날은 벙거지 쓰고 비 오는 날은 삿갓 쓰고, 짚을 꼬아 짚신 삼고 노를 꼬아 미투리 삼는데, 그게 다 손님네들 눈에는 무척 좋아 보인단 말이야.

"우리 이럴 게 아니라 해동국에나 가 보자."

이렇게 의논을 하고, 쉰셋 손님네가 모두 길을 떠났어. 그런데 가다가 주철산에 올라 자세히 살펴보니 해동국 땅이 너무 좁거든. 강남 대한국 땅이 큰 연잎이라면 해동국 땅은 작은 댓잎이야. 손님네는 앉아서 삼천 리를 내다보고 서서 삼천 리를 굽어보니까 사는 땅도 삼천 리는 돼야 하는데, 쉰셋이 다 갔다가는 앉도 서도 못할 판이야.

"해동국은 땅이 너무 좁아 안 되겠어. 쉰 손님은 돌아가고 세 손님만 가도록 하지."

쉰셋 손님네 중에서 쉰 손님은 강남 대한국으로 돌아가고 세 손님네만 해동국으로 갔어. 가는 손님 셋을 보자면 문반손님, 호반손님, 각시손님이야.

먼저 문반손님이 앞장섰는데, 머리에는 유건 쓰고 학창의 떨쳐 입고 손에는 쥘부채 들고 나귀를 타고 나아갔어.

그 다음으로 호반손님이 뒤를 따랐는데, 머리에는 패랭이 쓰고 붉은 철릭 걸쳐 입고 손에는 장검 들고 말을 타고 나아갔어.

맨 끝에 각시손님이 따라갔는데, 머리는 곱게 땋아 공초댕기 잡아매고 물명주 치마저고리에 흑단 공단 겹옷 입고 손에는 거울 들고 가마 타고 나아갔어.

이렇게 세 손님이 해동국으로 가느라고 열두 고개를 넘고 열두 마을을 지나가는데, 가다가 아이들이 있는 마을을 지나면 마마를 주면서 갔어. 장부를 내놓고서 이름을 하나하나 짚어가며, 살짝 앓고 나을 아이 이름에는 검은 점을 찍고, 심하게 앓고 나서 곰보 될 아이 이름에는 붉은 점을 찍고, 죽을 아이 이름에는 두 줄을 북북 그어 놨어. 그렇게 해 놓으면 꼭 그대로 되는 거야.

이렇게 세 손님이 열두 고개를 넘고 열두 마을을 지나 기러기강에 이르렀어. 해동국에 가려면 강을 건너야 되거든. 세 손님이 강을 건너려고 배를 만들었어. 나무로 배를 만들어 타려 하니 밑이 썩어 못 타겠고, 돌로 배를 만들어 타려 하니 가라앉아 못 타겠고, 무쇠로 배를 만들어 타려 하니 지남철이 붙어 못 타겠고, 흙으로 배를 만들어 타려 하니 흙이 물에 풀어져서 못 타겠어. 그래서 할 수 없이 연잎에 댓살을 엮어 배 한 척을 만들었어.

그 배를 타고 강을 건너는데, 가운데쯤 가노라니 갑자기 모진 바람이 불어 연잎이 흩어지면서 배가 부서져 버렸어. 하릴없이 흩어진 연잎을 붙잡고 있던 자리로 돌아왔지.

세 손님이 우두커니 강가에 서 있는데, 마침 저만치 떨어진 곳에서 웬 사공이 튼튼한 배 한 척을 타고 노를 저어 오거든. 옳다구나 하고 사공을 불렀어.

"노 젓는 저 뱃사공은 들으시오. 강남 대한국 손님네에게 배 한 척을 빌려 주오. 배 한 척 빌려 주면 그대의 집 아이들이 몇이 되었든지, 모두 마마를 살짝 앓고 사흘 만에 일어나게 해주겠소."

그런데 사공은 그 말을 듣고 배를 빌려 주기는커녕 오히려 놀리기까지 하는 거야.

"배가 한 척밖에 없어 못 빌려 주거니와, 열 척이 있다 해도 안 빌려 주겠소."

"왜 그런가요?"

"맨 앞 손님은 손에 든 쥘부채로 바람을 일으키다 풍랑이 일어 배가 부서질까 겁나고, 가운데 손님은 손에 든 장검을 함부로 휘두르다 뱃전을 뚫을까 겁나서 못 빌려 주겠소. 하지만 끄트머리 손님은 곱게 생겼으니, 혹시 내 작은마누라가 돼 준다면 배를 빌려 주리다."

그 말을 듣고 세 손님이 그만 화가 머리끝까지 났어. 손님네들을 박대한 것만도 괘씸한데 놀리기까지 했으니 얼마나 속상해? 당장 장부를 꺼내어 들쳐 보니, 사공한테 아들 일곱 형제가 있거든. 그 아들 일곱 형제를 하나씩 하나씩 마마를 심하게 앓아 죽게 만들려고 작정했어.

이 때 사공의 집에서는 아들 칠 형제가 갑자기 마마를 앓아 정신이 오락가락하는 거야. 멀쩡하던 아이들이 갑자기 하나씩 하나씩 앓아 누워 버렸으니 일이 나도 보통으로 난 게 아니잖아. 사공의 아내가 가만히 생각해 보니, 마마 다스리는 손님네가 아니고서야 아이들 일곱을 한꺼번에 이렇게 만들 수는 없겠거든. 남편한테 물었지.

"여보, 밖에서 누구한테 원성 들을 일 한 적 있소?"

"다른 일은 없고, 오늘 낮 강가에서 배를 빌려 달라는 세 사람에게 배는 안 빌려 주고 놀려먹은 일은 있소."

사공의 아내가 일이 어떻게 돌아가는지 대강 눈치를 채고, 갖은 음식을 정성껏 마련해서 배 한 척에 가득 싣고 강가로 갔어. 가 보니 손님네들이 아직 배를 못 얻어서 강가에 그냥 서 있거든. 그 앞에서 엎드려 눈물을 흘리며 손이 닳도록 빌었어.

"손님네들께 비나이다. 우리 남편 소행을 보자면 백 번 죽어 마땅하나, 일곱 자식한테야 무슨 죄가 있겠습니까? 제가 대신 용서를 비오니, 먼 길 오시느라 시장하실 터인데 이 음식 달게 잡수시고 이 배로 편히 강을 건너시고, 아이들은 부디 살려 주십시오."

본디 손님네들 성질이 변덕스럽거든. 불같이 화를 내어 펄펄 뛰다가, 맛있는 음식과 배 한 척을 보고서 그만 화가 다 풀어졌어. 그래서 아이들을 죽게 만들려던 마음을 고쳐먹고, 사공 아내 소원대로 앓는 마마를 아주 가볍게 해 줬어. 그래서 일곱 아이는 그 날로 병이 다 나아서 벌떡벌떡 일어났지.

그러고 나서 손님네들은 사공 아내가 마련해 준 배를 타고 무사히 강을 건넜어. 드디어 해동국 땅에 다다른 거지. 손님네들은 해동국 땅 여기저기를 돌아다니면서 아이들한테 마마를 주었어. 마음씨 곱고 손님 대접 잘 하는 집 아이들한테는 마마가 살짝 지나가게 하고, 심술 많고 손님 박대하는 집 아이들한테는 마마를 심하게 앓게 했어. 그러면서 돌아다니다 보니 시장하여서, 낮에는 굴뚝에 연기 나는 집을 찾고 밤에는 불 켜진 집을 찾아 다녔어.

하루는 밤이 되어 불이 환하게 켜진 집을 찾아가니, 열두 칸 행랑채에 솟을대문 우뚝 선 커다란 기와집이야. 이만한 집이면 살림이 넉넉하여 손님 대접도 잘 하겠지 싶어서 문을 두드렸지. 안에서 주인이 나오는데, 갓 망건 삐뚜름하게 덮어쓰고 긴 곰방대 입에 물고 팔자걸음으로 나오네.

　이 사람이 김장자인데, 욕심 많고 심술궂기로 말하자면 해동국에서 둘째가라면 서러워할 사람이야. 이런 사람 집에 찾아갔으니 말이 곱게 나올 리 있나.

　"이 밤중에 뉘신가?"

　"예, 우리는 강남 대한국에서 온 손님네들인데, 지나다가 날이 저물고 시장하여 들어왔습니다. 염치없으나 잠자리와 음식을 좀 청할까 합니다."

　"흥, 자네들이 손님네들인지 비렁뱅이들인지 도적들인지 어떻게 알아? 우리 집에는 방도 없고 밥도 없으니 딴 집에나 가 보시지."

　이러면서 대문을 쾅 닫아 철커덕 잠가 버렸어. 손님네들이 하릴없이 혀를 끌끌 차며 돌아섰어. 돌아서서 조금 걸어가다 보니 길가에 다 쓰러져 가는 초가집이 한 채 있거든. 이 집에나 들어가서 하룻밤 신세를 질까 하고 그 집에 들어가서 문을 두드렸어.

　이 집은 누구 집인고 하니 노고할머니 집이야. 노고할머니는 젊어서 남편을 잃고 자식도 없이 외롭게 살아. 남의 집 방아품이나 팔아 가지고 입에 풀칠이나 하면서 근근히 살지. 노고할머니가 문 두드리는 소리를 듣고 나와서, 세 손님네를 보고 공손하게 절을 하며 말하기를,

　"손님들께서는 무슨 일로 오셨습니까? 혹시 재 너머 김서방 집에서 밀린 짚신 값을 받으러 오신 분들이면, 지금은 돈이 없으니 죄송하지만 내일 다시 오십시오. 내일 김장자 집에 밀린 방아품삯을 받아서 드리겠습니다."

하거든. 그래서 손님네들도 공손하게 말을 받았지.

　"우리는 짚신 값 받으러 온 사람들이 아니라 강남 대한국에서 온 손님네들인데, 지나다가 날이 저물고 시장하여 들어왔습니다. 하룻밤 잠자리와 끼니 신세를 질 수 있겠는지요?"

"아이고, 귀한 손님네들이 이 누추한 곳을 찾아오셨으니 늙은이가 몸둘 바를 모르겠습니다. 어서 들어오십시오."

노고할머니가 허둥지둥 집안으로 들어가 방을 쓸고 아랫목에 자리를 깔아 손님들을 모셔 놓고, 저녁밥을 지으려고 부엌에 나가 보니 에구머니나, 쌀이 없네. 쌀독이 텅텅 비어 바가지로 쌀을 푸니 바닥 긁히는 소리만 드드득 드드득 하는 거야. 하릴없이 바가지를 들고 김장자 집을 찾아갔어. 대문을 두드리니 안에서 김장자가 험한 소리를 하면서 나오지.

"아까 왔던 비렁뱅이들이 또 왔냐? 이번에는 다리몽댕이를 분질러 놓을 테다."

문을 열고 보니 이웃집 노고할머니거든.

"할망구가 이 밤중에 웬일인가?"

"장자님, 장자님. 죄송한 말씀이오나 이 늙은것이 장자님 댁에 방아를 찧어 주고 못 받은 품삯만도 쌀 한 섬 값은 될 테지요."

"아니, 밀린 품삯을 받으려고 이 밤중에 나를 찾아왔단 말인가?"

"그게 아니오라, 지금 우리 집에 손님이 드셨는데 저녁밥 지을 쌀이 없어 손님들이 굶고 있습니다. 밀린 품삯에서 제하기로 하고 우선 쌀 한 바가지만이라도 내주시면 손님 대접이나 하겠습니다."

"허허, 가만히 보니 이 바보 같은 할망구가 비렁뱅이들을 집에 들여놨구먼. 아, 그래 비렁뱅이 먹이자고 내 귀한 쌀을 내줄 것 같은가?"

"적선하는 셈치고 쌀 한 바가지만 내주시지요. 그렇게만 해주시면 밀린 품삯도 다 탕감하겠습니다."

욕심쟁이 김장자가 가만히 셈을 놓아 보니 그것이라면 수지 맞는 거래거든. 얼른 광에서 쌀 한 바가지를 퍼다 주는데, 그게 쌀이긴 쌀이되 이름만 쌀이지 반은 쥐똥이요 반은 싸라기야.

노고할머니가 집에 돌아와 정성껏 싸라기를 씻는데, 아홉 번 씻고 아홉 번 일어서 티끌 하나 없이 깨끗하게 해 가지고 밥을 지었어. 그렇게 지은 밥을 나물 반찬 몇 가지 곁들여 개다리소반에 차려 가지고 손님네들한테 갖다 줬지. 이렇게 손님네들 저녁밥 대접을 하고는, 방을 깨끗이 치우고 이부자리를 깔아 잠자리까지 보아 주고 나서, 노고할머니는 부엌에서 잠을 잤어.

그 이튿날 아침에 또 밥을 정성껏 차려 대접했더니 손님네들이 잘 먹고 나서 노고할머니한테 말하기를,

"할머니 덕분에 배불리 먹고 잘 쉬었습니다. 그 보답을 하고자 하니, 집안에 어린아이가 있으면 친손이든 외손이든 말씀만 하십시오. 마마를 앓는 듯 마는 듯 아주 가볍게 치르도록 하겠습니다.

하거든. 마음씨 착한 노고할머니가 그 말을 받아,

"이 늙은것은 젊어서 남편 잃고 이 날 이 때까지 자식도 없이 혼자 살아 친손이고 외손이고 피붙이라고는 없습니다. 그러니 제 걱정은 마시고, 다만 이웃에 사는 김장자네 외동아들 철원도령이 나이 열다섯에 아직 마마를 하지 않았다 하니 그 아이한테나 은혜를 베풀어 주십시오."

이러는 거야. 손님네들이 엊저녁에 김장자네 문 앞에서 쫓겨난 일이 있어 썩 내키지 않았지마는, 노고할머니 부탁이라 들어 주기로 했어. 그래서 그 길로 할머니한테 하직 인사를 하고 김장자 집으로 갔지.

그런데 이 때 김장자는 집에서 안절부절못하고 이리 왔다 저리 갔다 분주하게 돌아다니며 에헴 에헴 헛기침만 하고 있었어. 요강 뚜껑에 물 부어 마신 듯이 찝찝한 일이 하나 있어서 그렇지. 무슨 일인고 하니, 엊저녁에 문간에서 내쫓은 비렁뱅이들이 강남 대한국 손님네라고 한 것이 자꾸 마음에 걸리거든. 손님네라고 하는 것은 마마를 퍼뜨리는 신인데, 참말로 그렇다면 쫓겨난 앙갚음을 하느라고 외동아들 철원이한테 아주 모진 마마를 갖다 안길지도 모른단 말이야.

"여봐라, 어서 매운 고추를 가져오너라."

김장자가 머슴들을 닦달해서 매운 고추를 가져오게 하더니, 거기에 불을 붙여 사방팔방 갖다 놓네. 대문간에도 갖다 놓고, 샛문 앞에도 갖다 놓고, 담

장 아래에도 갖다 놓고, 굴뚝 뒤에도 갖다 놨어. 그러니 매운 고추에 불이 붙어 타 들어가면서 매캐한 연기가 온 집안에 가득 찰 게 아니야? 매운 고춧불이 마마를 쫓는다는 말을 듣고 그렇게 해 놓은 거야.

그것도 모르고 세 손님네는 김장자 집으로 갔어. 그 집 외동아들 철원도령한테 쉬운 마마를 주려고 말이야. 그런데 대문간에 딱 들어가니 매운 고춧불이 피워져 있는 거야. 본디 손님네는 매운 고춧불을 제일 싫어하거든. 에구 뜨거라 하고 얼른 되돌아 나와 샛문으로 들어가려 하니 이크, 샛문 앞에도 매운 고춧불이 타고 있네. 이거 안 되겠다고 빙빙 돌다가 담을 넘어 들어가려 하니 담장 아래에도 매운 고춧불을 피워 놨어. 하릴없이 굴뚝이나 타고 들어갈까 하고 굴뚝으로 가 보니 아이쿠, 굴뚝 뒤에도 매운 고춧불이 매캐한 연기를 내고 있단 말이야. 손님네들이 그만 화가 머리끝까지 났어.

"이 집에 은혜를 베풀려고 왔더니 이런 괘씸한 일이 어디에 있나? 아주 요절을 내버려야겠다."

안 그래도 변덕이 심하고 화를 잘 내는 손님들인데, 이런 일을 당하고 가만히 있을 리 있나. 모래를 끼얹어 고춧불을 다 끄고 난 다음에 성큼성큼 안으로 들어가서, 마당가에 놀고 있는 철원도령 몸에 이 세상에서 제일 모진 마마를 넣어 줬지. 두 팔 두 다리 마디마다 은침 닷 단, 놋침 닷 단을 빈틈없이 꽂아 놓고 날카로운 쇠줄로 몸을 친친 감아 잡아당겼어. 한 번을 당기니 허리가 꺾이고, 두 번을 당기니 팔다리가 뒤틀리고, 세 번을 당기니 눈이 뒤집히고, 네 번을 당기니 숨이 꺽꺽 넘어가.

김장자가 보니, 멀쩡하게 놀던 철원도령이 갑자기 아이구 아야 소리를 지르며 데굴데굴 구르는데, 허리가 꺾이고 팔다리가 뒤틀리고 눈이 뒤집히고 숨이 꺽꺽 넘어가거든. 깜짝 놀라 아이를 붙잡고 주무르고 물을 먹이고 바늘로 따고, 아무리 애를 써도 낫지를 않네. 모진 마마가 몸에 들었는데 그런다고 나을 리가 있나.

김장자 집은 온통 난리가 났어. 의원을 불러 보인다, 약을 달여 먹인다, 객귀를 물린다, 별의별 짓을 다 해도 차도는 없고 철원도령의 병은 점점 깊어가지. 얼굴에는 붉은 종기가 불뚝불뚝 일어나고 온몸은 불덩이같이 펄펄 끓고 입에서는 헛소리가 절로 나오는구나.

그제서야 김장자가 정신이 번쩍 들어, 손님네가 모진 마마를 넣어 준 것을 눈치채고 빌기로 나섰어. 마당가에 정화수 떠다 놓고 자리 깔고 앉아서 비는 거지. 그런데 본래 저 잘난 맛에 사는 김장자가 빌기는 빌되 착실히 빌지 못하고 어중간하게 반말로 빌기를,

"강남 대한국에서 온 손님네들, 철원이는 우리 집 삼대독자 귀한 자식이니 좀 살려 주지. 살려만 주면 곳간을 털어서 밥 짓고 떡 하고 술 빚고 고기 잡아 손님네 대접 잘 할 것이니 꼭 좀 살려 주지."

이렇게 하거든.

그래도 그 성질 고약한 김장자가 반말로 빌건 말건 정화수 떠다 놓고 빌고, 그 욕심 많은 김장자가 곳간을 털어 대접하겠다고 약속까지 하는 걸 보고는 세 손님네도 화가 많이 풀어졌어. 그래서 철원도령 몸에 든 모진 마마를 꺼내 주고, 팔다리 마디에 꽂은 은침 놋침도 빼 주고, 몸을 친친 감은 날카로운 쇠줄도 풀어 줬어. 그랬더니 다 죽어 가던 철원도령이 언제 아팠느냐는 듯이 툭툭 털고 일어나는 거야.

철원도령 병이 다 나았으면, 이제 김장자가 곳간을 털어 밥 짓고 떡 하고 술 빚고 고기 잡아 손님네 대접할 일만 남은 거지. 그런데 아무리 기다려도 대접할 기색이 없어. 보다 못해 김장자 아내가 남편을 깨우쳤어.

"여보, 이제 철원이도 다 나았으니 약속대로 곳간을 털어서 손님네들 대접을 해야지요."

"뭐라고? 곳간을 털어서 대접을 하라고? 아, 손님네고 발님네고 그놈들이 뭣인데 내 귀한 재물을 털어 대접을 해? 어림도 없다, 어림도 없어."

김장자가 이렇게 심술을 내놓으니, 여태 대접을 기다리고 있던 세 손님네가 그만 화가 머리끝까지 났어.

"에잇, 참으로 괘씸하고 믿지 못할 사람이로다."
하고, 이번에는 아주 돌이킬 수도 없게 철원도령의 혼을 빼서 데려갈 작정을 했어.

철원도령의 몸에서 혼을 쑥 빼내어 세 손님네가 데려가 버리니, 철원도령 몸은 힘없이 나자빠져 죽어 버렸지. 그제서야 김장자가 땅을 치고 뉘우쳤지만 소용이 있나.

손님네들은 철원도령의 혼을 데려가면서 말했지.

"우리가 너의 혼을 데려왔다마는 너에게야 무슨 죄가 있겠느냐? 너를 이승에서 다시 태어나게 해줄 것이니, 어느 집에서 태어나고 싶은지 말해 보아라."

"아버지의 죄를 대신 받아 죽은 몸이 어찌 다시 태어나기를 바라겠습니까? 손님네들께서 저를 거두어 주신다면 심부름꾼으로 따라다니겠습니다."

손님네들이 허락하니, 철원도령은 그 뒤로 손님네들을 따라다니며 심부름하는 작은손님이 됐어. 큰손님과 작은손님이 해동국 여러 곳을 돌아다니며 아이들에게 마마를 앓게 하되, 마음씨 곱고 손님 대접 잘 하는 집 아이들한테는 마마가 살짝 지나가게 하고, 심술 많고 손님 박대하는 집 아이들한테는 마마를 심하게 앓게 했지.

그렇게 하면서 여기저기 돌아다니다가, 강남으로 되돌아갈 때가 되어서 김장자네 살던 마을을 지나게 됐어. 지나면서 보니, 가난하게 살던 노고할머니는 부자가 돼서 고대광실 높은 집에 노적가리 쌓아 놓고 살고 있는데, 부자로 살던 김장자 부부는 거지가 돼서 남의 집 대문 앞에서 쪽박을 들고 빌어먹고 있지 뭐야. 그것을 본 철원도령이 눈물을 흘리며 한탄을 했지.

"아버지는 죄를 지어 벌을 받는다지만, 불쌍한 우리 어머니는 남편을 잘못 만나 이 고생을 하는구나. 불쌍하고 불쌍하다."

세 손님네가 철원도령을 불쌍히 여겨 김장자 아내에게 재물을 조금 내려주니, 그 뒤로 김장자 부부는 거지 신세를 면하고 살게 됐어.

손님네들은 강남 대한국으로 돌아가면서도 집집마다 아이들한테 마마를 착실히 앓게 했지. 누구든지 마음을 바르게 쓰고 손님 대접 잘 하면 아이들 마마도 쉽게 하고, 나쁜 마음 먹고 손님한테 버릇없이 굴면 아이들이 마마를 심하게 앓아 곰보가 되거나 죽게 되는 것이 다 이 때 생긴 법이란다.

성주신과 지신 황우양 부부

옛날 옛날 아주 먼 옛날, 하늘 세상 천하궁에는 천대목신이 살았고 땅 세상 지하궁에는 지탈부인이 살았어. 이 둘이 혼인을 해서 황산들에 살면서 아들을 하나 낳았는데, 이 아들이 얼굴은 사자 같고 몸뚱이는 호랑이 같고 울음소리는 용 같아. 돌이 되니 마음대로 걸어다니고 세 살이 되니 온갖 말을 다 하고 다섯 살이 되니 글을 다 배워서 알더니, 일곱 살이 되니 나무와 돌과 흙을 가지고 집을 짓는데 그 솜씨가 날쌘 목수 뺨 치겠더래.

황산들에서 태어났다고 이름을 황우양이라 했는데, 나이 먹을수록 집 짓는 솜씨가 쑥쑥 늘어나서 스무 살이 되니까 아무도 따라올 수 없을 만큼 훌륭한 목수가 됐어. 한 동네에 사는 처녀와 혼인을 해서 오순도순 잘 살았지.

그런데 이 때 하늘 천하궁에서는 난리가 났어. 웬 난리인고 하니, 동쪽에서 난데없는 회오리바람이 몰아쳐서 천하궁의 누각이란 누각과 난간이란 난간은 모조리 부서지고 무너져 버린 거야. 그 좋던 천하궁이 하루아침에 폭삭 내려앉아 쑥대밭이 돼 버렸으니 보통 난리가 난 게 아닌 거야. 천하궁 옥황상제가 온갖 대신을 불러서 이 일을 어찌하면 좋겠느냐고 물어 봤어.

대신들은 하나같이 아뢰기를,

"솜씨 좋은 목수를 불러 궁궐을 다시 지어야 합니다."

하거든.

"다 부서지고 무너진 궁궐을 다시 짓는 일이 예삿일이 아니니, 세상의 어떤 목수가 능히 이 일을 하겠소?"

그 중에 광천대신이 나서서 아뢰기를,

"들으니 땅 세상 황산들에는 천대목신과 지탈부인의 아들 황우양이 사는데, 솜씨가 매우 뛰어나다 하니 그를 불러 일을 시키는 것이 좋을 듯합니다."

하거든. 그래서 옥황상제가 옥황궁 옥황차사를 불러 명령을 했어.

"차사는 들거라. 당장 땅 세상 황산들에 사는 황우양을 잡아 오되 잠시도 지체하지 말라."

하고 상제 명령을 밝히는 옥황패를 내주니, 옥황차사가 그것을 받아 품에 넣고 황우양을 잡으러 길을 떠났어. 수달피 벙거지 쓰고 석새 쾌자 떨쳐 입고 남색 전대 허리에 질끈 매고 버선 신고 행전 차고 육모 방망이 꼬나들고 땅 세상으로 내려갔어.

황산들에 이르러 황우양의 집으로 썩 들어서니, 온갖 신왕이 나와서 문을 막아서는 거야. 문을 지키는 문왕신이 험악한 눈을 치뜨고 내리뜨며 서서 버티고, 곳간 지키는 업왕신이 헐레벌떡 달려 나오고, 마구간·외양간에서 집짐승 지키는 마부왕이 두 팔을 걷어붙이고 나와 서니 제아무리 힘세고 담이 큰 옥황차사라 하나 섣불리 들어갈 수가 있나. 차사가 하릴없이 길가에 우두커니 서 있으니, 집안에서 부엌을 지키던 조왕할머니가 슬그머니 나와서 수작을 걸어.

"저 차사는 어느 궁에서 온 차사요?"

"하늘 천하궁에서 옥황상제 명을 받들고 온 차사라오."

"무슨 일로 오셨소?"

"천하궁을 다시 짓는 데 황우양의 솜씨 좀 빌리려고 왔소이다."

"그러면 왜 얼른 들어가 데려가지 않고 밖에 우두커니 서 계시오?"

"문 지키는 문왕신, 곳간 지키는 업왕신, 마구간·외양간 지키는 마부왕이 문을 막고 서서 들여보내 주지를 않아서 그런다오."

"그러면 좋은 수를 가르쳐 주겠소. 내일 아침 날이 밝으면 황우양이 갑옷과 투구를 벗어 놓고 앞 냇가에 어머니 지탈부인 마중을 나갈 것이니, 그 때 잡아

가시오."

"고맙기는 하오마는 그대는 이 집 부엌을 지키는 조왕신으로서 마땅히 주인을 지켜야 할 것인데 어쩐 일로 잡아가라 하는 것이오?"

"황우양은 평소에 밖에 나갔다 들어오면 흙 묻은 신을 벗어 부뚜막에 던져 놓고, 먼지 묻은 버선도 벗어 부뚜막에 던져 놓고, 아무 때나 마구 부뚜막을 밟고 다니니 내가 견딜 수 없소. 어서 잡아가시오."

차사가 조왕신의 말을 듣고 돌담 밑에 숨어서 밤을 새우며 아침이 되기를 기다렸어. 아침이 되어 날이 밝으니, 아니나다를까 황우양이 갑옷과 투구를 벗어 놓고 어머니 마중을 나오는 거야. 이 때 차사가 달려들어 꼼짝 못 하게 붙잡아 놓고 품에서 옥황패를 꺼내어 보이니, 황우양도 감히 거역을 못 하고 순순히 따르기로 했지.

"옥황패가 있으니 시키는 대로 하겠소만, 대체 무슨 일로 나를 잡아가는 것이오?"

"천하궁을 다시 지으려고 그대를 잡아가는 것이니 어서 길 떠날 채비를 하시오."

"천하궁을 다시 짓는 일이 예삿일이 아닐진대, 아무런 연장도 없이 어찌 가겠소? 나에게 석 달 말미를 주면 연장이나 갖추어 가리다."

"그것은 아니 되오."

"그러면 한 달 말미라도 주오."

"그것도 아니 되오. 사흘 말미를 줄 터이니 그 동안 연장을 장만하여 사흘 뒤에는 떠나시오."

사흘 뒤에 반드시 떠나라 이르고 차사는 하늘로 올라갔어. 그런데 기껏 사흘 동안 무슨 수로 연장을 다 장만할까? 천하궁이 예사 궁궐도 아니고, 그 큰 궁궐을 짓는 데 흙, 나무, 돌이며 연장은 오죽이나 많이 들까? 황우양이 앞이 막막하여 하릴없이 집으로 돌아와 이불을 쓰고 누워 있었어. 잘 먹던 밥도 안 먹고 잘 자던 잠도 안 자고 종일 누워서 끙끙 앓고만 있었지. 그 때 부인이 와서 보고 물었어.

"서방님은 무슨 걱정이 있기에 먹지도 않고 자지도 않고 누워만 계십니까?"

"부인이 알아도 소용없는 일이오."

"그래도 어디 말씀이나 해보십시오. 제가 알면 무슨 수가 날지 누가 압니까?"

"그러면 말하리다. 하늘 천하궁이 부서지고 무너져 다시 짓는데, 그 일을 내게 맡기려고 차사가 날 잡으러 왔소. 석 달 말미를 달라 해도 안 주고 한 달 말미를 달라 해도 안 주더니 기껏 사흘 말미를 주고 가니, 그 짧은 동안에 무슨 수로 연장을 장만한단 말이오? 앞이 막막하여 이러고 있습니다."

"서방님은 어찌 그만한 일로 그리 걱정이 많으십니까? 제가 연장을 장만해 볼 터이니 아무 걱정 마시고 밥이나 드시고 잠이나 주무십시오."

부인이 곧바로 편지를 한 장 써서, 하루에 수만 리를 나는 솔개 입에 물려 하늘 천하궁으로 날려 보냈어. 솔개가 편지를 물고 눈 깜짝할 사이에 천하궁에 갖다 주니, 천하궁 옥황상제가 편지를 보고 가루쇠 닷 말과 시우쇠 닷 말을 천마 등에 실려 내려보냈어. 천마가 훨훨 날아 눈 깜짝할 사이에 땅 세상 황산들에 내려와 황우양부인에게 쇠를 건네 줬지. 부인이 쇠를 받아 대산에 대풀무, 소산에 소풀무로 밤낮 없이 연장을 만드는데, 큰 도끼 작은 도끼, 큰 자귀 작은 자귀, 큰 톱 작은 톱, 큰 집게 작은 집게에 대패, 끌, 줄, 먹통, 물푸레나무로 만든 먹자, 가지가지 연장을 하루 밤 하루 낮에 다 만들었어. 그리고 좋은 말 세 마리를 얻어다가 한 마리에는 황우양 입을 옷을 철따라 다 갖추어 싣고, 한 마리에는 쇠로 만든 온갖 연장을 다 실어 놓고, 한 마리는 사람이 타고 가게 비워 놓고서,

"서방님, 갈 길이 바쁘니 어서 떠나시지요."

하고 재촉을 했어.

황우양이 말을 타고 막 떠나려고 하니, 부인이 말고삐를 잡고 눈물을 흘리

면서 신신당부를 해.

"서방님, 서방님. 부디 내 말을 잘 들으십시오. 가는 도중에 누가 무슨 말을 하더라도 대꾸를 하지 마십시오. 만일 대꾸를 하게 되면 우리는 다시 못 만날지도 모르니 부디 조심하십시오."

"알았소. 내 부인 말대로 하리다."

이렇게 약속을 하고 마침내 황우양이 길을 떠나는데, 자기는 빈 말 등에 올라타고 짐 실은 두 말을 양쪽에 끌고 달가닥달가닥 달려갔어.

하루 밤낮이 걸려 황산들을 다 지나고 소진들에 다다랐지. 황산들에서 천하궁을 가자면 반드시 소진들을 지나야 하거든. 그런데 그 때 마침 소진들 소진랑이 비루먹은 말을 타고 오다가 황우양을 만났어. 소진랑은 지하궁에서 삼 년 동안 돌성 쌓는 일을 하고 돌아오는 길이었지. 소진랑은 황우양의 뒤를 따라가면서 물었어.

"저기 가는 저 장부는 뉘시오?"

그런데 황우양은 누가 무슨 말을 하더라도 대꾸하지 말라던 아내 당부가 생각나서 입을 꾹 다물고 그냥 갈 길만 재촉했어. 아무 대답이 없으니까 소진랑은 자꾸 묻는구나.

"저기 가는 저 장부는 뉘시오?"

두 번 물어도 대답이 없고,

"저기 가는 저 장부는 뉘시오?"

세 번 물어도 대답이 없으니까, 소진랑이 그만 화가 나서 소리쳤어.

"사람이 묻는데 대답을 안 하는 건 후레자식이나 하는 짓이 아니오?"

황우양은 아내의 당부 때문에 뒤에서 무슨 말이 들려도 못 들은 체하고 가다가, 욕하는 소리를 들으니 참을 수가 없었어. 그래서 말을 멈추고 뒤를 돌아보며 대꾸를 했지.

"공연히 길 가는 사람을 따라오면서 욕을 하는 건 후레자식이 하는 짓이 아니오?"

이렇게 대꾸를 해버렸어. 한 번 대꾸를 하고 나니 그 다음부터는 말문이 터져서 마구 지껄이게 됐지.

"나는 황산들에 사는 황우양이라고 하오만, 그러는 당신은 뉘시오?"
"나는 소진들 사는 소진랑이라 하오. 그런데 어디를 그리 바삐 가시오?"
"천하궁에 궁궐 짓는 일 하러 가오."
"그러면 돌과 흙과 나무를 가려 쓸 줄은 아시오?"
"그런 건 할 줄 모르오."
"만일 그것을 가려 쓸 줄 모르면, 가는 자취는 있어도 오는 자취는 없을 것이오."
"내가 죽는단 말이오?"
"바로 그렇소. 천하궁에 궁궐 짓는 돌과 흙과 나무는 모두 지하궁 돌성 쌓다 남은 것을 갖다 쓸 것인데, 만일 내가 쌓던 돌을 쌓거나 내가 만지던 흙을 만지거나 내가 쓰던 나무를 쓰면 살을 맞아 죽을 것이오."
"그러면 내게 그것을 가려 쓰는 법을 좀 가르쳐 주오."
"만일 나와 옷을 바꿔 입고 말을 바꿔 타면 가르쳐 주겠소."

황우양이 하릴없이 소진랑과 옷을 바꿔 입고 말도 바꿔 탔어. 아내가 지어 준 좋은 옷을 주고 다 해어지고 떨어진 옷을 받아 입고, 아내가 마련해 준 좋은 말을 주고 비루먹은 말을 받아 탔지. 그렇게 하고 나니 소진랑이 가르쳐 주기를,

"내가 쌓던 돌에는 붉은 이끼가 끼어 있고, 내가 만지던 흙에는 붉은 물이 들어 있고, 내가 쓰던 나무에는 붉은 버섯이 피어 있을 것이니, 그것을 조심하면 될 것이오."

하거든.

이렇게 해서 두 사람은 헤어져, 황우양은 하늘 천하궁으로 가고 소진랑은 황우양이 살던 황산들로 갔어. 황우양이 입던 옷을 제가 입고 황우양이 타던 말을 제가 타고, 마치 황우양인 것처럼 꾸며 가지고 황우양부인이 있는 집으

로 갔지.

 이 때 황우양부인은 하님 옥단춘과 단단춘을 데리고 뒷동산에 올라가 꽃놀이를 하고 있었어. 그런데 저 멀리서 먼지가 자욱하게 피어오르고 말발굽 소리가 점점 가까워지거든. 부인이 옥단춘과 단단춘더러,

 "얘들아, 저기 오는 저 사람은 도적이 분명하니 어서 집에 들어가자. 들어가서 문을 닫고 단단히 쇠를 채워라."
하고, 얼른 집에 들어가 문을 걸어 잠그고 가만히 있었어.

 조금 있으니 아니나다를까, 밖에서 대문 두드리는 소리와 커다란 호통 소리가 들리는 거야.

 "여봐라. 집주인이 나갔다 들어오면 닫힌 문도 여는 법이거늘, 열린 문을 되레 닫는 법도 있다더냐? 어서 문 열어라."

 소진랑이 집주인 황우양인 것처럼 호통치는 소리지.

 "우리 낭군은 천하궁에 궁궐 지으러 엊그제 집을 나갔는데 벌써 돌아올 리 없소. 거짓말 말고 어서 돌아가시오."

 부인이 속지 않으니, 소진랑은 입고 있던 적삼을 벗어 담 안으로 던져 넣네. 황우양과 바꾸어 입은 적삼이니 영락없는 집주인 것이지.

 "이것 보아라. 이것이 내 옷일진대 이래도 믿지 않을 것이냐? 어서 문 열어라."

 부인이 적삼을 받아 들고 이리저리 살피다가 냄새도 맡아 보다가, 도로 담 밖으로 던지면서 말하기를,

 "내 손으로 만든 적삼이요 우리 낭군이 입고 간 적삼이 분명하나, 땀냄새가 우리 낭군의 것이 아니니 훔치거나 빼앗은 옷이 틀림없소. 어서 돌아가시오."
하거든. 소진랑이 그 말을 듣고 생각하기를 부인의 지혜가 뛰어나 도저히 속일 수 없으니 우격다짐으로 문을 열고 들어갈 수밖에 없다 하고, 달려들어 쇠를 칼로 내리쳐 부수고 문을 열려 했어. 그런데 이 때 집을 지키는 온갖 신왕이 나와서 문 앞을 막아서는 거야. 문 지키는 문왕신도 나오고 곳간 지키는

업왕신도 나오고 마구간·외양간 지키는 마부왕도 나와 지키니, 제아무리 힘 세고 담이 큰 소진랑도 함부로 쇠와 문을 부수고 들어갈 수가 없지.

 소진랑이 생각하기를 이 집 신왕들 집 지키는 품이 튼튼하여 우격다짐으로는 안 되겠다 생각하고 부적을 한 장 써서 던지면서 오방신장을 불렀어. 세 번을 크게 부르니 동쪽에서 청제장군, 서쪽에서 백제장군, 남쪽에서 적제장군, 북쪽에서 흑제장군, 가운데서 황제장군이 나타났지. 오방신장이 달려들어 문왕신, 업왕신, 마부왕을 다 쫓아내니 이제 거리낄 것이 없지. 천 근 쇠를 한 칼에 부수고 대문, 중문 다 열어제치고 집안으로 들어갔어.

 소진랑이 집안으로 들어가 눈을 부릅뜨고 칼을 휘두르면서 벼락같이 소리를 쳤지.

 "네가 아무리 난다 긴다 해도 이제는 내 손아귀에 들었다. 새가 되어 하늘로 날아갈까, 두더지가 되어 땅속으로 들어갈까. 어서 나와 함께 소진들로 가자."

 황우양부인이 가만히 생각을 해보니, 이제 꼼짝없이 그물에 걸린 물고기 신세요 덫에 걸린 산짐승 신세라, 발버둥을 쳐도 소용없겠거든. 일부러 낯빛을 바꾸고 부드럽게 말하기를,

 "안 그래도 시집살이가 너무 힘들던 차에 잘 되었소. 그대를 따라갈 터이나, 마침 오늘이 돌아가신 시아버지 제삿날이니 그 제사나 치른 다음 날이 밝거든 떠납시다."

하니, 소진랑도 그 말을 옳게 여겨 하룻밤 말미를 줘. 부인은 그 사이에 명주 속적삼 소매 한 자락을 뜯어낸 다음, 가운뎃손가락을 깨물어 붉은 피를 내 가지고 글자를 썼어. 남편 황우양에게 편지를 쓴 거지.

 '서방님, 서방님. 만약 죽어서 오시거든 황천길에서 만나보고, 살아서 오시거든 소진들에서 만납시다.'

 이렇게 써서 몰래 주춧돌 밑에 묻어 뒀어.

 그러고 나서 날이 밝으니 소진들로 떠나는데, 이 때 소진랑은 황우양 집에

있는 온갖 세간재물을 다 빼앗아 말에 싣고 떠났어. 방에서는 장농, 문갑, 이불, 옷가지, 부엌에서는 은그릇, 놋그릇, 솥단지, 밥상, 마당에서는 간장독, 된장독, 절구, 맷돌, 헛간에서는 볏섬, 보릿섬, 쟁기, 써레, 외양간의 소와 마구간의 말까지 하나도 안 남기고 몽땅 가지고 가 버렸어.

소진들에 가서 소진랑이 황우양부인을 아내로 맞으려 하니, 부인이 또 한 번 꾀를 냈지.

"소진랑은 내 말 좀 들으시오. 이곳으로 와서 점괘를 뽑아 보니 내 몸에 일곱 귀신이 붙어 있어, 만약 지금 그대와 혼인하면 일곱 귀신이 시샘하여 우리 둘 다 몸뚱이가 일곱 조각으로 나뉘어 죽을 것이오."

"그러면 어떻게 하면 좋겠는가?"

"귀신이 물러가게 액땜을 하여야겠소."

"액땜은 어떻게 하는가?"

"개똥밭에 땅굴을 파고 삼 년 동안 그 안에 살면서 구메밥을 먹고 나면 자연히 귀신도 물러갈 것이오. 그렇게 액을 때운 뒤에 우리 둘이 백년해로합시다."

소진랑이 하릴없어 허락을 하고, 개똥밭에 땅굴을 파 줬어. 황우양부인이 그 안에 들어가 살면서 날마다 작은 구멍으로 넣어 주는 구메밥을 얻어먹으며 세월을 보냈지. 삼 년만 견디면 황우양이 돌아와 자기를 구해 주겠거니 하고 믿으면서 말이야.

이 때 황우양은 하늘에 올라가서 천하궁을 짓는데, 석 달 열흘 동안 명산을 찾아다니며 나무를 베어 다듬어서 상기둥, 중기둥, 대들보, 서까래를 만들고, 또 석 달 열흘 동안 터를 다져 쇠처럼 단단하게 한 뒤에, 금주추 은주추를 놓아 기둥을 세우고 대들보를 올려 궁궐을 한 채 한 채 지어 나갔지.

그러다가 하루는 고된 일을 마치고 잠깐 잠을 자는데, 꿈속에 머리에 쓴 갓이 닳아 거죽만 남아 뵈고, 몸에 입은 등걸이 닳아 깃만 남아 뵈고, 발에 신은 나막신이 닳아 굽만 남아 뵈거든. 깜짝 놀라 깨어 보니 꿈이라, 마음이 뒤숭숭

해서 점이라도 쳐 볼까 하고 점쟁이를 찾았어.

　마침 십 리 밖에 용한 점쟁이가 있다 하여 찾아가서 점괘를 뽑아 달라 했지. 점쟁이가 개다리 소반 내놓고 산통을 흔들면서 경을 외다가 산가지를 덜컥 쏟아내니, 산가지가 안반 위에 콩 튀듯이 뿔뿔이 흩어지네. 다시 한 번 쏟아내니 웅덩이에 물 고이듯 소복이 모여드네. 점쟁이가 산통을 내던지며 탄식을 하는구나.

　"어허, 도저히 이 점 못 보겠소."

　"흉괘든 길괘든 알자고 보는 점이니, 보이는 대로 일러 주고 아는 대로 말해 주오."

　"혹시 머리에 쓴 갓이 닳아 거죽만 남아 뵈는 꿈을 꾸지 않았소?"

　"바로 그런 꿈을 꾸었지요."

　"혹시 몸에 입은 등걸이 닳아 깃만 남아 뵈는 꿈을 꾸지 않았소?"

　"바로 그런 꿈을 꾸었지요."

　"혹시 발에 신은 나막신이 닳아 굽만 남아 뵈는 꿈을 꾸지 않았소?"

　"바로 그런 꿈을 꾸었지요."

　"살던 집은 허물어져 쑥대밭이 되고, 부인은 남의 집에 가서 살며, 세간재물은 남김 없이 도둑 맞을 괘요."

　황우양이 점쟁이 집을 나와 생각해 보니 참 기가 막히거든. 한시 바삐 집으로 가고 싶지만, 천하궁 짓는 일을 하다 말고 갈 수는 없단 말이야. 그래서 그 날부터 밤낮 없이 일을 하는데, 일 년 할 일을 한 달에 하고, 한 달 할 일을 하루에 하고, 이렇게 바삐 바삐 일을 하여 석 달 뒤에는 그 넓고 많은 천하궁 궁궐을 다 지었어.

　일을 다 마치고 황우양이 부랴부랴 땅 세상 황산들로 내려가 집을 찾으니, 이게 무슨 변이야? 집터는 쑥대밭이 되어 주추 기둥만 남아 있고, 꽃 피던 뜰에는 잡풀만 무성하고, 마당가 우물에는 푸른 이끼만 끼어 있네.

　황우양이 기가 막혀 하늘을 보고 탄식하다 지쳐서 주춧돌을 베고 누워 잠간 잠이 들었어. 그런데 잠결에 까욱까욱 하는 소리가 들려 잠을 깨어 보니, 난데없는 까마귀 떼가 몰려와 주춧돌 밑을 부리로 쪼며 까욱까욱 울고 있지 뭐야.

'주춧돌 밑을 쪼며 우는 것은 저곳을 파 보란 뜻이렸다.'

황우양이 기운을 차리고 주춧돌 밑을 파 보니, 아닌게아니라 거기에 명주 속적삼 소매 한 자락이 묻혀 있구나. 조심조심 펴 보니 붉은 피로 글자가 씌어져 있는데,

'서방님, 서방님. 만약 죽어서 오시거든 황천길에서 만나보고, 살아서 오시거든 소진들에서 만납시다.'

이렇게 씌어져 있거든.

그 동안 무슨 일이 있었던가 대강 짐작할 만하여, 황우양이 그 길로 소진들로 달려갔어. 소진들 소진랑이 사는 집에 가 보니, 다락같이 높은 집에 세간살이가 가득한데 그게 다 옛날 황산들 저희 집에 있던 것이거든.

이리저리 헤매다 보니 대문 밖 우물가에 늙은 소나무가 한 그루 있기에, 그 위에 올라갔어. 거기서 가만히 숨어 있으려니까, 조금 뒤에 부인이 개똥밭 땅굴집에서 나와 물동이를 이고 우물로 오는 거야. 부인이 막 우물물을 길으려고 할 때 목을 쑥 빼고 내려다봤더니, 우물에 황우양 그림자가 어른어른 비치겠지. 부인이 그걸 보고 깜짝 놀라면서 말을 하기를,

"서방님, 서방님. 죽어서 오셨거든 울면서 내려오고, 살아서 오셨거든 웃으면서 내려오십시오."

하거든. 황우양이 허허 웃으며 나무에서 내려오니, 부인이 두 손을 부여잡고 반가워 어쩔 줄을 모르지.

"소진랑이 지금 집안에 있으나, 서방님이 오신 것을 알면 문을 굳게 닫아걸고 오방신장을 불러내어 지킬 것이니 몰래 들어가십시다."

황우양이 도술을 부려 파랑새로 둔갑을 해서 부인 치마폭에 숨어 집안으로 들어갔어. 들어가 보니 소진랑이 대청에 누워 잠을 자고 있거든. 얼른 달려들

어 가지고 온 연장으로 결박을 하는데, 큰 집게로 다리 집고 작은 집게로 팔을 집고, 큰 도끼, 작은 도끼, 큰 톱, 작은 톱을 양쪽에 벌려 놓아 꼼짝을 못 하게 했지. 그러고는 물푸레나무 먹자를 짚고 큰 소리로 호령을 쳤어.

"네 이놈, 소진랑은 들거라. 나를 속여 옷과 말을 바꾼 것은 용서해 주려니와, 남의 집에 함부로 들어가 세간재물을 훔친 죄와 남의 아내를 윽박질러 데려간 죄는 용서하지 못하리라."

소진랑이 정신을 차리고 보니 팔다리가 집게에 집혀 있고 양쪽에 연장을 벌려 놓아 꼼짝을 못 하겠거든. 혼이 다 빠져서 고개를 조아리며 빌고 또 비는구나.

"가져 온 세간재물은 도로 다 바치겠으며, 부인은 그 동안 개똥밭 땅굴 안에 살면서 구메밥 먹고 지냈으니 다른 탈은 없소이다. 부디 목숨이나 살려 주오."

"목숨은 살려 주려니와 너는 앞으로 삼 년 동안 서낭당 돌항아리 안에 가두어, 지나가는 사람들이 던져 주는 밥 찌꺼기나 받아먹게 하리라."

소진랑을 서낭당 돌항아리 안에 가두어 삼 년 동안 나오지 못하게 마련해 놓고, 부부가 다시 황산들로 돌아왔어. 와 보니 집은 쑥대밭이 되어 마땅히 잘 만한 곳도 없거든. 산에서 억새풀을 베어 울을 치고 부인의 아홉 폭 치마를 둘러매어 담을 치고, 그 안에서 밤을 새웠어. 부부가 서로 이야기를 나누기를,

"부인은 그 동안 어떤 재주를 배웠습니까?"

"저는 개똥밭에 땅굴을 파고 그 안에서 구메밥을 먹고 지내면서, 누에를 키워 명주실을 뽑아 베를 짜는 일을 밤낮으로 하였는데, 이제는 한나절에 속명주, 겉명주를 마흔 자씩 짜서 옷 한 벌을 짓습니다."

"그것 참 대단한 재주를 배웠구려."

"서방님은 그 동안 어떤 재주를 배웠습니까?"

"천하궁을 짓다가 점을 치니 흉괘가 나와, 한시 바삐 집에 돌아가려고 일 년 할 일을 한 달에 하고 한 달 할 일을 하루에 하여, 석삼 년 걸려 지을 집을

석 달 만에 다 지었으니 그게 재주라면 재주지요."

"그것 참 대단한 재주로군요."

이렇게 이야기를 나누고, 그 뒤로 부부가 금실 좋게 오래오래 잘 살았더란다. 잘 살다가 황우양은 성주신이 되고 부인은 지신이 되었는데, 성주신으로 말할 것 같으면 집을 지키는 신으로서 터주신, 조왕신, 문왕신, 업왕신, 마부왕, 철융신, 삼신, 측신 온갖 신왕을 부리는 우두머리 신이고, 지신으로 말할 것 같으면 집터를 지키는 신으로서 집안 사람들의 액운을 막아 주기도 하지. 성주신이 불안하면 지신이 도와 주고, 지신이 불안하면 성주신이 도와 주어, 어느 때 어느 경우라도 탈이 없도록 하는 내력이 다 여기에 있는 거란다.

탄생신 삼신할멈

먼 옛날, 동해바다 용왕이 서해바다 용녀를 아내로 맞아들여 부부가 됐어. 용왕 부부는 먹는 것, 입는 것 다 풍족하고 내외 금실도 좋아 부러울 것이 없었지마는, 단 한 가지 걱정이 있었으니 혼인한 지 삼십 년이 넘도록 자식을 못 얻었다는 게야. 그래서 부부가 의논한 끝에 옥황상제 천지왕께 빌어 보기로 했지.

석 달 열흘 동안 날마다 아침저녁으로 목욕재계하고 온 정성을 다해 빌었더니, 옥황상제가 감동했는지 과연 그 뒤에 용녀부인에게 태기가 있더래. 열 달이 차서 아기를 낳았는데 어여쁜 딸아기를 낳았어.

용왕 부부는 늘그막에 얻은 외동딸이 얼마나 귀여운지, 불면 꺼질세라 놓으면 깨질세라 애지중지 금지옥엽으로 키웠어. 아기가 아무리 잘못한 일이 있어도 한마디도 나무라는 법 없이, 그저 귀엽다고 '허허, 하하' 웃으며 키웠지. 이렇게 키웠더니, 크면 클수록 점점 버릇이 고약해져서 못된 짓만 골라가며 하네. 어떤 못된 짓을 하는고 하니,

한 살 때는 어머니를 때리고,
두 살 때는 아버지 수염을 뽑고,
세 살 때는 물건을 집어던지고,
네 살 때는 남의 집 곡식과 채소를 뽑고,
다섯 살 때는 남의 집에 돌을 던지고,

여섯 살 때는 남의 집 어린아이를 울리고,
일곱 살 때는 마을 어른들한테 욕을 하고,
여덟 살 때는 나쁜 말을 동네방네 옮기고,
아홉 살 때는 거짓말로 마을 사람들 싸움을 붙이고,

글쎄 이런 망나니짓을 하루가 멀다 하고 해대니 용궁 백성이 견딜 수가 있나. 참다못해 늙은 백성들이 용왕 앞에 나아가 아뢰었어.

"공주님이 나쁜 짓만 하고 다녀서 백성들 원성이 자자합니다. 원컨대 공주님을 멀리 보내시든지 집안에서 나오지 못하게 하여 백성들에게 피해가 없도록 해주십시오."

용왕이 그 말을 듣고 탄식하기를,

"늘그막에 딸을 얻어 귀엽다고 버릇없이 키웠다가 저 모양이 되었으니 우리 내외가 화를 자초했구나. 저 아이를 그냥 두었다가는 백성들 원성이 우리 내외에게 돌아올 것인즉, 늦기 전에 멀리 내쫓는 수밖에 없다."

하고, 쇠철이 쇠도령을 시켜 무쇠로 커다란 함을 만들었어. 쇠도령이 무쇠 서 말을 녹여 튼튼한 쇠함을 만들어 바치니, 용왕이 딸을 불러 그 안에 들어가라 하네. 아예 딸을 그 안에 넣어 바닷물에 띄워 보내려고 한 거야.

딸이 하릴없이 쇠함 안에 들어가기는 했는데, 얼른 뚜껑을 못 닫고 목을 내놓고 어머니한테 물었지.

"어머니, 어머니. 나는 이제 어디로 갑니까?"

"쇠함이 바다 위에 떠서 물결을 타고 흘러가면 인간 세상에 닿을 것이다."

"인간 세상에 가면 나는 무엇을 하고 살아야 합니까?"

"거기에는 아직 삼신이 없다 하니, 삼신이 되어 집집마다 아기를 점지해 주며 살아가거라."

어머니가 이렇게 일러 주며 삼신의 옷이라고 남색 저고리와 흰 바지, 자주색 치마와 분홍색 장옷을 쇠함 속에 넣어 줬어. 또 삼신이 쓸 물건이라고 은

가위와 참실도 쇠함 속에 넣어 줬지. 딸은 옷과 물건은 받았으되 어떻게 하면 아기를 낳게 하는지 도무지 모르겠거든. 그걸 알아야 삼신 노릇을 제대로 할 텐데 말이야. 그래서 어머니에게 다시 물었어.

"어머니, 어머니. 아기는 어떻게 낳게 합니까?"

어머니 서해용녀가 딸에게 삼신으로서 할 일을 차근차근 일러주느라고,

"아기 낳을 어머니 몸에 피 살려 석 달 열흘, 살 살려 석 달 열흘……."

하고 막 말문을 꺼내는데, 아버지 동해용왕이 그걸 보고서 벼락같이 고함을 질렀어.

"부인은 죄를 지어 쫓겨가는 아이한테 무엇을 가르치려 하십니까?"

그만 쇠함 뚜껑을 탁 덮고 삼백 근 자물쇠로 철커덕 잠가 버리네. 그래서 딸은 어머니 말을 채 다 듣지 못하고 깜깜한 쇠함 속에 갇혀 버렸어. 용궁 장사들이 쇠함을 들어다 용궁 밖으로 던져내니, 쇠함이 물 속에서 둥둥 떠가기 시작하는 거야.

이렇게 내던져진 쇠함은 그 뒤로 아홉 해를 떠돌아다녔는데, 물 속에서 삼 년, 물 위에 떠서 삼 년, 물가에 닿아서 삼 년, 이렇게 아홉 해를 하염없이 떠다녔어. 그 동안 쇠함 속에 들어 있던 동해용왕의 딸도 나이를 아홉 살이나 더 먹어서 열여덟 살이 됐지.

그러던 어느 날 쇠함이 동해 바닷가 어떤 모래밭에 올라가 멈추었는데, 마을 사람들이 와서 보고는 이상히 여기고 쇠함 뚜껑을 열었어. 그러자 쇠함 속에서 아리따운 처녀가 나오거든. 남색 저고리에 흰 바지, 자주색 치마에 분홍색 장옷을 입고 은가위와 참실을 들고서 말이야. 마을 사람들이 모두 깜짝 놀랐지.

"아기씨는 대체 누구요?"

"나는 동해용왕의 외동딸입니다."

"용궁의 귀한 몸이 어떻게 여기까지 오셨소?"

"사람들에게 아기를 낳게 해주는 삼신 노릇을 하려고 왔습니다."

그 때까지 인간 세상에는 삼신이 없었거든. 그래서 아기가 어머니 뱃속에서 태어나지 못하고 큰 산 바위 밑이나 우물가에서 생겼어. 사람들은 아기를 얻고 싶으면 부처님이나 옥황상제께 빌었고, 운이 좋으면 부처님이나 옥황상제가 보내 준 아기를 바위 밑이나 우물가에서 주워 올 수 있었던 거지. 그러다 보니 아기가 너무 귀해서, 평생 아기를 못 얻고 사는 사람이 열에 아홉은 되었단 말이야. 그러던 차에 삼신이 와서 아기를 낳게 해준다 하니 얼마나 반가워? 마을 사람들은 무척 기뻐하면서 동해용왕의 딸을 맞아들여 잘 대접했어. 그리고 그 뒤부터 복을 가져다 주는 신이라고 따르며 극진히 섬겼지.

동해용왕의 딸은 그 뒤로 여기저기 돌아다니며 삼신 행세를 하느라고 아낙네들에게 아기를 낳게 해줬어. 그런데 뭘 아는 게 있어야 제대로 아기를 낳게 할 것 아니야? 용궁에서 어머니한테 묻다 말고 그냥 떠나왔으니 아무 것도 아는 게 없잖아. 그래서 그냥 아무렇게나 대충대충 하는 거야. 여기저기 떠돌아다니면서 여인네들만 보면 마음 내키는 대로 아기를 낳게 한단 말이지.

그러다 보니 결혼 안 한 처녀도 아기를 배고, 호호백발 할머니도 아기를 낳고, 누구든지 동해삼신 눈에만 띄면 그 자리에서 아기를 갖게 되니 엉망이지 뭐야. 또 결혼한 부인이 제대로 아기를 가졌더라도, 삼신이 그냥 마음 내키는 대로 해 버리는 바람에 골탕을 먹는 거야. 명색 삼신이 아기를 몇 달 만에 낳는지 어떻게 낳아야 하는지 아무 것도 모르니까 그럴밖에. 어떤 사람은 아기 밴 지 석 달 만에 낳고, 어떤 사람은 삼 년이 지나도록 아기를 못 낳고, 이러니 이것도 난장판이지.

또 삼신이 아기를 키울 줄도 몰라서 그냥 제멋대로 자라도록 내버려두니까 이것도 낭패야. 아이들이 태어난 지 한 달 만에도 죽고 일 년 만에도 죽어서, 집집마다 울음소리가 그칠 날이 없어. 용케 죽음을 면하고 자라는 아이들도 가르치는 사람이 없으니 버릇없이 망나니짓이나 하면서 크는 거야. 그러니까 이게 더도 말고 덜도 말고, 한 치도 다를 것 없이 동해삼신 아홉 살 때까지 크던 모습 그대로거든. 제 부모를 때리고, 남의 물건을 훔치고, 남의 집에 돌 던지고, 어린아이를 보면 울리고, 어른을 보면 욕하고, 나쁜 말을 퍼뜨려 싸움 붙이고, 이러니 동해삼신 클 때 모습과 뭐가 달라? 이러니 인심이 흉흉해지고 풍속이 사나워져서 세상이 날로 어지러워졌어. 견디다 못해 늙은 백성들이 높은 산에 단을 쌓고 옥황상제께 세상을 바로잡아 달라고 빌었지.

옥황상제 천지왕이 하늘에서 굽어보니, 인간 세상 늙은 백성들이 높은 산에 단을 쌓고 무언가 열심히 빌고 있거든. 가만히 들어 보니 엉망으로 된 세상을 바로잡아 달라고 비는 거야. 옥황상제가 깜짝 놀랐지.

"내가 잠시 인간 세상을 돌보지 않았더니 그새 어떤 일이 벌어졌기에 백성들이 저렇게 괴로워하는고?"

급히 황금산 도단절 무야스님을 불러서 영을 내렸어.

"대사는 당장 인간 세상에 내려가 무슨 일이 생겼는지 소상히 알아 오라."

"그리하겠습니다."

무야스님이 흰 장삼 입고 누른 가사 걸치고 붉은 염주 목에 두르고 검은 바랑 등에 지고, 한 손에 목탁 들고 한 손에 지팡이 짚고 인간 세상에 내려갔어. 내려가서 집집마다 돌아다니며 동냥을 하는데, 어느 집도 문을 열어 주는 집이 없네. 모두들 대문을 꼭꼭 걸어 잠그고 내다보지도 않는 거야. 가만히 살펴보니 어떤 집에서는 처녀가 아기를 낳아서 온 식구가 부끄러워 문을 닫아걸고 탄식하고, 어떤 집에서는 태어난 지 석 달도 안 된 아기가 죽어서 통곡을 하고, 어떤 집에서는 크는 아이들끼리 주먹다짐을 하며 싸우느라 야단이고, 이런 꼴이거든. 그제서야 삼신이 함부로 아기를 낳게 하는 바람에 이런 일이 벌어진 것을 알았지.

무야스님이 곧바로 하늘로 올라가 옥황상제께 보고 들은 것을 낱낱이 아뢰니, 옥황상제가 천하궁 벼슬아치들을 다 불러 모았어.

"지금 인간 세상에는 못된 삼신 때문에 질서가 무너져 백성들이 고통 받고 있다 하니, 당장 새 삼신을 내려보내야겠다. 누구를 새 삼신으로 보내면 좋을지 말해 보라."

사천왕이 나서서 말하기를,

"인간 땅 명진국에 천왕보살 지왕보살의 따님이 있는데, 나이 일곱 살에 부모에게 효도하고 형제간에 우애 있고 어른을 공경하고 아기들을 사랑하고, 아름답기는 꽃과 같고 슬기롭기는 별과 같아 삼신이 될 만합니다."

하거든. 옥황상제가 그 말을 그럴 듯하게 여기고 옥황차사를 명진국에 보내 천왕보살 지왕보살의 따님을 불러왔어.

명진국 천왕보살 지왕보살의 따님아기씨가 옥황차사를 따라 하늘로 올라가는데, 걸어가면 아홉 달이 걸리지마는 선녀머리동아줄을 타고 올라가서 사흘밖에 안 걸렸어. 선녀머리동아줄은 하늘 천하궁 선녀들의 머리카락을 모아 만든 동아줄인데, 튼튼하기가 사람 삼천 명이 한꺼번에 매달려도 견디고, 그 길이는 아무도 알 수 없는 줄이거든. 그 줄을 타고 올라가 사흘 만에 하늘에 이르렀지. 아기씨가 천하궁 큰 마루에 썩 들어서서 인사를 드리니, 옥황상제가 아기씨 지혜를 떠보느라고 다짜고짜 물어.

"네가 타고 올라온 선녀머리동아줄의 길이가 몇 자더냐?"

아기씨가 그 말을 듣고 조금도 놀라거나 머뭇거리지 않고 대답을 하는데,

"그 동아줄 길이만한 자로 재면 한 자요, 그 길이 반만한 자로 재면 두 자가 됩니다."

하니 옥황상제 천지왕이 똑똑하다고 칭찬하고, 그 자리에서 삼신 되기를 명했어.

"너는 이제부터 삼신이 되어 인간 세상에 내려가거라. 가서 아기 낳기를 바라는 여인들에게 아기를 낳게 해주어라."

"저는 아직 그 법을 모릅니다."

옥황상제가 선녀들을 불러 아기씨에게 삼신의 법을 하나하나 일러주게 했지.

"아기 낳을 어머니 몸에 피 살려 석 달 열흘, 살 살려 석 달 열흘, 뼈 살려 석 달 열흘, 이렇게 한 지 열 달 만에 어머니 몸에 늘어진 뼈 당겨 주고 오그라든

뼈 늦춰 주어 순산하게 하여라. 아기가 나오면 머리를 동쪽으로 하고 가위로 탯줄을 세 치 남기고 잘라 명주실로 꼭꼭 매어 준 뒤 더운 물에 씻겨 주어라. 어머니에게는 미역국을 먹이고 아기에게는 젖을 먹이며, 잡귀가 범접 못하도록 금줄을 쳐 주어라. 아기를 키울 때는 어머니 품에서 삼 년, 아버지 손길로 삼 년, 젖 먹여 삼 년, 밥 먹여 삼 년 키우게 하여라. 아기를 가르칠 때는 옳은 것은 좇게 하고 그른 것은 멀리하고, 부모에 효도하고 형제간에 우애 있고 친척간에 화목하고 남에게 어질도록 가르치라 일러라."

아기씨가 새겨듣고 삼신 차림으로 인간 세상으로 내려가는데, 남색 저고리에 흰 바지 입고 자주색 치마에 분홍 장옷 걸치고, 한 손에 은가위 들고 한 손에 참실을 들었어. 정월 초하룻날 선녀머리동아줄을 타고 땅으로 내려가 보니, 과연 듣던 대로 세상이 몹시 어지럽거든. 아기 낳는 때도 제각각이요 낳은 아기 크는 법도 제각각이요, 아기 낳다가 죽은 어머니와 태어나서 죽은 아기들이 길에 널렸으며, 다 큰 아이들은 버릇이 없어서 온 세상이 도둑질과 싸움질로 편할 날이 없어.

아기씨가 탄식하며 여기저기 다니다가 어느 한 집 옆을 지나는데, 집 안에서 애끓는 울음소리가 들리는 거야. 웬일인가 문을 열고 들여다보니, 배가 남산만한 어머니가 문고리를 붙잡고 살려 달라고 소리치며 울고 있거든. 웬일인가 물어 보니 아기 밴 지 일 년이 넘도록 낳지를 못해 그런다 하네. 얼마나 불쌍해? 하늘에서 배운 대로 아기를 낳게 해줬지. 어머니 몸에 늘어진 뼈 당겨 주고 오그라든 뼈 늦춰 주어 순산하게 하고, 해산한 다음에는 아기 머리를 동쪽으로 하고 가위로 탯줄을 세 치 남기고 잘라 명주실로 꼭꼭 매어 준 뒤 더운 물에 씻겨 줬어. 그러고 나서 어머니에게는 미역국을 먹이고 아기에게는 젖을 먹이고 잡귀가 범접 못하도록 금줄을 쳐 줬지.

그런데 이 때 느닷없이 웬 처녀가 도끼눈을 뜨고 집안에 들어서서 호통을 치는 거야.

"너는 누구기에 내가 뿌린 씨를 내 허락도 없이 거두어들이느냐?"

가만히 보니 옷차림도 저와 같고 손에 가위와 실을 든 것도 저와 같거든. 본디 여기에서 삼신 노릇을 하던 동해용왕의 딸이 온 거지. 이 옛 삼신이 나타나서 호통을 치며 새 삼신아기씨를 빗자루로 마구 때리네. 새 삼신아기씨는 영문도 모른 채 실컷 얻어맞고, 그 길로 높은 산에 올라가 단을 쌓고 옥황상제께 빌었어.

"상제님, 상제님. 인간 세상에 삼신은 하나만 있으면 족한 것을, 무슨 일로 이미 삼신이 있는 곳에 저를 또 보내어 이런 설움을 주십니까? 옛 삼신을 버리시든지 저를 버리시든지 하나는 버리시고 하나만 쓰십시오."

동해삼신도 높은 산에 올라가 단을 쌓고 옥황상제께 빌었어.

"상제님, 상제님. 저는 동해용왕의 딸로서 어머니 분부를 받고 오래 전부터 인간 세상에서 삼신 노릇를 해 왔는데, 무슨 일로 새 삼신을 또 내려보내어 남의 일을 가로채게 하십니까? 새 삼신을 버리시든지 저를 버리시든지 하나는 버리시고 하나만 쓰십시오."

옥황상제가 듣고 동해삼신과 새 삼신을 모두 천하궁으로 불러 올렸어. 두 삼신이 천하궁으로 올라가니 옥황상제가 말하기를,

"옛 삼신이 일을 잘 못하여 새 삼신을 내려보냈으나, 한 세상에 삼신이 둘 있어서는 안 된다는 너희들 말이 옳다. 내 너희들을 시험하여 더 슬기롭고 현명한 이를 인간 세상의 삼신으로 정할 터이니 그리 알라."

하고는, 두 삼신에게 각각 은대야 하나와 꽃나무 한 포기를 주면서,

"이 꽃나무를 은대야에 심어 석 달 열흘 뒤에 누구의 꽃이 더 잘 피었는지 보리라."

하거든.

두 삼신이 그 날부터 온갖 정성을 다해 꽃을 가꾸었어. 처음 며칠 동안은 옛 삼신의 꽃이 더 잘 피더니 나중에는 다 시들어버리고 새 삼신의 꽃이 더 잘 피는 거야. 석 달 열흘이 지나서 보니 옛 삼신의 꽃은 다 시들어 남은 것이 없는데, 새 삼신의 꽃은 사만오천육백 가지로 눈부시게 피었어.

별 수 없이 지게 된 옛 삼신이 옥황상제에게 따졌어.

"상제님, 상제님. 삼신이 꽃만 잘 가꾸어서 뭣합니까? 모름지기 아기 낳는 일을 잘 알아야 좋은 삼신이 아니겠습니까?"

옥황상제가 가만히 듣고 있다가 하는 말이,

"그 말도 옳다. 그러면 너희들 중 누가 삼신의 일을 잘 아는지 물어 보리라."

하고는, 먼저 옛 삼신에게 물었어.

"아기는 몇 달 만에 낳게 하느냐?"

"바쁘면 석 달, 안 바쁘면 삼 년 만에 낳게 합니다."

"아기를 낳을 때는 어떻게 하느냐?"

"배꼽을 북 찢어서 낳게 합니다."

"아기가 나오면 어떻게 하느냐?"

"도끼로 탯줄을 끊고 아기를 얼음물에 씻습니다."

"아기는 어떻게 키우고 가르치느냐?"

"가만히 내버려 두면 저절로 잘 큽니다."

그 다음에는 새 삼신에게 물었지.

"아기는 몇 달 만에 낳게 하느냐?"

"아기 낳을 어머니 몸에 피 살려 석 달 열흘, 살 살려 석 달 열흘, 뼈 살려 석 달 열흘, 이렇게 한 지 열 달 만에 낳게 합니다."

"아기를 낳을 때는 어떻게 하느냐?"

"어머니 몸에 늘어진 뼈 당겨 주고 오그라든 뼈 늦춰 주어 순산하게 합니다."

"아기가 나오면 어떻게 하느냐?"

"머리를 동쪽으로 하고 가위로 탯줄을 세 치 남기고 잘라 명주실로 꼭꼭 매어 준 뒤 더운 물에 씻겨 줍니다. 어머니에게는 미역국을 먹이고 아기에게는 젖을 먹이며, 잡귀가 범접 못하도록 금줄을 쳐 줍니다."

"아기는 어떻게 키우고 가르치느냐?"

"아기를 키울 때는 어머니 품에서 삼 년, 아버지 손길로 삼 년, 젖 먹여 삼 년, 밥 먹여 삼 년 키웁니다. 아기를 가르칠 때는 옳은 것은 좇게 하고 그른 것은 멀리하고, 부모에 효도하고 형제간에 우애 있고 친척간에 화목하고 남에게 어질도록 가르칩니다."

두 삼신 말을 다 듣고 난 옥황상제가 드디어 두 삼신에게 명을 내렸어.

"새 삼신은 열두 선녀를 거느리고 인간 세상의 산 아기 낳는 일을 맡아보아라. 그리고 옛 삼신은 혼자 저승에 가서 죽은 아기의 영혼을 맡아 길러라."

그리고 새 삼신에게는 서천에 넓은 밭을 주어 갖가지 꽃을 심게 하고, 그 꽃이 가리키는 대로 아기를 점지하게 마련해 줬어. 새 삼신은 열두 선녀를 거느리고 서천에 가서 넓은 밭에서 돌을 주워 내고 밭을 깊이 갈아엎어 흙을 고르고 곱게 다듬었지. 그리고 옥황상제께 다섯 가지 꽃씨를 얻어 서천꽃밭에 뿌렸어.

동쪽에는 푸른 꽃, 서쪽에는 하얀 꽃, 남쪽에는 붉은 꽃, 북쪽에는 검은 꽃, 가운데는 누른 꽃을 심어서 오색 꽃이 만발하니, 그 꽃이 가리키는 대로 인간 세상 사람들에게 아기를 점지해 줬어. 아기 갖기를 바라는 사람이 있으면 꽃밭의 꽃들에게 물어서, 동쪽의 푸른 꽃이 일어서면 용감한 아기가 태어나게 하고, 서쪽의 하얀 꽃이 일어서면 슬기로운 아기가 태어나게 하고, 남쪽의 붉은 꽃이 일어서면 복 많은 아기가 태어나게 하고, 북쪽의 검은 꽃이 일어서면 수명이 긴 아기가 태어나게 하고, 가운데 누른 꽃이 일어서면 예쁜 아기가 태어나게 해줬지.

그러다가 서천꽃밭에 함부로 들어가 꽃을 꺾어 가는 이들이 많아지니, 삼신이 옥황상제께 청하여 서천꽃밭을 지키는 꽃감관을 보내 달라고 했어. 옥황상제가 소별왕을 불러서 인간 세상에 꽃감관을 시킬 만한 사람이 있느냐고 물으니, 주년국 땅에 사라도령이 쓸 만하다 하거든. 그래서 사라도령을 불러다가 꽃감관을 시켰는데, 나중에는 사라도령의 아들 신산만산할락궁이가 꽃감관 자리를 물려받았지.

 삼신은 그 뒤로도 줄곧 사람들에게 아기를 점지해 주고 아기 낳는 일을 도와 주었는데, 처음에는 어린 아이여서 삼신아기씨라 했지만, 나중에는 호호백발 할머니가 돼서 모두들 삼신할멈이라 부르게 됐단다. 그리고 살았을 때 산파 노릇을 잘 한 할머니가 죽으면 삼신할멈의 시녀가 됐는데, 나중에 그 수가 많아지니까 집집마다 내보내서 아기 낳는 일을 도와 주게 했지. 집집마다 삼신이 있게 된 내력이 이렇단다.

조왕신 여산부인과 문왕신 녹두생이

옛날 옛날 인간 땅 주년국 남선고을에 남선비와 여산부인이 부부 되어 살았어. 여산부인은 부지런하고 살림 솜씨 또한 알뜰했지만, 남선비는 놀기만 좋아해서 집안이 늘 가난했어. 부인이 아무리 애를 써서 살림을 늘려 놔도 남편이 놀면서 다 털어먹으니 남는 게 있어야지. 그런데 식구는 많아. 이 둘이 혼인하던 해부터 아들을 낳은 것이, 한 해에 하나씩 일곱 해 동안 내리 일곱 형제를 낳았거든. 이렇게 식구는 한껏 불려 놓았는데 집안 살림은 예나 이제나 가난하단 말이야. 그러다 보니 남선비는 허구한 날 구멍난 베옷 입고 해어진 망건 쓰고, 여산부인은 옷이 없어 밥보자기를 치마 대신 두르고, 아들 일곱 형제는 사시사철 누더기 옷에 맨발로 지내면서, 온 식구가 배곯는 데는 아주 이골이 났지.

하루는 여산부인이 남편 앞에 새 명주 바지저고리에 갓망건, 도포까지 다 갖추어 내놓고, 은 쉰 냥도 내놓았어. 남선비는 그걸 보고 눈이 휘둥그레졌지.

"이것이 웬 물건이오?"

"제가 시집 올 때 가져온 패물을 팔아 마련한 것입니다. 우리 내외 고생이야 잘 참으면 되지만 일곱 아이 배곯는 것은 차마 못 보겠으니, 이것으로 곡식 장사나 시작해 보십시오. 우리 고을 곡식 값이 눅으니 쉰 냥어치만 사다가 배에 싣고 다른 고을에 가져다 팔면 제법 이문이 남을 것입니다. 당신이 한눈만 팔지 않으면 그것으로 우리 아홉 식구 배는 안 곯을 터이니 해볼 만하지 않습니까?"

"그것 좋은 생각이오. 이문은 틀림없이 남을 테고 내 한눈 파는 일은 절대 없을 것이니 걱정 마시오."

그 날로 남선비가 곡식 장사를 하러 집을 떠났어. 은 쉰 냥으로 곡식을 사다 배에 실으니 한 배 가득이야. 새 명주 바지저고리를 맵시 있게 차려입고, 곡식 가득 실은 배를 타고 남선비가 장사를 하러 갔어. 남선고을을 떠나 바람 부는 대로 물결치는 대로 가서, 어디에 이르렀는고 하니 오동나라 오동고을에 이르렀어.

오동나라 오동고을에 배를 대고 들어가니, 그 고을 사람들이 모두 대단한 사람인 줄 알고 쳐다봐. 곡식을 한 배 가득 싣고 왔으니 부자임에 틀림없고, 새 명주 바지저고리에 갓망건 쓰고 도포 입은 풍채 또한 그럴 듯하니 말이지. 그 중에 주막집 딸 노일자대가 눈독을 잔뜩 들이다가, 그 날 저녁에 남선비한테 가서 수작을 걸었어.

"풍채 좋은 저 선비님은 어디서 온 누구신가요?"
"남선고을에서 온 남선비라 하오."
"우리 고을에는 무슨 일로 오셨나요?"
"곡식 장사하러 왔소."
"그렇다면 우리 집에 가시지요. 우리 집은 주막이니 나그네 묵기에는 안성맞춤이랍니다. 곡식 다 팔릴 때까지 우리 집에 묵으면서 장기나 바둑으로 소일하시면 그 아니 좋습니까?"

좋은 말로 은근히 꾀니 남선비가 그만 홀딱 넘어가서 노일자대를 따라 주막으로 갔어. 그리고 그 이튿날부터 노일자대가 꾀는 대로 술 마시고 장기나 바둑을 두면서 놀았지. 고향 생각도 잊어버리고 곡식 파는 일도 잊어버리고, 그저 밤낮으로 노는 게 일이야. 그러니 어디 돈이 남아나나? 배에 실은 곡식을 한 섬 두 섬 팔아 술 값, 밥 값, 놀음 값으로 흥청망청 써 버리니 얼마 안 가서 그 많던 곡식이 동이 났어. 빈털터리가 된 거지. 그 다음에는 더 팔 곡식이 없으니까 명주 바지저고리에 갓망건, 도포까지 다 팔아치우고 맨몸뚱이만 남았어.

노일자대는 남선비가 돈이 많을 때는 온갖 아양을 다 떨다가, 빈털터리가 되니까 마당개 닭 쫓듯이 내쫓아 버렸어. 남선비는 하릴없이 주막에서 쫓겨나 허허벌판에 수수깡을 얼기설기 엮어 움막을 짓고 나무돌쩌귀 거적문을 달고 살았어. 날마다 노일자대네 주막을 기웃거리며 먹다 남은 음식이나 얻어먹고 살았지. 노일자대는 남선비에게 찬밥 주는 것도 아깝다고 겨죽을 쑤어서 개밥그릇에 담아 줬어. 남선비는 날마다 겨죽을 얻어먹다 보니 그만 눈이 멀어 버렸어. 눈이 멀어 앞이 안 보이니, 이제는 고향에 가고 싶어도 못 가는 신세가 된 거지.

　　이 때 남선고을에서는 여산부인이 이제나저제나 남선비 오기만을 기다리는데, 날이 가고 달이 가도 올 줄을 모르거든. 여산부인은 애가 타서 날마다 배 떠난 바닷가에 나가 이리저리 왔다 갔다 하면서 남편을 기다렸어.

　　"살았거든 두 발로 걸어 돌아오고, 죽었거든 옷이라도 걸려 올라오게 하십시오."

　　혹시나 바다에 빠져 죽었는가 하고 긴 줄에 얼레빗을 매달아 바다에 던졌다가 꺼내기를 며칠 동안 했어. 그러면서 돌투성이 바닷가를 헤매다 보니 짚신이 하루에 일곱 켤레씩 닳는 거야. 아들 일곱 형제가 하루에 한 켤레씩 짚신을 삼아 대도 남아나는 게 없어.

　　보다 못해 하루는 일곱 형제가 의논하기를,

　　"우리 어머니 저러다가 명대로 못 살 것 같으니, 우리가 아버지를 찾으러 가자."

하고, 어머니 여산부인에게 저희들이 아버지를 찾아 갈 테니 허락을 해 달라고 했어. 그랬더니 여산부인 하는 말이,

　　"너희들이 갔다가 다 죽으면 나중에 아버지 제사는 어찌 지내며 아버지 무덤의 풀은 어찌 베겠느냐? 차라리 내가 가마."

하고서, 산에 가서 곧은 나무를 베다가 배 한 척을 만들어 달라고 그래. 아들 일곱 형제가 어머니 분부대로 산에 가서 곧은 나무를 베다가 자르고 켜고 마

디마디 묶어서 조그마한 배 한 척을 만들었어.

여산부인이 그 배를 타고 남편을 찾으러 나섰어. 배가 남선고을을 떠나 바람 부는 대로 물결치는 대로 자꾸만 흘러갔지. 몇날 며칠 동안 가다가 어느 고을에 닿았는데, 바로 오동나라 오동고을이야.

여산부인이 뭍에 올라 이리저리 살펴보니, 바닷가 언덕에 낯익은 배 한 척이 매여 있네. 남선비가 남선고을을 떠날 때 곡식 싣고 가던 배가 틀림없거든. 그런데 가만히 보니 뱃전은 낡아서 부서지고 밑창은 썩어서 물이 새고 돛은 좀이 먹어서 내려앉았어.

남편이 죽은 것이 틀림없다 생각하고, 여산부인이 길가에 주저앉아 눈물을 흘리며 슬피 울었어. 그 때 가까이 있는 기장밭에서 여자아이가 새를 쫓는데, 이런 노래를 부르면서 쫓는단 말이야.

"후여, 후여. 새들아, 너무 약은 체 말아라. 똑똑하다는 남선비도 노일자대 꾀에 속아 곡식, 재물 다 팔아먹고 움막으로 쫓겨나 겨죽단지를 옆에 끼고 죽을 날만 기다린다. 후여, 후여. 새들아, 너무 약은 체 말아라."

언뜻 들어 보니 제 남편 남선비 말이 나오거든. 얼른 기장밭에 달려가 새 쫓는 아이한테 물었지.

"방금 네가 한 노래가 무엇이냐? 한 번만 더 불러 보아라."

"안 할 테요. 여러 번 부르면 주인한테 욕 먹어요."

여산부인이 손가락에 끼고 있던 가락지를 빼어 주며 간곡하게 달래니 아이가 한 번 더 노래를 부르는데,

"똑똑하다는 남선비도 노일자대 꾀에 속아 곡식, 재물 다 팔아먹고 움막으로 쫓겨나 겨죽단지를 옆에 끼고 죽을 날만 기다린다."

이러거든.

여산부인이 귀가 번쩍 뜨여 아이한테 되물었어.

"애야, 애야. 남선비는 어디에 살고 있느냐?"

"이 고개 넘고 저 개울 건너서 가다 보면 허허벌판에 수수깡을 얼기설기 엮

어 놓고 나무돌쩌귀 거적문을 달아 놓은 움막이 있을 것입니다. 그 집이 남선비 집입니다."

여산부인이 아이가 가르쳐 준 길을 따라가 보니, 아니나다를까 허허벌판에 수수깡을 얼기설기 엮어 지은 움막이 있어. 거적문을 열고 들여다보니, 아 글쎄 남선비가 겨죽단지를 옆에 끼고 주막집 강아지처럼 쭈그리고 앉았는데, 가만히 보니 눈까지 멀었네. 여산부인이 기가 막혀 눈물을 줄줄 흘리다가 말을 건넸어.

"여보시오. 지나가는 나그네가 날은 저물고 쉴 곳은 없으니 하룻밤 재워 주시겠소?"

"우리 집은 좁고 허술해서 손님을 들일 데가 없습니다. 딴 데나 가 보십시오."

"그러면 밥이나 지어 먹게 부엌이라도 빌려 주시지요."

"그거야 어렵지 않습니다."

여산부인이 부엌에 들어가 솥을 들여다보니, 밥알은 하나 없고 겨죽 찌꺼기만 눌어붙어 있구나. 짚수세미로 곱게 닦아 맑은 물에 헹구어 놓고, 가지고 간 쌀을 안쳐 밥을 한 솥 지었어. 그리고 윤기가 자르르 흐르는 밥을 상에 올려 남선비에게 가져갔지.

"주인은 이 밥 좀 드십시오."

남선비가 오랜만에 밥을 앞에 놓고 허겁지겁 첫술을 떠 입에 넣으니, 이게 다른 밥이 아니라 예전에 남선고을 살 때 여산부인이 지어 주던 바로 그 밥맛이로구나. 남선비가 깜짝 놀라 부인에게 물었어.

"손님, 이게 무슨 밥이기에 더도 말고 덜도 말고 옛날 밥맛 고향 밥맛 그대로입니까?"

"주인은 밥맛만 알고 사람은 모릅니까? 내가 여산부인입니다."

그제서야 남선비가 부인이 온 줄 알고 눈물을 흘리며 기뻐했어. 둘이서 손을 부여잡고 그 동안 쌓인 이야기를 나누느라 밤새는 줄도 몰랐지.

이튿날 아침에 노일자대가 남선비가 죽었는지 살았는지 살피느라고 움막에 왔다가 여산부인이 온 걸 알았어. 꾀 많은 노일자대가 가만히 셈을 놓아 보니, 어떻게든 부인의 환심을 사야 나중 일이 풀릴 것 같거든. 얼른 안으로 들어가서 부인 앞에 날아갈 듯이 절을 하네.
　"아이고, 형님 오셨습니까? 먼 길 오시느라 얼마나 고생하셨습니까?"
　"뉘시오?"
　"노일자대입니다. 그 동안 서방님을 모시느라고 모셨는데도 워낙 형편이 곤궁한 탓에 실수가 많아 형님께 죄를 지었습니다."
　입에 든 혀처럼 싹싹하게 구니, 여산부인도 차마 내치지 못하고 그냥 두었어. 노일자대가 악독한 꾀를 내어 부인을 살살 꾀는데,
　"형님, 이 고을 오천강 연못이 맑으니 저와 함께 목욕이나 가십시다."
하니, 여산부인이 거절을 못 하고 함께 갔지. 오천강 연못에 이르러, 노일자대가 부인이 옷 벗는 것을 도와 주는 척하다가 힘껏 떠밀어 물 속에 빠뜨려 버렸어. 그래 놓고 여산부인의 옷을 입고 움막으로 돌아와, 여산부인인 것처럼 목소리를 꾸며 가지고 남선비에게 고했지.
　"노일자대는 행실이 괘씸하기로 저희 집으로 돌려보냈습니다."
　남선비는 그게 노일자대인 줄도 모르고,
　"그것 참 잘 하였소. 어서 우리 고향 남선고을로 돌아갑시다."
하지. 노일자대는 남선비와 함께 바다로 나가 배를 띄웠어. 그리고 그 배를 타고 오동나라 오동고을을 떠나 남선고을로 갔어. 몇날 며칠 동안 배를 타고 가서 드디어 남선고을에 닿았지.
　이 때 남선고을에서는 일곱 형제가 날마다 어머니 돌아오기만을 기다리고 있다가, 하루는 앞바다에 어머니가 타고 간 배가 들어오는 것을 보고 얼른 마중을 나갔어. 배에서 내려 뭍으로 올라오는 어머니, 아버지를 맞으려고, 큰아들은 두루마기를 벗어 땅에 깔았어. 둘째 아들은 적삼을 벗어 땅에 깔고, 셋째 아들은 중의를 벗어 땅에 깔고, 넷째 아들은 조끼를 벗어 땅에 깔고, 다섯째

아들은 행전을 벗어 땅에 깔고, 여섯째 아들은 버선을 벗어 땅에 깔았어. 그런데 막내아들 녹두생이는 아무 것도 깔지 않고, 두 줄기 길 중에 한 길은 틔워 놓고 한 길은 큰 돌로 막아 놨어. 형들이 그걸 보고 이상히 여겨 물었지.

"막내야, 너는 왜 길 하나를 막아 놓느냐?"

"저기 오시는 두 분 중에서 아버지는 우리 아버지가 분명하나 어머니는 우리 어머니가 아니어서 그럽니다."

"그걸 어찌 아느냐?"

"우리 어머니 여산부인은 일산을 혼자 쓰지 않습니다."

과연 노일자대는 남선비야 어찌 됐든 저 혼자만 편하려고 일산을 혼자서 쓰고 오거든. 아닌게아니라, 가까이 오는 걸 보니 옷은 여산부인의 옷을 입었으되 모습은 딴판이야. 위로 여섯 아들은 긴가민가하고만 있는데, 막내아들 녹두생이는 노일자대 앞을 가로막고 묻는구나.

"어머니는 어찌하여 갈 때 모습과 올 때 모습이 다릅니까?"

"뱃길이 험하여 온갖 고생 다 하다 보니 뼈도 굽고 살도 빠져서 그렇다."

위로 여섯 아들은 그 말을 곧이들었지만 막내아들 녹두생이는 믿지를 않고 또 물었어.

"그러면 어찌하여 갈 때 목소리와 올 때 목소리가 다릅니까?"

"파도가 높고 비바람이 심하여 소리 질러 말하다 보니 목이 쉬어 그렇다."

이번에도 위로 여섯 아들은 그 말을 곧이들었지만 막내아들 녹두생이는 믿지를 않아.

집에 돌아가서도 노일자대는 곳간이 어디에 있는지 뒤주가 어디에 있는지 몰라 밥도 안 하고 있다가, 일곱 아들이 밥을 다 해 놓으니 겨우 밥상을 차린다는 것이, 아버지 받던 상은 아들한테 놓고 아들들이 받던 상은 아버지한테 놓고, 이러거든. 이번에도 막내아들 녹두생이가 물었어.

"어머니는 어찌하여 아버지 밥상, 자식 밥상도 못 가리십니까?"

"오래 집을 떠나 있다 보니 이것이 저것 같고 저것이 이것 같아서 그런다."

이번에도 위로 여섯 아들은 그 말을 곧이듣는데 녹두생이는 믿지 않고,

"우리 어머니 여산부인은 대체 어디에 가 계신고?"

하면서 눈물을 흘렸지.

노일자대가 가만히 보니 위로 여섯 아들은 어수룩해서 잘 속는데 막내아들 녹두생이만은 똑똑해서 안 속아넘어가거든. 어떻게 해서든지 녹두생이를 없애 버리리라고 악독한 마음을 먹고, 거짓으로 병이 든 체 누워서 끙끙 앓기 시작했어.

"아이고 아야, 아이고 아야."

그 소리를 듣고 남선비가 깜짝 놀라 달려왔어.

"부인, 왜 그러시오? 어디가 아프오?"

"아파서 죽겠습니다. 오장육부가 안 아픈 곳이 없습니다."

"어찌하면 좋겠소?"

"저잣거리에 가면 강절도령이라는 용한 점쟁이가 있다 하니, 거기 가서 물어 보면 방도가 나올 법합니다."

남선비가 그 말을 듣자마자 지팡이를 찾아 짚고 더듬거리며 바삐 저잣거리로 갔어. 이 틈을 타서 노일자대가 얼른 뒷문으로 빠져나가 저잣거리에 먼저 가서 앉아 있다가, 남선비가 오는 것을 보고 목소리를 꾸며 수작을 걸었어.

"저기 오는 이가 남선비 아니오?"

"그렇소."

"보아하니 부인이 몹시 아프구먼."

"어떻게 아시었소?"

"내가 강절도령이오. 점을 보면 모르는 게 없지요."

"아이고, 그러면 점 한 번 봐 주시오. 어찌하면 낫겠소?"

노일자대가 점을 치는 척하다가 슬슬 말을 꺼냈어.

"방도가 하나 있긴 하오만 차마 말 못 하겠소."

"그러지 말고 말해 주오. 사람 하나 살려 주오."

"정 그렇다면 말하리다. 아들 일곱 형제 중에 막내아들 간을 내 먹여야 낫겠소."

남선비가 그 말을 듣고 깜짝 놀라 넋을 놓고 더듬더듬 집으로 돌아와 노일자대한테 말을 했어.

"점쟁이 강절도령은 막내아들 간을 내 먹이라 하지만, 아비로서 어찌 그런 일을 한단 말이오? 나는 못 하겠소."

노일자대가 그 말을 듣고, 한 번으로는 안 되겠다 하고 또 꾀를 내어 남선비를 부추겼어.

"점쟁이로는 안 되면 의원한테 보여야지요. 건넛마을 초입에 편작노인이라는 용한 의원이 있다 하니 가서 데려오시려오?"

그래 놓고 노일자대는 남선비가 집을 나선 다음 얼른 남선비를 앞질러 건넛마을 초입에 가서 기다렸지.

남선비가 지팡이를 짚고 더듬더듬 건넛마을을 찾아가니, 초입에 딱 들어서자마자 누가 불러 세우네.

"여보시오, 남선비."

"누가 나를 부르시오?"

"의원 편작노인이오. 여기는 웬일로 오셨소?"

"집에 병자가 있어 모시러 왔소이다."

"그럼 어서 가십시다."

노일자대가 의원인 척하고 남선비를 따라 집으로 돌아가서 진맥을 하는 흉내를 내는데, 제가 병자도 되고 의원도 되어 한참 동안 수작을 하다가 슬슬 말을 꺼냈어.

"어허, 이 병에는 보통 약으로는 어림없소."

"그럼 어떤 약이 듣겠소?"

"일곱 형제 중에 막내아들 간을 내 먹이면 낫겠소."

남선비가 그 말 끝에 한숨만 내쉬고 아무 대답이 없으니, 노일자대가 두 번

가지고도 안 되겠다 하고 또 꾀를 내어 남선비를 부추겼어.

"의원으로 안 되면 장승한테 빌어 봐야지요. 뒷산 서낭당에 영험한 장승이 있다 하니 가서 빌어 보시려오?"

이번에도 노일자대가 얼른 뒷산 서낭당에 앞질러 가 있다가, 남선비가 지팡이를 짚고 허위허위 올라오니 슬슬 말을 건넸어.

"여봐라, 나는 장승이니라. 소원이 있으면 여기서 빌어라."

"예, 영험하신 장승님께 비나이다. 우리 집에 아픈 사람 병을 하루 빨리 낫게 해줍시오."

"아픈 부인 고치려면 막내아들 간을 내 먹이는 수밖에 없으니 더 망설이지 말라."

내리 세 번 똑같은 말을 듣고 나니 남선비 마음도 바뀌었어. 그 길로 집에 돌아와 칼을 갈기 시작하는구나. 막내아들 녹두생이가 그걸 보고 아버지한테 물었지.

"아버지, 무슨 일로 칼을 가십니까?"

"네 어머니 병 고치려면 막내아들 간을 내어 먹여야 한다기에 너를 죽여 간을 빼내려고 그런다."

"어찌 아들을 죽이자고 아버지 손에 피를 묻히려 하십니까? 제가 스스로 목숨을 끊어 간을 내놓겠으니 조금 있다가 뒷산 너럭바위에 와서 찾아가십시오."

녹두생이가 뒷산에 올라가 멧돼지 한 마리를 잡아 가지고 그 간을 내어 너럭바위에 올려놨지. 그래 놓고 여섯 형을 불러모았어.

"형님들, 안방의 여자가 우리 어머니인지 아닌지 알 도리가 있습니다. 조금 있으면 아버지가 멧돼지 간을 내 간으로 알고 병자에게 먹일 것인즉, 형님들은 문구멍으로 들여다보고 정말로 먹는지 거짓으로 먹는지만 보십시오."

여섯 형이 그 말대로 안방 문구멍으로 들여다보니, 노일자대가 간을 받아 먹는 척하다가 삿자리 밑에 감추거든.

"어머니, 약은 다 드셨습니까?"
"그래 다 먹었다."
"드시니 어떻습니까?"
"병이 다 나은 듯하다."
"그러면 우리가 들어가 방이나 치워 드리겠습니다."

여섯 형이 들어가 삿자리를 훨떡 들치니 간이 그대로 나오네. 이 때 녹두생이가 뛰어들어오면서 소리쳤어.

"여섯 형님들, 이제 아셨습니까? 이 여자는 우리 어머니가 아닙니다."

녹두생이와 여섯 형이 성을 내어 달려드니 노일자대는 허둥지둥 바삐 달아나기 시작했어. 안방 문지방을 넘어 마당으로 내닫다가 급한 나머지 뒷간으로 들어갔는데, 일곱 형제가 거기까지 따라오니 그만 뒷간 문기둥에 목을 매 죽어 버렸어.

일곱 형제는 아버지 남선비에게 자초자종 이야기를 다 듣고 나서, 노일자대가 어머니 여산부인을 오천강 연못에 빠뜨린 것을 알았지. 그 길로 배를 타고 오동나라 오동고을로 가서, 오천강 연못가에 앉아 하늘 보고 빌었어.

"명철하신 옥황상제님, 이 연못물이 다 마르게 해주십시오. 일곱 아들이 어머니 시체를 찾고자 합니다."

사흘 밤낮을 빌었더니 연못물이 스르르 잦아들어 바닥이 훤히 드러나는데, 어머니 여산부인이 뼈만 남아 거기에 누워 있어. 일곱 형제가 그 앞에서 통곡을 했지. 사흘 밤낮을 슬피 울고 있으니, 어디선가 학이 한 마리 날아와 머리 위에서 빙빙 돌면서 혼잣말로,

"잉어 일곱 마리만 잡아 오면 서천꽃밭까지 태워 줄 텐데……."

이러거든. 서천꽃밭에만 가면 환생꽃을 구해다 어머니를 살릴 수 있을 테니 좀 좋아. 얼른 일곱 형제가 강에 가서 잉어를 한 마리씩 잡아 오니 일곱 마리가 됐어. 의논 끝에 막내 녹두생이가 학을 타고 서천에 갔다 오기로 했지. 학이 녹두생이를 등에 태우고 말하기를,

"서천으로 가는 도중 내가 지쳐서 '후유' 하고 한숨을 쉬면 곧장 내 입에 잉어를 넣어 주세요."

해서, 그리 하마 하고 갔어. 서천으로 가는 길이 좀 먼가. 가다가 가다가 학이 지쳐서 '후유' 하고 한숨을 쉬면 잉어를 한 마리씩 입에 넣어 주고, 이러면서 갔지. 그런데 학에게 잉어 여섯 마리를 먹이고 한 마리가 남았을 때, 녹두생이가 졸다가 그만 잉어를 땅에 떨어뜨리고 말았어. 아뿔싸, 조금 있으니까 학이 지쳤는지 '후유' 하고 한숨을 쉬네. 그런데 먹일 잉어가 있어야 말이지. 안절부절못하고 있는데, 학은 지쳐서 날갯깃이 둔해지더니 점점 아래로 떨어지는구나. 이대로 두면 학도 녹두생이도 떨어져 죽을 판이야. 녹두생이가 급한 나머지 제 팔목을 학의 입에다 집어넣었어. 학이 팔목을 날름 베어먹고 다시 기운을 차려 날아갔어.

그렇게 날아가서 겨우 서천꽃밭에 이르렀지. 녹두생이가 서천꽃밭 꽃감관을 찾아가 사정 이야기를 했더니 환생꽃 다섯 송이를 주는 거야. 그것을 받아들고 다시 학을 타고 오천강 연못가로 되돌아왔지.

어머니 뼈 위에 뼈살이꽃, 살살이꽃, 피살이꽃, 숨살이꽃, 혼살이꽃을 차례로 올려놓았더니 뼈가 살고 살이 살고 피가 살고 숨이 살고 혼이 살아, 하늘 보고 옥황상제께 절 한 번 하고 물푸레나무 회초리로 세 번 치니 어머니가 기지개를 켜면서 일어나 앉네.

"아이고, 봄잠이라 달게 잤구나. 너희들이 다 여기에 웬일이냐?"
"어머니 모시러 왔습니다."

어머니와 함께 집으로 돌아와서, 일곱 형제는 그 뒤로도 오래오래 오순도순 잘 살았어. 그러다가 죽을 날이 되니 옥황상제가 식구들을 모두 신으로 정해 주는데,

"여산부인은 오랫동안 차가운 물 속에 있었으니 몸인들 좀 추웠을까. 이제부터는 따뜻한 부엌에서 살도록 조왕신으로 보내 주마."

하고,

"남선비는 눈 멀어 고생했으나 제 눈 제가 멀게 한 격이니 어두컴컴한 헛간이 제격이렷다. 헛간 지키는 잡신이나 되어라."

하고,

"일곱 형제 중 위로 다섯은 오방신으로 들어서되, 맏이는 동방청제대장군이요, 둘째는 서방백제대장군이요, 셋째는 남방적제대장군이요, 넷째는 북방흑제대장군이요, 다섯째는 중앙황제대장군으로 들어서라. 여섯째는 뒷문 지키는 뒷문왕이 되고, 막내 녹두생이는 앞문 지키는 문왕신으로 좌정하라."

하고,

"노일자대는 뒷간에서 목을 매어 죽었으니 측신이나 되어서 뒷간을 지키되, 여산부인 조왕신이 지키는 부엌 쪽으로는 얼씬도 말아라."

하여, 다 그대로 됐어. 그 때부터 뒷간은 부엌 쪽을 보고 짓지 않는 풍습이 생기게 된 거란다.

말명신 도랑선비와 개울각시

 옛날 옛적 주년국 동쪽 땅에 도랑선비라고 하는 총각이 살았는데, 어려서 어머니, 아버지를 다 여의고 외삼촌 집에 얹혀 살았어. 부모도 없이 외롭고 가난하게 살았지마는, 도랑선비는 글공부를 부지런히 해서 나이 열일곱에 못 읽는 글이 없고 못 외는 책이 없었어. 그래서 근처에 소문이 자자했지.
 이 때 이웃 마을에는 개울각시라고 하는 아리따운 처녀가 살았는데, 이 처녀 또한 어려서 어머니, 아버지를 다 여의고 이모 집에 얹혀 살았어. 비록 가난한 집에서 고생을 많이 하며 살았지마는, 슬기롭고 총명하여 나이 열여섯에 노인들도 모르는 것을 다 아는 거야. 그래서 근방에 칭찬이 자자했지.
 도랑선비도 나이가 들어 장가 갈 때가 됐고, 개울각시도 나이 들어 시집 갈 때가 됐어. 그래서 도랑선비 외삼촌은 조카며느릿감을 찾고, 개울각시 이모는 조카사윗감을 찾다가 두 집이 서로 알게 됐지. 알고 보니 이쪽 저쪽 모자랄 것도 남을 것도 없이 딱 들어맞는 혼처거든. 그보다 더 잘 어울리는 혼처가 어디 있겠어? 하늘이 내린 배필이라고, 양쪽 집에서 서로 사주, 예단을 주고받아 혼례를 치르기로 약속을 했어.
 그래 놓고 개울각시 이모가 혼인날을 받으려고 점쟁이 강절도령을 찾아갔어.
 "여보게, 강절도령. 우리 조카딸 개울각시가 좋은 배필을 만나 시집가게 됐으니, 액도 없고 살도 없는 좋은 날 받아 주게."
 그 말을 듣고 점쟁이 강절도령 낯빛이 달라지네. 무슨 일인고 하니, 강절도령이 전부터 은근히 개울각시를 마음에 두고 있었거든. 그런데 갑자기 다른 데로 시집간다며 혼인날을 받으러 왔으니 반가울 리 있나? 그만 심술이 잔뜩 나서, 좋은 날 다 놔 두고 윤사월 그믐날을 받아 줬어. 이 날이 어떤 날인고 하니 삼 년 액과 세 가지 살이 다 드는 날이야. 액이 들면 나쁜 일이 생기고 살이 끼면 목숨이 위태로운데, 그게 생긴 대로 다 든 날을 받아 놨으니 큰일났지. 개울각시 집에서는 그런 내막도 모르는 채, 그저 좋은 날인 줄로만 알고 윤사월 그믐날을 혼인날로 정하여 도랑선비 집에 알려 줬어.

드디어 윤사월 그믐날이 되어 인제 도랑선비가 말을 타고 색시를 맞으러 개울각시 집으로 갔어. 가는 길에는 고개를 세 번 넘어야 되거든. 첫째 고개를 넘다 보니 까막까치가 나무 위에서 깍깍 시끄럽게 울면서 말하기를,

"오늘밖에 날이 없나?"

하거든. 도랑선비가 그 말을 들었지만 대수롭지 않게 여기고 그냥 갔어.

둘째 고개를 넘다 보니 구렁이 한 마리가 나타나 길을 가로질러 스르르 기어가며 말하기를,

"오늘밖에 날이 없나?"

하거든. 두 번 똑같은 말을 듣고 보니 마음에 걸리기는 했지만 뭐 어떠랴 하는 생각으로 그냥 갔어.

셋째 고개를 넘다 보니 멧돼지 한 마리가 나타나 앞을 가로막고 꿀꿀거리며 말하기를,

"오늘밖에 날이 없나?"

하거든. 세 번이나 똑같은 말을 듣고 보니 도랑선비 마음이 몹시 언짢아졌지만, 가던 걸음을 되돌릴 수도 없어서 그냥 갔어.

드디어 도랑선비가 색시 집에 이르러, 대문을 지나 말에서 내려 초례청으로 들어갔어. 초례청에 들어가 상다리가 휘어지도록 차린 음식상을 받아 놓고 앉아 있는데, 아 갑자기 머리가 어지럽고 눈앞이 캄캄해지면서 몸을 가눌 수가 없는 거야. 초례를 치르는 둥 마는 둥 하고 신방에 들어가서 누워 있었

지. 저녁이 되어 날이 어두워지니 신부가 꽃같이 단장을 해 가지고 신방에 들어오는데, 신랑은 머리가 어지럽고 눈앞이 캄캄해서 일어날 수가 있어야지. 신부가 들어오거나 말거나 그냥 가만히 누워 있었어. 그걸 보고 집안 어른들은 신랑이 버릇없다고 마구 야단을 하는데, 신부는 아무래도 무슨 곡절이 있다고 생각하고 다른 사람들을 다 보낸 뒤에 가만히 물어 봤어.

"서방님, 무슨 일로 그러십니까?"

"나도 모르겠소. 머리가 어지럽고 눈앞이 캄캄해서 몸을 가눌 수가 없구려."

그제서야 개울각시는 날을 잘못 받아서 액이 들고 살이 끼었다는 걸 눈치챘어. 그렇지만 이미 엎질러진 물이니 어떻게 해.

"서방님, 어떻게든 기운을 차리셔야 합니다."

"아무래도 안 되겠소. 나는 이만 집으로 돌아가야겠으니 말을 내주시오."

"말을 내드리는 것은 어렵지 않으나, 이 어두운 밤에 어찌 가신단 말입니까? 가시더라도 날이 밝거든 가십시오."

"그렇지 않소. 어서 말을 내주시오."

개울각시가 울면서 외양간에 매어 놓은 말을 내줬어. 도랑선비가 말을 타고 밤중에 색시 집을 떠나는데, 개울각시가 대문 앞까지 따라나가 말고삐를 잡으며 물었어.

"서방님, 이제 가면 언제나 오십니까?"

"집 앞 오동나무에 까막까치가 와서 울거든 내다보시오. 그러면 알 도리가 있을 것이오."

도랑선비가 떠나간 뒤에, 개울각시는 신방에 신랑이 누웠던 자리를 손도 안 대고 그대로 둔 채 밤새도록 잠을 안 자고 빌었어. 마당에 깨끗한 자리를 깔고 이슬 맞은 정화수를 떠다 놓고 꿇어앉아 지성으로 빌었지.

"영험하신 옥황상제님께 비나이다. 우리 낭군 도랑선비님이 무사히 돌아오게 도와 주십시오. 그저 몸에 든 병이 씻은 듯이 나아 네 활개 펴고 돌아오게 해주십시오."

하룻밤을 꼬박 새워 빌고, 그 이튿날 새벽달이 지고 해가 솟아올라 서산에 질 때까지 빌고 또 빌었어. 잠도 안 자고 밥도 안 먹고 지성으로 빌었지.

그렇게 빌기를 사흘 동안 했어. 사흘 밤 사흘 낮을 밥도 안 먹고 잠도 안 자고 손이 닳도록 빌기만 한 거지. 그러다가 사흘째 되는 날 해가 지고 날이 어둑어둑해지니까, 집 앞 오동나무에 까마귀가 날아와 앉아서 시끄럽게 까옥까옥 울거든. 얼른 나가 봤더니 나무 위에 앉아 있던 까마귀가 입에 편지를 물고 있다가 탁 떨어뜨려 주는 거야. 편지를 치마폭에 받아서 읽어보니, 세상에 이런 날벼락이 있나. 도랑선비가 죽었다는 전갈일세.

개울각시는 그 자리에서 머리채를 풀어헤치고 밤새도록 슬피 울다가, 이튿날 날이 밝자마자 소복을 하고 흰 가마를 타고 도랑선비 집으로 갔어. 세 고개 넘어 도랑선비 집을 찾아가니, 외삼촌·외숙모가 대문간에 지키고 서 있다가 들어오지도 못하게 하네.

"죽은 신랑 집도 시집이라고 찾아왔느냐? 어서 돌아가거라."

"아주버님, 아주머님. 그런 말씀 마십시오. 초례를 치렀으니 저는 엄연히 이 댁 며느리입니다. 며느리를 문간에서 내쫓는 법도 있습니까?"

외삼촌, 외숙모가 할 수 없이 개울각시를 집안으로 들였어.

개울각시는 곧바로 남편 장례를 치르고 나서, 빈소를 꾸며 놓고 그 앞에서 밤낮으로 슬피 울며 빌었어.

"영험하신 옥황상제님께 비나이다. 첫날밤에 이별하여 저승 간 우리 낭군 도랑선비님을 단 한 번만이라도 만나 보게 해주십시오. 우리 낭군 도랑선비님만 만나게 해주시면 오늘 죽으라 해도 기쁘게 죽겠습니다."

이렇게 빌면서 슬피 울었지. 그 울음소리가 얼마나 슬프든지, 그 집 앞을 지나가는 사람이면 어른이고 아이고 그 울음소리를 듣고 따라 울지 않는 이가 없었어.

이렇게 슬피 울며 빌기를 며칠 동안 하였더니, 그 소리가 퍼지고 퍼져 마침

내 하늘 옥황궁에까지 닿게 됐어. 옥황상제가 하루는 궁 안 뜨락을 거닐고 있는데, 저 아래 인간 세상에서 구슬픈 울음소리가 들리는 거야. 그런데 그 소리가 얼마나 애처로운지 애가 끊어지고 간장을 에는 것 같거든. 옥황상제가 그 소리를 듣고 자기도 모르게 눈물을 흘렸어. 얼마나 슬픈 울음소리였으면 그랬을까. 이윽고 옥황상제가 눈물을 거두고 좌우를 돌아보며 말했어.

"내가 여태 이승과 저승의 온갖 소리를 다 들어보았지만 저렇게 슬픈 울음소리는 처음 듣는구나. 대체 누가 저렇게 슬피 우는지 그 연유나 알아보도록 하라."

그 때 마침 황금산 도단절 무야스님이 옆에 있다가 그 말을 받아 나섰지.

"그러면 소승이 내려가서 그 연유를 알아 오겠습니다."

"그렇게 하라."

무야스님이 옥황상제 허락을 받아, 해어진 가사장삼을 입고 떨어진 굴갓을 쓰고 누덕누덕 기운 바랑을 메고 인간 세상으로 내려갔어. 주년국 동쪽 땅에 이르러 슬피 우는 울음소리를 따라가 보니, 어떤 가난한 집에서 소복을 한 아낙이 빈소 앞에서 울고 있거든. 가만히 보니 빈소 앞에 정화수 떠다 놓고 울면서 빌기를,

"영험하신 옥황상제님께 비나이다. 첫날밤에 이별하여 저승 간 우리 낭군 도랑선비님을 단 한 번만이라도 만나 보게 해주십시오. 우리 낭군 도랑선비님만 만나게 해주시면 오늘 죽으라 해도 기쁘게 죽겠습니다."

이런단 말이야. 무야스님이 그 말을 새겨듣고, 곧바로 하늘 옥황궁으로 올라와 옥황상제께 아뢰었지.

"그 울음소리는 다른 것이 아니라, 첫날밤에 이별하여 죽은 남편을 그리워하는 여인의 울음소리였습니다."

"그렇다면 그 여인이 과연 얼마나 남편을 그리워하는지 시험해 보라. 세 번을 시험하여 그 뜻이 간절함을 알거든 그 둘을 다시 맺어 주도록 하라. 그러나 만약 그 조상의 죄가 하늘에 닿거든 이승의 인연은 맺지 못하게 하라."

무야스님이 옥황상제의 명을 받아 다시 인간 세상으로 내려갔어. 주년국 동쪽 땅에 이르러 개울각시 집 앞에서 목탁 치고 염불하면서 시주를 청했지.

"외로운 절 가난한 중이 이 댁에 시주 받으러 왔습니다."

그러자 안에서 개울각시가 나와 쌀 한 말을 내주면서 눈물을 뚝뚝 흘리는 거야.

"부인은 무슨 일로 그리 슬피 우는지요?"

"첫날밤에 이별하여 저승 간 우리 낭군 도랑선비가 보고 싶어 이렇게 울고 있습니다."

"그렇다면 뒷마당에 박을 심으십시오. 정성껏 길러 박이 열리거든 알맞게 자랐을 때 따서 표주박을 만들되 꼭 서 홉들이 바가지를 만들어야 합니다. 그 바가지로 새벽 이슬 맞힌 정화수를 삼천 번 떠서 동이에 담아 남편의 무덤 앞에 놓고 빌기를 석 달 열흘 동안 한다면 죽은 남편을 다시 볼 것입니다."

이렇게 말하고 무야스님은 어디론가 가 버렸어. 개울각시는 남편을 만나려는 한 가지 마음으로 정성껏 박을 길러 서 홉들이 표주박을 만들었어. 그 바가지로 새벽 이슬 맞힌 정화수를 삼천 번 떠서 동이에 담아 가지고 도랑선비 무덤 앞에 놓고 빌었지.

그렇게 빌기를 석 달 열흘 동안 하였더니, 과연 석 달 열흘째 되는 날 무덤에서 도랑선비가 걸어나오는데, 살아 생전 그 모습 그대로거든. 얼마나 반가운지 개울각시가 얼른 다가가서 손을 잡으려고 했어. 그랬더니, 이게 웬일이야? 도랑선비가 그만 연기처럼 스르르 사라져 버리지 뭐야.

개울각시가 그 길로 집에 돌아와, 전에처럼 빈소 앞에서 슬피 울며 빌었어. 그랬더니 며칠 뒤에 무야스님이 또 대문간에 와서 목탁 치고 염불하며 시주를 청하는 거야. 개울각시가 쌀 한 말을 시주하고 나서 스님에게 빌었지.

"스님, 제발 우리 낭군 도랑선비를 만나 보게 해주십시오."

"부인은 이미 소원을 이루었을 텐데요."

"한 번만 더 만나게 해주십시오."

"정 그렇다면 방도를 일러 드리겠습니다만, 이번에는 무척이나 어려운 일을 해야 합니다. 부인의 머리칼을 한 올씩 뽑아 삼천 발이 되도록 노끈을 만드십시오. 그 노끈을 가지고 아미산 꼭대기에 있는 금상사에 올라가, 한쪽 끝은 법당 추녀에 걸고 다른쪽 끝은 건너편 벼랑 끝에 거십시오. 그리고 그 끈에 매달려 벼랑 위를 아흔아홉 번 갔다 오면 소원을 이룰 것입니다."

개울각시는 스님의 말을 듣고, 도랑선비를 만나려는 한 가지 마음으로 머리칼을 한 올씩 뽑아 삼천 발이나 되는 노끈을 만들었어. 그 노끈을 가지고 아미산 꼭대기에 있는 금상사에 올라가, 한쪽 끝은 법당 추녀에 걸고 다른쪽 끝은 건너편 벼랑 끝에 걸었지. 그래 놓고 그 끈에 매달려 벼랑 위를 갔다 오는데, 노끈이 손바닥을 파고들어 피가 줄줄 흘러도 이를 악물고 그만두지 않았어.

그렇게 하기를 아흔아홉 번 하였더니, 마지막 갔다 올 때 법당 앞에 죽은 남편이 살아 생전 모습 그대로 서 있는 거야. 어찌나 반가운지 달려가서 붙잡으려고 손을 내밀었지. 그런데 도랑선비 모습이 그만 연기처럼 스르르 사라져 안 보이네.

개울각시가 이번에도 남편을 한 번 잡아 보지도 못하고 돌아와, 전에처럼 빈소 앞에 엎드려 슬피 울며 빌었어. 그런 지 며칠 뒤에 무야스님이 또 개울각시 집을 찾아왔어. 대문간에서 목탁 치고 염불하며 시주를 청하기에, 개울각시가 나가서 쌀 한 말을 시주하고 나서 간절하게 빌었지.

"스님, 부탁이니 우리 낭군 도랑선비를 만나 보게 해주십시오."
"이미 두 번이나 만나 보지 않았소?"
"그렇지만 말 한마디 못 해보고 옷자락 한 번 못 잡아 보았으니 애만 끓을 뿐입니다. 한 번만 더 보게 해주십시오."
"정 그렇다면 방도가 없는 것은 아닙니다. 그렇지만 이번에는 전보다 더욱 어려운 일을 해야 합니다. 대나무 아흔아홉 그루를 심어 가꾸어서 다 자라면 댓잎을 모두 훑으십시오. 그 댓잎으로 기름 서 말 서 되를 짜 가지고 그 기름을 양손에 적시되, 적셔 말리고 적셔 말리고 하여 그 기름이 양손에 다 스며들 때까지 말리십시오. 그런 다음에 열 손가락에 불을 붙여, 손가락 마디가 다 탈 때까지 뜨겁단 말 아프단 말 한마디 안 하면 소원을 이룰 것입니다."

개울각시는 곧바로 대나무 아흔아홉 그루를 심어 정성껏 가꾸었어. 그런 다음 댓잎을 모두 훑어서 그것으로 기름 서 말 서 되를 짰지. 그 기름을 손에 다 적셔 말리고 적셔 말렸어. 그래서 기름이 손에 반들반들 스며들었을 때 열 손가락에 불을 붙였지. 열 손가락에 불이 붙어 빠지직 빠지직 타 들어가니 뼈가 끊어지는 것같이 뜨겁고 아팠지만, 개울각시는 꾹 참고 뜨겁단 말 아프단 말을 한마디도 안 했어.

드디어 열 손가락 마디가 다 타 들어가 뼈만 앙상하게 남았을 때, 문득 저 멀리서 말발굽 소리가 들리더니 눈앞에 도랑선비가 말을 타고 나타나 우뚝 서는 거야. 얼마나 반가운지 한 달음에 달려가 붙잡으려 했지. 그런데 이번에도 도랑선비는 기다려 주지 않고, 개울각시 손이 옷자락에 닿는 순간 스르르 사라져 버리고 말았어.

개울각시는 너무나 안타까워 눈물을 흘리며 도랑선비 빈소에 돌아왔어. 그리고 빈소 앞에 쓰러져 슬피 울며 빌었어. 그렇게 빌기를 며칠 동안 했더니 무야스님이 또 개울각시 집을 찾아왔어. 개울각시가 달려나가 쌀 한 말을 시주하고 나서, 스님 장삼자락에 매달려 빌고 또 빌었어.

"스님, 우리 낭군 도랑선비를 한 번만 더 만나게 해주십시오. 이번에는 기어코 놓치지 않겠습니다."

"정 그렇다면 이렇게 하십시오. 아미산 꼭대기에 있는 금상사까지 아흔아홉 구비 길을 닦되, 아무 연장도 쓰지 말고 맨손으로 닦으십시오. 부인이 이쪽에서 길을 닦아 가면 도랑선비는 반대쪽에서 길을 닦아 올 것입니다. 그래서 금상사에서 서로 만나면 좋은 일이 생기겠지요."

개울각시는 망설이지도 않고 아미산 금상사에 오르는 길을 닦기 시작했어. 아무 연장도 쓰지 않고 맨손으로 흙을 고르고 돌을 주워 내면서 길을 닦았지.

굵은 돌은 뽑아내고 잔돌은 박아 넣으며, 손이 헐고 부르트고 손톱이 갈라지고 빠져도 멈추지 않았어. 석 달 열흘 만에 아흔아홉 구비 길을 다 닦고 금상사에 올라가서, 개울각시는 너무나 지친 나머지 그만 절 마당에 쓰러져 잠이 들어 버렸어.

한참 자고 난 뒤에 정신을 차리고 보니, 저만치서 웬 선비가 흙투성이가 되어 이쪽으로 걸어 오더래. 가만히 보니 다른 사람이 아니라 바로 제 남편 도랑선비거든. 얼른 달려가서 붙잡고 싶었지마는 또 놓칠까 봐 겁이 나는 거야. 그래서 혼자 생각하기를,

'이번에는 모르는 척하고 가만히 있다가, 가까이 오면 꽉 붙잡아서 절대 놓치지 말아야지.'

하고, 나무 뒤에 숨어서 가만히 있었어.

도랑선비가 가까이 다가오자, 개울각시는 와락 달려들어 남편을 꽉 붙잡았어. 행여 놓칠세라 온 힘을 다해 붙잡았지. 그랬더니 이게 꿈이야, 생시야? 이번에는 도랑선비가 사라지지 않고 그 자리에 그대로 있는 거야.

"서방님, 그 동안 얼마나 고생이 많으셨습니까?"

"여보, 고맙소. 당신의 정성이 하늘을 감동시켜, 옥황상제께서 내게 말씀하시기를 저 길을 다 닦으면 우리가 다시 만날 수 있게 해준다 하셨소. 이제 길을 다 닦았으니 우리는 다시 함께 살 수 있게 되었소."

두 사람은 기뻐하면서 손에 손을 잡고 산을 내려갔어. 이제 집으로 돌아가서 행복하게 살 일만 남은 거지. 그런데 산을 다 내려와 마을로 들어가는 길목에 이르니, 난데없는 흙탕물이 사나운 기세로 콸콸 흘러 앞을 가로막네. 그걸 보고 도랑선비 낯빛이 어두워지면서 하는 말이,

"옥황상제께서 말씀하시기를 한 가지 고비가 남아 있다 하시더니 이것이 바로 그 고비인가 보오. 만약 내 조상이 지은 죄가 하늘에 닿지 않으면 살 수 있을 것이나, 만약 그 죄가 하늘에 닿는다면 나는 다시 저승으로 돌아가야 할 것입니다."

하면서, 개울각시더러 먼저 흙탕물을 건너라고 해. 그래서 개울각시가 먼저 흙탕물을 건넜지. 조심조심 무사히 물을 다 건너서 막 뒤를 돌아보니, 마침 도랑선비가 막 물 속에 들어서고 있거든. 그런데 갑자기 천둥 번개가 우르르 쾅, 번쩍 하고 내리치더니 물 속에서 커다란 용이 꿈틀거리며 솟아올라 도랑선비를 휘감아 가지고 하늘로 올라가는구나. 도랑선비가 용에게 잡혀 올라가면서 손을 흔들며 소리치기를,

"내 조상이 벼슬아치로서 재물을 탐내고 백성들을 함부로 죽였다더니 그 죄가 기어이 하늘에 닿았나 보오. 나는 도로 저승으로 가려니와 부인은 이승에서 부디 잘 사시오."

하거든. 개울각시가 그만 억장이 무너지고 간장이 찢어져 남편을 따라가며 소리쳤어.

"서방님, 나 혼자서는 살 수 없으니 어찌하면 서방님을 따라갈 수 있는지 가르쳐 주십시오."

도랑선비는 잠깐 망설이다가 소리 높여 외치기를,

"우리는 이제 저승에서나 만날 수 있으니, 나를 꼭 만나고 싶거든 석 자 세 치 명주로 줄을 만들어 한쪽 끝은 대들보에 걸고 다른쪽 끝은 부인의 목에 걸어 매달리시오."

하고는, 그만 용에게 휘감겨 구름을 뚫고 하늘로 올라가 버리고 말았어.

개울각시는 집으로 달려가 석 자 세 치 명주로 줄을 만들어 한쪽 끝은 대들보에 걸고 다른쪽 끝은 제 목에 걸었어. 그렇게 매달려 죽었는데, 죽으면서도 이제 저승에서 남편을 만날 수 있게 됐다고 기뻐했다는 거야.

개울각시는 죽어서 저승으로 가게 됐는데, 저승문 앞에 이르자마자 문지기를 재촉하여,

"나는 도랑선비의 아내 개울각시오. 어서 빨리 우리 낭군을 만나게 해주오."

하여, 문지기가 도랑선비 있는 곳으로 데려다 줬어. 도랑선비는 저승에서 글

방 훈장이 되어 아이들에게 글을 가르치고 있었는데, 뒤따라온 아내를 반갑게 맞이하여 그 뒤로 부부가 온갖 복을 누리면서 잘 살았더란다.

도랑선비와 개울각시는 나중에 옥황상제의 분부로 말명신이 되어 조상신을 돌보고 지키며 심판하는 일을 맡아보았는데, 그 때문에 어느 집에서나 조상님께 제사를 지내면 도랑선비와 개울각시도 함께 와서 얻어먹고 간다고 해.

일월신 궁상이와 해당금이

옛날, 하늘 옥황궁에 궁상이라는 젊은 선비가 벼슬 살았어. 말 잘 하고 글 잘 하고 풍채 좋고 인심 좋아 나무랄 데가 없는데, 딱 한 가지 나쁜 버릇이 있었으니 내기를 너무 좋아한단 거였어. 또 내기를 하면 지고는 못 배겨서, 제가 이길 때까지 열 번이고 스무 번이고 해야 직성이 풀렸지. 장기든 바둑이든 잘 둔다 하는 사람이 있으면 어디든지 찾아가서 무엇이든 걸고 내기를 하는데, 이겨야 그만두지 지고는 그만두는 법이 없었어.

그러다가 한 번은 옥황궁 선비들이 쓰는 벼루를 걸고 장기를 두어 지는 바람에 벼루를 빼앗겨 버렸어. 옥황상제가 이것을 알고 크게 성을 내어 인간 땅에 귀양을 보냈지.

인간 땅으로 내려온 궁상이는 어느 호젓한 산골짜기에 움막을 짓고 귀양살이를 했어. 낮이면 지게 지고 산에 가서 나무를 해다가 장에 갖다 팔고, 밤이면 움막 안에 촛불을 켜 놓고 글을 읽으면서 지냈지.

하루는 궁상이가 산에 나무를 하러 갔다가 나물 캐러 온 처녀를 만났는데, 그 모습이 너무 고와서 그만 한눈에 반해 버렸어. 그 처녀 이름은 해당금이고 산 너머 참봉집 딸이야. 그 뒤부터 궁상이는 자나깨나 해당금이 생각에 아무 일도 못 했지.

궁상이가 해당금이를 아내로 맞으려고 산 너머 참봉집에 들고나며 제 중매를 제가 서는데, 말을 붙이느라고 한 해가 다 가고, 편지 보내느라고 한 해가 다 가고, 삼 년째에야 드디어 허락이 나서 장가를 가게 됐어.

장가를 가려면 신부 집에 예물을 보내야 되거든. 그런데 예단을 보내려니 헝겊 한 조각 살 돈이 있어야지. 혼자서 나무나 해다 팔아 먹고 사는 처지에 무슨 돈이 있어서 번듯한 예단을 끊어 보내겠나. 궁상이가 궁리 끝에, 제가 늘 넘어다니는 고갯마루 서낭당에 가서 나뭇가지에 걸린 천조각을 걷어 가지고 왔어. 그걸 예단으로 보내려는 거지. 그런데 막상 보내려고 보니 예단 담을 함이 없네. 하는 수 없이 마루 밑에 신다 버린 나막신을 주워다 함 삼아 담았어. 그러고 나니 이번에는 그걸 실을 말이 없네. 하는 수 없이 마당가에 놀고 있던 수탉을 붙잡아 그 등에 예단함을 실어 묶어 보냈어.

이렇게 해서 궁상이가 해당금이한테 장가를 갔어. 혼례를 치르고 사흘 만에 색시를 데리고 움막으로 돌아왔지.

그런데 장가 간 뒤로는 궁상이가 밖에 한 발짝도 안 나가고 허구한 날 집안에만 틀어박혀 있네. 왜 그런고 하니, 제 색시 해당금이가 너무 예뻐서 한시도 떨어지지를 못해서 그런 거야. 밖에를 나가야 나무를 하든지 남의 품을 팔든지 하여 돈을 벌 테고, 그래야 입에 풀칠이라도 하고 살 텐데, 당최 색시 곁을 한 발짝도 떠나지 않으려 하니 낭패지. 자나깨나 둘이서 마주앉아 눈만 쳐다보고 있느라고 날이 가는지 달이 가는지도 몰라.

보다 못해 하루는 해당금이가 궁상이한테 닦달을 했지.

"서방님, 밤낮 나만 쳐다보고 있으렵니까? 오늘은 산에 가서 나무 한 짐 해 오십시오."

"그런 말 마오. 나는 못 가겠소."

"왜 못 간다고 하십니까?"

"당신을 안 보고는 한시도 못 사는 걸 어쩌란 말이오?"

해당금이가 가만히 생각을 해보니, 이것 참 일이 나도 예사로 난 게 아니거든. 이러다가는 굶어죽기 딱 좋게 되었으니 말이야. 생각 끝에 제 얼굴을 그림으로 그려서 궁상이에게 줬어.

"서방님, 나무하러 갈 때 이 그림을 가지고 가십시오. 나뭇가지에 걸어 놓고 날 본 듯이 보면서 일을 하면 되지 않겠습니까?"

"응, 그러면 되겠구나."

궁상이가 그림을 가지고 나무를 하러 갔어. 나뭇가지에 그림을 걸어 놓고 낫질 한 번 하고 쳐다보고, 톱질 한 번 하고 쳐다보고, 이러면서 일을 했지. 그러다가 아뿔싸, 센 바람이 한 번 쌩 하고 불더니 그만 그림이 바람에 날려 가 버렸네.

그림이 바람에 실려 멀리멀리 날아가서, 어디로 갔는고 하니 바다 건너 남쪽 고을에까지 갔어. 그 고을에서 제일가는 부자 배선이 집 마당에 가서 떨어졌지.

배선이가 마당에 나와 서 있다 보니 웬 종잇조각이 바람에 날려 나풀나풀 날아와서 떨어지네. 주워서 들여다보니 그림 속에 웬 여인이 있는데, 세상에 둘도 없을 것 같은 아리따운 모습이거든. 대체 어디 사는 누구이기에 이렇게 예쁜가 하고, 그 날로 하인 삼백 명을 사방팔방에 보내 그림 속 주인공을 찾아보게 했어. 하인들이 사방팔방 돌아다니며 수소문해 찾아보니, 바다 건너 북쪽 고을 호젓한 산골짜기 움막집에 사는 궁상이 아내 해당금이가 딱 그림 속 여인과 닮았단 말이야. 이것 저것 알아보고 돌아와서 주인에게 그대로 고했어.

"그 그림은 궁상이 아내 해당금이를 그린 것이 틀림없습니다."

"궁상이는 무엇하는 사람이고 무엇을 좋아한다더냐?"

"궁상이는 근본은 선비이나 집안이 가난해서 나무나 해다 팔아 먹고 살고 있습니다. 좋아하는 것은 장기, 바둑 두는 것과 내기하는 것이라면 사족을 못 쓴답니다."

배선이가 그 말을 듣고서, 곧장 생금덩이 한 궤짝을 배에다 싣고 바다를 건너갔어. 북쪽 고을에 이르러 배를 대 놓고, 생금덩이 한 궤짝과 장기판을 짊어지고 궁상이가 사는 곳을 찾아갔지. 가서 궁상이 나무하는 길목을 지키다가, 궁상이가 나무 한 짐 해 오는 것을 보고 수작을 걸었어.

"여보시오, 선비님. 장기나 한 판 둡시다."

궁상이가 오랜만에 장기판을 보니 저도 모르게 마음이 끌려, 지게도 벗어 놓고 그 자리에 앉아 장기를 뒀어. 배선이가 일부러 져 주니, 궁상이가 내리 세 판을 이겼지. 본래 내기 좋아하고 이기는 것 좋아하는 사람이라, 세 번을 내리 이기고 기뻐서 춤을 덩실덩실 추는구나. 그 때를 기다려 배선이가 슬슬 꾀었지.

"여보시오, 선비님. 그냥 두면 무슨 재미요? 무어라도 걸어 놓고 내기장기나 한 판 더 둡시다."

궁상이 귀가 솔깃해졌지만 뭐 걸 게 있어야지.

"나는 가난하여 아무 것도 걸 게 없소이다."

"그럼 이렇게 합시다. 만약 내가 지면 금덩이 한 배를 다 드리리다. 만약에 선비님이 지면 부인을 내게 주시오."

이미 세 판을 이긴 궁상이 눈에 뵈는 것도 없고 귀에 들리는 것도 없어, 대번에 그러자 하고 내기판에 달려들었어. 그런데 이게 웬일, 첫판을 지고 둘째 판도 지더니 셋째 판까지 져 버렸네. 내리 세 판을 지고 정신을 잃어 멍하니 앉아 있는데, 배선이는 아무 날 아무 시에 부인을 데리러 오겠노라 하고는 바람같이 가 버렸어. 그제서야 정신을 차리고 뉘우쳤지마는 소용이 있나.

궁상이가 집에 돌아와 이불을 쓰고 누워 밥도 안 먹고 눈물만 줄줄 흘리고 있으니, 해당금이가 보고 무슨 일로 그러는가 물었지. 차마 말을 못 하고 울고만 있다가, 자꾸 묻기에 일이 이만저만하게 되어서 당신을 잃게 됐노라고 실토를 했어. 해당금이가 그 말을 듣고 기가 탁 막혀 울음이 나오는 게 아니라 웃음이 나오는구나. 비꼬아서 하는 말이,

"얼싸 좋다, 참 좋구나. 잘난 내 낭군이로다. 내기놀음에 빠져 마누라 팔아 먹은 덕분에 인제 해당금이 팔자가 훤히 펴게 생겼구나. 가난한 궁상이 서방님과 사는 것보다 부자 배선이와 살면 더 좋을 테니, 팔자 고친단 말이 이를 두고 한 말 아니더냐."

하니, 궁상이가 그 말을 듣고 더 슬피 울어.

둘이서 웃다가 울다가, 이윽고 해당금이가 묘한 꾀를 냈어.

"서방님, 울지 말고 내 말 좀 들어 보십시오. 내가 시집 올 때 데리고 온 종 옥분이가 얼굴이 곱지 않습니까? 그 아이에게 내 옷을 입혀 안방에 앉혀 놓고, 나는 헌 옷 입고 얼굴에 검댕이칠을 하고 한쪽 다리를 절며 물 길러 다니면, 배선이가 와서 보고 옥분이를 나로 알고 나를 종으로 알아 옥분이를 데려갈 것이 아닙니까?"

궁상이가 그 말을 듣고 벌떡 일어나 무릎을 치며 좋아했지.

"참으로 용한 꾀로구나. 그 꾀 어디로 나왔소? 염통으로 나왔소, 콩팥으로 나왔소?"

배선이가 오는 날이 되자 옥분이를 잘 달래어 옷을 서로 바꿔 입고, 옥분이는 꽃같이 어여쁘게 꾸며 안방에 앉혀 놓고, 해당금이는 얼굴에 검댕이칠을 하고 한쪽 다리를 절며 물을 길러 다녔어. 드디어 배선이가 마당에 썩 들어서기에 안방에 단장하고 앉아 있는 옥분이를 가리키며,

"저기 아내가 앉아 있으니 어서 데려가오."

하니, 배선이가 옥분이를 한 번 보고 해당금이를 한 번 보고, 번갈아 가며 이리 보고 저리 보고 쳐다보고 내려다보고 하더니, 사람이 바뀐 것을 눈치채고 의뭉스럽게 말을 하는구나.

"아무리 약속이라지만 백년해로할 남의 부인을 데려가면 죄가 클 테니, 부인은 그만두고 저기 마당가에 있는 물 긷는 종을 대신 데려가겠소."

궁상이가 그만 기가 탁 막혀 아무 말을 못 하네. 이제 와서 그게 아니라고 할 수도 없고, 그게 아니라고 한다 해서 무사할 일도 아니잖아. 이러지도 못하고 저러지도 못하고 얼빠진 사람처럼 가만히 서 있으니, 보다 못한 해당금이가 썩 나섰지.

"내가 가긴 가겠으나, 지금 당장은 안 됩니다. 사흘 말미만 주십시오."

"그럼 사흘 뒤에 오겠소."

배선이가 간 뒤에 궁상이는 하릴없이 밤낮으로 울며 지내는데, 해당금이는 분주하게 일을 했어. 무슨 일을 하는고 하니, 있는 것 없는 것 다 팔아 소를 한 마리 사서 잡아 가지고 그 고기를 말려 얇게 저며 포를 떴어. 솜처럼 가볍고 부드럽게 포를 떠서, 그것을 궁상이 저고리 안섶에 솜 넣듯이 차곡차곡 넣어 뒀지. 그리고 명주실꾸리 하나, 바늘 한 쌈을 궁상이 바지 안섶에 넣어서 잘 꿰매 뒀어.

　그러다 보니 사흘이 후딱 지나 배선이가 가마를 앞세우고 해당금이를 데리러 왔어. 해당금이가 물명주 한 필을 보자기에 싸 가지고 배선이를 따라나섰어. 따라가면서 배선이한테 간곡히 부탁을 했지.

　"저 사람은 나 없이 한시를 못 사는 사람이니, 여기에 그냥 두면 반드시 죽을 것입니다. 부디 불쌍히 여겨 데려가 주십시오."

　배선이가 떨떠름해 하면서도 마지못해 궁상이를 데려갔어.

　일행이 배를 타고 바다를 건너는 도중에 배선이는 궁상이를 바다에 빠뜨릴 작정을 했지. 아무리 생각해도 궁상이를 데려갔다가는 화근이 될 것 같았던 게지. 해당금이가 아무리 빌어도 말을 듣지 않고, 하인을 시켜 기어이 궁상이를 바다에 던져 넣어 버린 거야. 해당금이가 얼른 보자기에 싸 가지고 온 물명주 한 필을 꺼내어, 한쪽 끝에다 널판지 조각을 매달아 배선이 몰래 바다에 던지면서,

　"죽을 때를 당하거든 저고리 안섶, 바지 안섶을 뜯어보십시오."
하고 소리쳤어.

　궁상이가 바다에 빠져 이제 죽나 보다 하고 있는데, 배 위에서 해당금이가 뭘 던져 주거든. 급한 김에 잡고 보니 물명주 자락이야. 그런데 그 끝에 널판지 조각이 매달려 있네. 그 널판지 조각을 붙잡고 물결에 실려 둥둥 떠갔지. 가다 보니 어떤 섬에 닿았어. 그런데 섬 안에는 집도 없고 절도 없고 사람도 없어. 그냥 바위산에 갈대숲뿐이야.

　궁상이가 섬에서 하루 이틀 지내다 보니 먹을 것은 없고 배는 고프고, 그냥

그대로 죽을 지경이 됐어. 그 때 문득, 죽을 때를 당하거든 저고리 안섶, 바지 안섶을 뜯어보라고 한 해당금이 말이 생각났어. 저고리 안섶을 뜯어보니, 쇠고기를 저며 말린 포가 차곡차곡 들어 있네. 그걸 먹으면서 목숨을 이어갔지. 그런데 한 달이 지나고 두 달이 지나니 그것도 동이 나 버렸어. 이번에는 바지 안섶을 뜯어 봤지. 명주실꾸리 하나와 바늘 한 쌈이 들어 있는데, 이는 틀림없이 낚시 만들라는 물건인 줄 알고 그것으로 낚싯줄과 낚시바늘을 만들었어. 낚시질을 해서 물고기를 잡아먹으면서 또 한 달 두 달 세월을 보냈어.

배고프면 낚시질로 고기를 잡아 먹고 해당금이가 보고 싶으면 갈대로 피리를 만들어 불고, 이러면서 하루하루 지냈지. 그러다 보니 하루는 하늘에서 학이 너울너울 날아와 둥지를 트네. 그러더니 얼마 뒤에는 어미학이 새끼를 쳤어. 새끼를 쳐 놓고 나서 며칠 안 되어, 하루는 어미학이 하늘 높이 날아 올라가면서 궁상이에게 말을 하기를,

"나는 옥황궁 선녀로서 죄를 지어 귀양 왔다가 상제님 부름을 받고 잠깐 옥황궁에 다니러 가니, 그 동안 새끼들이 굶어죽지나 않게 돌봐 주시면 그 은혜는 잊지 않겠습니다."

하거든. 궁상이가 어미학을 떠나 보내고 나서, 날마다 물고기를 잡아 새끼학에게 먹이면서 잘 키웠어. 새끼들은 궁상이가 어미인 줄 알고 주는 먹이를 잘도 받아먹으면서 살았어. 그러다 보니 어미학이 하늘에서 돌아왔어.

"새끼들을 잘 돌봐 주어 고맙습니다. 이 은혜를 갚고자 하니 소원이 있으면 말해 보십시오."

"나는 다른 소원은 없고 내 아내 해당금이가 사는 땅에 가고 싶은데, 바다가 멀고 깊어 갈 수가 없구나."

"그러면 내 등에 업히십시오."

학의 등에 올라타니 훨훨 날아 단숨에 바다를 건너 뭍에다 내려 주었어. 궁상이는 그 길로 거지가 되어 얻어먹으며 사방팔방 돌아다녔어. 혹시 해당금이 소식이나 들을까 하고 여기저기 정처 없이 돌아다닌 거지.

이 때 해당금이는 배선이 집에 잡혀가서 사는데, 몸이 아프다는 핑계로 배선이도 만나지 않고 혼자서 별당 안에 틀어박혀 지냈어. 말도 안 하고 웃지도 않고 그저 날마다 바늘에 실을 꿰어 옷을 짓는데, 실 한 땀마다 구슬 한 알씩 달아 구슬옷을 지었어. 그렇게 구슬옷만 지으며 한숨으로 날을 보냈지. 배선이는 사흘이 멀다 하고 찾아와서 닦달을 해.

"네가 나를 따라왔으면 마땅히 내 아내가 돼야 할 터인데 방안에 숨어 나오지 않으니 고약한 일이다. 대체 무슨 심보냐?"

"몸이 아파 그러하니 다 나을 때까지만 기다려 주십시오."

그러면 문밖에서 서성거리다가 하릴없이 돌아가지.

그렇게 산 지도 그럭저럭 일 년이 지났는데, 하루는 배선이가 찾아와 문밖에서 또 닦달을 하는 거야.

"너는 우리 집에 온 지 일 년이 다 되도록 아프다 하니 무슨 병이 그다지도 깊단 말인가? 대체 어찌하면 병이 나아 내 아내가 되겠는가?"

"거지 잔치를 석 달 열흘 하여 주면 병이 나을 것 같습니다."

배선이가 그 말을 들어 거지 잔치를 벌이는데, 너른 마당에 멍석 깔고 풍악을 잡히면서 오는 거지 다 받아서 음식 대접을 했어. 이 잔치가 소문이 나서 세상의 거지란 거지는 다 모여드는데, 그 동안 해당금이는 방안에서 주렴을 늘어뜨리고 행여 궁상이가 오는가 내다보며 기다렸지. 그런데 석 달 열흘 잔치 중에 석 달 이레 지나고 사흘 남을 때까지 궁상이가 안 오는 거야.

'이렇게 오래도록 안 나타나는 걸 보니 틀림없이 죽었구나. 이 거지 잔치가 끝나면 나도 목을 매어 죽으리라.'

이렇게 생각하고 밖을 내다볼 경황도 없어 눈물만 짓고 있는데, 이 때 궁상이가 왔어. 여기저기 돌아다니다가 뒤늦게 아무 곳에서 거지 잔치 한단 말을 듣고 찾아온 거야.

석 달 열흘 잔치 중에 석 달 이레가 지나고 석 달 여드레째 되는 날 궁상이가 거지 잔치에 왔는데, 그 날은 멍석 아랫귀에 앉았더니 저 위에서부터 음식상이 차례로 오다가 제 바로 위에서 딱 끊어지고 날이 저물어 잔치가 파했네. 그래서 그 날은 종일 쫄쫄 굶다가 돌아갔어.

그 다음날, 석 달 아흐레째 되는 날 궁상이가 또 잔치에 와서, 이번에는 일찌감치 한 상 얻어먹으려고 멍석 윗귀에 앉았지. 그랬더니 저 아래에서부터 음식상이 차례로 오다가 제 바로 아래에서 딱 끊어지고 날이 저물어 잔치가 파하지 뭐야. 그래서 그 날도 종일 밥 한 그릇 못 얻어먹고 쫄쫄 굶었어.

그 다음날이 되니 이제 마지막 날이야. 잔치 시작한 지 석 달 열흘째 되는 날이지. 이 날도 궁상이가 잔치에 와서, 오늘은 기어이 한 상 받아먹겠다고 멍석 한가운데에 앉았어. 그랬더니 아래 위 양쪽 끝에서 음식상이 오는 거야. 그러다가 제 바로 위아래에서 딱 끊어지고 날이 저물어 그만 잔치가 파해 버렸어. 또 못 얻어먹은 거지. 궁상이가 생각해 보니 제 신세가 하도 서러워서 그만 그 자리에 주저앉아 엉엉 울었어.

"처량하다 내 신세야. 이내 팔자는 무슨 일로 이다지도 모질던고. 처음에 아내를 빼앗기더니 그 다음엔 거지 되고, 이제는 거지 잔치도 못 얻어먹는구나. 아이고, 서러워라."

땅을 치고 펑펑 울어 제치니, 그 소리를 해당금이가 들었어. 그런데 어쩐지 귀에 익은 소리거든. 주렴 밖으로 내다보니 틀림없는 제 남편 궁상이로구나. 당장이라도 버선발로 달려나가고 싶지만, 꾹 참고 일하는 하인들에게 일렀어.

"우리가 이왕에 거지 잔치를 벌였으면 오는 거지를 다 잘 대접해야지, 하나라도 울려 보내서야 되겠나. 우는 저 거지를 안으로 불러 한 상 잘 대접하여라."

하인들이 궁상이를 안으로 불러들여 따로 한 상 잘 차려 주니, 궁상이가 먹고 나서 남은 것은 싸 가지고 가려고 주섬주섬 옷소매에 넣었어. 이 때 해당금이가 궁상이한테 넌지시 귀띔하기를,

"그 음식을 싸 가지고 가서 누구와 먹으려 하십니까? 먹을 사람은 여기에 있는데 어디로 가져 가려 하십니까?"

하니, 궁상이가 제 아내 해당금이인 줄 눈치채고 속으로는 뛸 듯이 반가우나 겉으로는 내색 않고 가만히 있었지.

이 때 배선이가 거지 잔치를 다 했다고 해당금이를 찾아왔어.

"거지 잔치도 다 했으니 병도 다 나았겠지? 이제는 내 아내가 돼 주겠지?"

해당금이가 장롱 속에서 제가 지은 구슬옷을 꺼내어 던지면서,

"이 구슬옷을 입고 깃을 세우기만 하면 말씀대로 하겠습니다."

하니, 배선이가 얼른 구슬옷을 주워서 입어 보거든. 다 입고 깃을 세우니, 구슬깃이 날개처럼 솟아오르는 거야. 해당금이가 하늘을 쳐다보고 빌기를,

"옥황상제님, 궁상선비를 살리시려거든 구슬옷을 띄워 주십시오."

하니, 구슬옷이 공중으로 남실남실 떠오르는 거야. 그 바람에 구슬옷 입은 배선이도 공중으로 남실남실 떠올라 높이높이 올라갔어. 그렇게 올라간 배선이는 다시 내려오지 못하고 솔개가 되어 하늘을 빙빙 돌게 되었대.

궁상이와 해당금이는 다시 만나, 그 뒤로는 한시도 떨어지지 않고 금실 좋게 살았단다. 궁상이 내기놀음 버릇도 싹 고치고 재미나게 살다가, 나중에 둘은 옥황상제 명으로 일월신이 됐단다. 궁상이는 해의 신이 되고 해당금이는 달의 신이 됐지. 그런데 둘이 너무 사이가 좋아서 잠시도 떨어져 있지를 않으니, 해와 달이 언제나 같은 하늘에 있는 거야. 그래서 옥황상제가 명하여 해는 낮에만 뜨고 달은 밤에만 뜨도록 해서, 그 뒤로는 서로 떨어져 지내게 됐지. 그렇지만 가끔은 옥황상제 몰래 슬쩍 만나기도 하는데, 낮달이 뜨는 건 그 때문이란다.

수명신 사만이

옛날 옛날 아주 먼 옛날, 인간 땅 주년국에 사만이라는 사람이 살았어. 사만이는 본디 어느 집 외아들로 태어났는데, 세 살 적에 어머니 죽고 다섯 살에 아버지 죽어 하루아침에 고아가 돼 버렸어.

부모 죽고 형제 없으니 하늘 아래 의지할 데가 있나. 여기저기 떠돌아다니며 얻어먹고 빌어먹고 한뎃잠을 자면서 살았지. 그렇게 살아도 해마다 나이는 자꾸 먹어서 아홉 살이 되고 열 살이 되고, 열다섯, 열여섯을 지나 스무 살이 되고 서른 살이 됐어.

사만이 나이 서른 살이 되니까, 나이로 보자면 색시 얻어 장가 갈 나이가 돼도 넘치게 됐거든. 그런데 장가를 못 가. 당최 시집 올 색시가 있어야 말이지. 집도 절도 없이 떠돌아다니는 비렁뱅이한테 선뜻 시집 오려는 색시가 있을 리 있나.

이래서 사만이 나이 서른에 혼자 사는데, 하루는 이웃 마을에 밥을 얻어먹으러 가느라고 벼랑 아래를 지나다 보니, 저 위에서 웬 사람이 떨어지는 거야. 깎아지른 벼랑 위에서 사람이 나비처럼 폴폴 떨어지더라는 거지. 그냥 두면 큰일 아니야? 사만이가 얼른 달려가서 그 사람을 받았어.

받고 보니 댕기머리 치렁치렁한 처녀더래. 그런데 이 처녀가 그냥 막 우는 거야. 기껏 살려 놓으니 고맙다는 말은 한마디도 안 하고 훌쩍훌쩍 울기만 하더란 말이지.

"아기씨는 누구며, 벼랑에서는 왜 떨어졌으며, 울기는 왜 우는 것입니까?"

사만이가 물어 봤지. 그랬더니 처녀가 울음을 그치고 말을 하기를,

"나는 본디 어느 집 외동딸로 태어나 근심 걱정 없이 자랐는데, 삼 년 전에 어머니가 병들어 죽더니 며칠 전에는 아버지마저 세상을 떠났습니다. 아버지 장례를 치르고 나니 살아갈 길이 막막하여, 차라리 벼랑에 몸을 던져 부모님 뒤를 따르고자 하였는데, 도련님 때문에 뜻을 이루지 못했습니다. 그래서 우는 것입니다."

이러거든. 듣고 나서 사만이가 처녀를 잘 달랬어.

"아기씨 신세가 딱하기는 하오마는, 그렇다고 목숨을 버려서야 되겠습니까? 나는 세 살 적에 어머니 잃고 다섯 살에 아버지 잃고, 하늘 아래 의지할 데 없이 이 날 이 때까지 얻어먹고 빌어먹고 한뎃잠을 자며 삽니다. 나 같은 사람도 사는데, 나보다 못할 것도 없는 분이 왜 죽으려고 합니까?"

지성으로 달랬더니 처녀가 이윽고 마음을 고쳐먹고 나서 말하기를,

"우리 둘 다 의지할 곳 없이 외로운 신세이니, 이참에 부부 되어 함께 사는 것이 어떻습니까?"

하거든. 사만이한테야 더 바랄 나위도 없는 일이지. 그래서 둘이 그 날로 혼례를 치렀어. 혼례라야 찬물 한 그릇 떠다 놓고 둘이 맞절 한 번 하고 나서 천지신명께 절하며 고한 것이 다였지만 말이야.

이렇게 해서 사만이가 운 좋게도 색시를 얻어 장가를 들었지. 언덕 위에 움막도 하나 짓고 살림도 차렸어. 색시는 천성이 부지런해서 날마다 쉬지 않고 일을 하는데, 낮에는 마을에 가서 남의 집 품을 팔고 밤에는 움막에서 삯바느질을 하며 푼돈이나마 조금씩 벌었어. 그 덕분에 두 사람이 그럭저럭 밥을 안 굶고 살았지.

세월이 흘러 혼인한 지 몇 해가 지나니 아이들도 생기고 해서 식구가 늘어났어. 그러니 자연히 양식도 더 많이 들고 옷가지도 더 많이 들거든. 살아가기가 바쁘게 됐단 말이야. 그런데 사만이는 얻어먹고 빌어먹는 데만 이골이 나서 도통 일을 하려고 안 해. 배고프면 남의 집에 가서 밥술이나 얻어먹고,

배부르면 집에 와서 잠자고, 이게 다야. 그러니 아내 혼자 품팔이에 삯바느질, 삯방아로 날마다 눈코 뜰 새 없이 일을 하건마는 살림은 늘 쪼들려.

하루는 아내가 제 치렁치렁한 머리카락을 가위로 싹둑싹둑 잘라 가지고 사만이에게 주면서,

"곧 겨울이 올 텐데 아이들이 옷이 없어 떨고 지냅니다. 이 머리카락을 장에 가지고 가서 내다 팔면 못 받아도 석 냥은 받을 것이니, 그 돈으로 아이들 솜옷이나 좀 사 오십시오."

하거든. 사만이가 그러마 하고 아내 머리카락을 가지고 장에 갔어. 난전에 내놓으니 살 사람이 금방 몰려들어서 흥정 끝에 돈 석 냥을 받고 팔았지. 이제 옷전에 가서 이 돈으로 아이들 솜옷이나 사 가지고 집에 가야 할 테지.

사만이가 옷전으로 터덜터덜 걸어가는데, 길목에 웬 사람들이 모여서 웅성웅성하고 있거든. 무슨 일인가 궁금해서 사람들 틈에 끼어 들여다봤지. 턱 들여다보니 난생 처음 보는 물건이 있구나. 그게 뭔고 하니 사냥할 때 쓰는 활과 화살인데, 사만이가 평생 이런 물건을 한 번이라도 봤어야지. 그저 신기하기만 해서 장사꾼한테 물어 봤어.

"대체 그것은 무엇에 쓰는 물건이오?"

장사꾼이 가만히 보니 묻는 사람이 틀림없는 숙맥이겠거든. 숙맥이 아니고서야 활과 화살을 어디에 쓰는지도 모를 리 없잖아. 그래서 일부러 곯려 주느라고, 대답을 하긴 하되 슬쩍 비틀어서 했어.

"이것 말이오? 이것만 가지면 먹고 살 도리가 생기지요."

사만이가 들어 보니 참 귀가 솔깃하거든. 가지기만 하면 먹고 살 도리가 생긴다니 얼마나 좋아?

"정말이오?"

"그렇다마다요. 이것만 가지고 산으로 쏘다니다 보면 노루도 생기고 멧돼지도 생길 것이니 먹고 살 걱정은 안 해도 되는 것 아니겠소?"

장사꾼 딴에는 활과 화살을 가지고 산으로 쏘다니다 보면 노루도 잡고 멧돼

지도 잡을 거라는 뜻으로 그런 말을 했지. 그런데 사만이는 그걸 다 곧이곧대로 들은 거야. 저 물건만 가지고 산으로 쏘다니기만 하면 저절로 산짐승들이 잔뜩 생길 거라고 믿은 거지. 그래서 옳다구나 하고 달려들어 흥정을 했어.

"값은 얼마나 가오?"

"석 냥만 주면 팔지요."

사만이 주머니에 딱 돈 석 냥이 들어 있거든. 아내 머리카락을 팔아서 석 냥을 받은 게 있잖아. 그걸 몽땅 꺼내 주고 활과 화살을 샀어.

활과 화살을 사서 어깨에 둘러메고 집으로 돌아왔지. 아내가 사만이를 장에 보내 놓고 이제나저제나 눈이 빠지게 기다리고 있는데, 드디어 사만이가 사립문을 열고 들어오네. 반가워서 달려나가 보니, 사 오라던 옷은 안 보이고 난데없는 활과 화살을 어깨에 둘러메고 오잖아.

"여보, 머리카락은 잘 팔았나요? 아이들 솜옷은 어디 있습니까? 그리고 어깨에 둘러멘 물건은 대체 어디서 났습니까?"

"솜옷이고 무엇이고, 그보다 더 좋은 걸 사 왔소. 이것만 가지면 먹고 살 도리가 생긴다오."

사만이가 옷 대신에 활과 화살을 턱 내놓으니, 아내가 기가 막혀 한숨만 쉬고 말문은 딱 닫고 말았어.

그 이튿날부터 사만이가 활과 화살을 어깨에 둘러메고 산으로 쏘다니기 시작하는데, 하루도 거르는 날이 없어. 새벽에 날이 새자마자 산에 올라가 여기저기 쏘다니다가 저녁 어스름이 돼야 집에 돌아오는 거야. 그런데 아무리 쏘다녀도 생긴다던 노루와 멧돼지는 안 생기고 다리만 아프거든. 그래도 사만이는 노루, 멧돼지 생길 날만 기다리며 날마다 산에 올라가 돌아다녔어. 그러다가 집에 돌아올 때는 빈손으로 오는 거지.

그러면 집에서 아내가 기다리고 있다가,

"그 물건만 가지면 먹고 살 도리가 생긴다더니, 먹을 것은 어디 두고 오늘도 빈손으로 들어오십니까?"

하고 한탄을 했지. 그러면 사만이는,

"조금만 기다려 보면 산짐승이 푸지게 생길 것이오. 고기도 한 더미, 가죽도 한 더미 쌓아 놓고 먹을 날이 있을 것이오."
하고 큰소리를 쳤어.

그러기를 몇 달째, 하루는 사만이가 산길을 걸어가는데 발길에 뭔가 툭 채이더래. 그냥 지나치려고 하면 툭 채이고, 툭 채이고, 이래서 그만 화가 났어.

'에잇, 이게 무엇인데 감히 내 가는 길을 막는가?'
하고 커다란 돌덩이를 집어 그 채이는 것을 사정없이 두드렸어. 그랬더니 쨍그랑 소리가 나네.

'어, 이게 무슨 소리지?'

풀숲을 헤치고 보니, 아니 이게 무엇이야? 사람 해골이 반쯤 땅에 묻혀 있구나. 여태 그것이 발에 채이고 쨍그랑 소리를 낸 거야.

'이 해골이 나에게 무슨 볼일이라도 있단 말인가?'

사만이가 이렇게 생각하고, 그 해골을 파내어 가지고 집에 돌아왔어. 집에 돌아와 해골을 빈 독 안에 넣어 놨지. 그러고 나서 날마다 밖에 나갔다 들어오면 독 안에 든 해골을 들여다보며 말도 걸고 장난도 걸고, 이러면서 지냈어.

"해골님, 해골님. 내 말 좀 들어 보십시오. 글쎄 오늘도 산에 가서 허탕쳤답니다. 대체 노루는 언제쯤 생기며 멧돼지는 언제쯤 생길까요?"

"해골님, 해골님. 오늘은 하루종일 심심하지 않았습니까? 내가 무덤이라도 파서 동무해골을 하나 얻어다 드릴까요?"

그리고 명절이 되거나 집안 식구 생일이 되거나 해서 음식이라도 조금 장만하면 제일 먼저 해골 앞에 차려 놓고 많이 먹으라고 권하지를 않나, 어쩌다 아내가 옷이라도 한 벌 지어 주면 맨 먼저 해골 앞에 갖다 놓고 먼저 입어 보라고 하지를 않나. 이렇게 해골을 산 사람 대하듯이 위하면서 지냈단 말이야.

그러다가 사만이 나이 서른일곱 되는 해 생일날이 됐어. 그런데 이 때 저승에서는 시왕이 차사들에게 명하기를, 인간 땅 주년국에서 가서 사만이를 잡아 오라고 하는 거야. 사만이 수명이 다 됐다는 거지. 저승 시왕들은 인간 땅 사람들의 수명을 적은 장부를 가지고 있는데, 날마다 이 장부를 보고 차사를 보내 수명이 다 된 사람들을 잡아 오거든. 사만이 수명은 저승 시왕의 장부에 서른일곱 살로 적혀 있어서, 이제 내일이면 저승 삼차사가 와서 사만이를 잡아갈 판이야. 사만이는 그런 것도 모르고, 생일날에도 산에 올라가 종일토록 쏘다니다가 돌아와서 해골하고 이야기하다가 잠이 들었어.

그런데 그 날 밤 사만이 꿈속에 웬 머리 허연 노인이 나타나서 말을 하는 거야.

"여보게, 사만이. 나를 알아보겠는가?"

"잘 모르겠습니다."

"나는 자네 집 독 안에 든 해골일세."

"아, 해골님께서 웬일이십니까?"

"내가 전에는 인적 없는 산 속에서 외로이 지냈는데, 자네를 만난 뒤로 극진한 대접을 받으며 날마다 심심찮게 잘 지내게 됐네. 그래서 은혜나 갚을까 하고 왔다네."

"은혜랄 게 뭐 있겠습니까?"

"잘 듣게. 내일이면 저승에서 삼차사가 내려와 자네를 잡아가려 할 걸세. 차사들은 이승 사람한테서 후한 대접을 받으면 반드시 그를 잡아가지 못하는 법이니, 내가 시키는 대로만 하게. 내일 저녁 마을 어귀 넓은 터에 풀자리 깔고 열 폭 병풍 둘러치고, 향을 피우고 촛불을 켠 다음 맑은 음식 세 상을 단정히 차려 놓게. 그 옆에는 깨끗한 옷 세 벌과 신 세 켤레를 놓아 두고, 저만치 떨어진 곳에 숨어 기다리게. 삼차사가 나타나 음식을 먹고 옷을 입고 신을 신기를 기다렸다가, 이름을 세 번 부르거든 대답을 하게. 그렇게만 하면 명을 늘릴 수 있을 걸세."

그렇게 일러주고 나서는 사라져 버렸네. 깨어 보니 꿈이거든.

사만이가 아내에게 꿈 이야기를 하니, 아내도 해골노인이 시키는 대로 하는 것이 좋겠다 하고, 그 이튿날 날이 어둡기를 기다려 차사 대접할 채비를 했어. 마을 어귀 넓은 터에 풀자리 깔고 열 폭 병풍 둘러치고, 향을 피우고 촛불을 켠 다음 맑은 음식 세 상을 정성껏 차렸지. 가난한 살림에 있는 것 없는 것 다 털어 음식상을 차리는데, 아홉 번 일어 아홉 번 씻은 쌀로 깨끗이 지은 밥을 놓고, 얼음 같은 백도라지 고이 무쳐 놓고, 흰 눈 같은 백설기와 수정경단도 곁들여 차려 놨어. 그리고 그 옆에 깨끗한 옷 세 벌과 신 세 켤레를 놓아 뒀지. 그래 놓고 저만치 떨어진 나무 뒤에 숨어서 기다렸어.

아니나다를까, 밤이 이슥해져서 온 세상이 잠드니 세 차사가 앞서거니 뒤서거니 다가오는데, 저승차사 해원맥과 이승차사 이덕춘과 염라차사 강림도령이거든. 세 차사가 마을 어귀에 들어서면서 두런두런 말을 하는데, 가만히 들어보니 딴 얘기가 아니라 이런 얘기야.

"초저녁부터 밥 한 술 못 먹고 왔더니 몹시 시장하구나."

"홑옷에 홑두루마기를 입고 왔더니 한기가 드는구나."

"먼 길을 쉬지 않고 걸었더니 발이 다 부르텄구나."

그러다가 넓은 터에 이르러, 밝은 촛불과 은은한 향내를 따라 음식상 차려 놓은 곳까지 갔어.

"시장하던 차에 웬 먹음직한 음식상인고? 먹고 보자."

"으스스 춥던 차에 웬 따뜻한 옷인고? 입고 보자."

"발이 아프던 차에 웬 새 신인고? 신고 보자."

세 차사가 음식을 배불리 먹고 옷을 입고 신까지 신고 나서, 그제서야 걱정이 되는지 머리를 맞대고 의논을 하네.

"우리가 먹고 입고 신은 것이 행여 오늘 잡아갈 사만이 것이라면 큰일일세."

"만약 그렇다면 잡아갈 사람을 못 잡아가게 될 터이니, 그런 낭패가 어디 있나."

"여기서 한 번씩 사만이 이름을 불러 보세. 만약 사만이가 차려 놓았다면 대답을 할 것이 아닌가."

먼저 저승차사 해원맥이 '사만아!' 하고 한 번 불렀어.

그 다음에 이승차사 이덕춘이 '사만아!' 하고 또 한 번 불렀어.

마지막으로 염라차사 강림도령이 '사만아!' 하고 한 번 부를 때, 사만이가 나무 뒤에서 나와 앞으로 나서며,

"예, 사만이 여기 있습니다."

했지. 세 차사가 기겁을 하고 또다시 저희들끼리 머리를 맞대고 의논을 해.

"사만이가 차려 놓은 것이 틀림없네그려. 이 일을 어쩌면 좋은가?"

"이제 사만이 잡아가기는 다 틀렸네. 시왕님이 알면 우리를 용서하지 않으실 테지."

"우리 여기서 이러고 있을 게 아니라, 어서 저승으로 되돌아가 방도를 찾아보세."

세 차사가 사만이 잡아가는 일을 그만두고 부랴부랴 저승으로 되돌아갔어. 저승에 돌아가서 시왕전에 들어서니, 마침 열 시왕과 열두 판관이 모두 시왕맞이 받아먹으러 굿판에 가 버리고 아무도 없거든. 살금살금 들어가 저승 장부를 펼쳐 보니, 사만이 이름 뒤에 서른일곱 수명이 틀림없이 적혀 있구나. 세 차사가 의논 끝에, 먹을 갈고 붓을 들어 서른일곱 수명을 삼천일곱 수명으로 스리슬쩍 고쳐 놓았겠다.

잠깐 뒤에 열 시왕과 열두 판관이 돌아와 세 차사를 보고 호령을 하네.

"차사들은 사만이 잡아 오랬더니 안 잡아 오고 여태 무얼 꾸물거리고 있는가?"

"대왕님, 판관님. 사만이는 아직 수명이 남아 있어 못 잡아 왔습니다."

"그럴 리가 있는가. 어디 장부를 보자꾸나."

장부를 들쳐 보니 서른일곱이 아니라 틀림없는 삼천일곱이거든.

"이런 줄 몰랐구나. 사만이는 앞으로 이천구백칠십 년 동안 그냥 두어라."

이렇게 해서 사만이는 그 뒤로 이천구백칠십 년을 더 살게 됐어.

그런데 이렇게 오래 살다 보니 사만이 꾀가 늘어서, 제 수명이 끝날 때만 되면 저승차사 대접을 해서 수명을 늘린단 말이야. 저승차사가 잡으러 왔다가는 번번이 사만이 꾐에 빠져 음식 대접, 옷 대접, 신 대접을 받고 그냥 돌아가고 돌아가고, 이러니 당최 잡혀가지를 않네. 그래서 삼천일곱 살 수명을 넘기고 오천 살, 칠천 살을 넘기고도 살았어.

사만이 나이가 일만 살을 넘어서니 사람은 사람이되 신선 같은 사람이 돼서 도술도 부릴 줄 알게 됐어. 이제는 도술을 부려서 아예 몸을 숨기고 사는 바람에 저승차사가 잡으러 와도 찾을 길이 없네. 당최 어디에 사는지 알아야 잡아가든지 말든지 하지.

이렇게 해서 사만이는 일만 살 수명도 넘기고 이만 살, 삼만 살을 넘기고도 살았어.

그러다가 사만이 나이 사만 살 되던 해에, 저승 시왕전에서 염라대왕이 세 차사를 불러 놓고 단단히 일렀어.

"너희들이 번번이 사만이를 놓치는 바람에 나이가 사만 살이 되도록 못 잡아 오니 큰일이다. 만약에 사람마다 사만이처럼 제 마음대로 수명을 늘린다면 저승과 이승의 질서가 잡히겠느냐? 이번에는 반드시 사만이를 잡아 오도록 해라. 만약 이번에도 못 잡아 오면 차사기를 내놓고 물러나야 할 것이야."

세 차사가 이번에는 꼭 잡아 오리라 다짐을 하고 이승의 주년국으로 내려갔지. 내려가서 보니 예사 수단으로는 도저히 사만이를 잡을 수 없겠기에 묘한 꾀를 썼어. 검은 숯을 한 광주리 마련해 가지고 사람이 많이 다니는 주천강 연못가에 늘어놓고, 세 차사가 농사꾼 차림으로 앞에 앉아서 그 숯을 씻었지. 지나가는 사람들이 다 손가락질을 하고 웃었지만, 그러거나 말거나 미련스럽게 앉아서 대고 씻었어. 몇날 며칠 동안 그러고 있으니, 하루는 웬 백발 노인이 지나가다가 말을 거는 거야.

"여보, 거 숯은 왜 씻는 거요?"

"예, 검은 숯을 씻어서 흰 숯을 만들려고 그럽니다."

"허허허, 참 미련스러운 사람들이로군. 내가 사만 년을 살았어도 검은 숯을 씻어서 희게 만든단 말은 처음 듣네."

"옳지, 네가 바로 사만이로구나."

이렇게 해서 사만이를 잡아서 저승에 데려갔단다.

인간 세상 사람 중에서 사만이만큼 오래 산 사람이 없었기로, 그 뒤에 사만이는 염라대왕 분부로 수명신이 되었어. 수명신이 되어서 착한 사람들의 수명은 늘려 주고 나쁜 사람들의 수명은 줄였는데, 나중에는 인간 땅 사람들이 하도 많아져서 착하고 나쁨을 일일이 다 따져 보지 못하니까 수명도 들쭉날쭉하게 된 거란다.

활인적선의 신, 내일과 장상

인간 땅 지국성에 사는 내일과 장상은 본래 오늘 선녀가 맺어 준 부부였지. 옥황선녀 오늘이가 선녀 되기 전에 어머니, 아버지를 찾으러 원천강에 갔는데, 가는 길에 정자에서 글만 읽는 내일낭자와 장상도령을 만났어. 언제까지 글만 읽고 있어야 하는지 알아봐 달라는 부탁을 받고 원천강에 가서 물어 보니, 두 사람은 혼인을 해야 잘 산다고 그러거든. 그래서 오늘이가 원천강에서 돌아오는 길에 내일낭자를 장상도령에게 데려다 줬어. 그 뒤로 두 사람은 혼인을 해서 잘 살았지.

그런데 이 때 지국성에 세민이라는 임금이 있었는데 성질이 무척 포악했어. 고집이 세어서 한 번 시작한 일은 천 사람 만 사람이 말려도 그만두지 않았고, 욕심이 많아서 백성들이 재물을 좀 가졌다 싶으면 어떤 수를 써서라도 빼앗았어. 게다가 인정이라고는 티끌만큼도 없어서 평생 남에게 돈 한 푼 적선한 일 없고 스님에게 쌀 한 쪽박 시주한 일이 없어. 또 나라 일을 제 마음대로 하면서 조금이라도 거슬리는 사람은 잡아다 가두고 괴롭히니, 백성들이 임금을 괴물보다 더 미워하고 무서워했지.

세민임금이 이렇게 살다가 병들어 죽었거든. 죽어서 저승차사에게 이끌려 저승문을 턱 들어가니, 웬 사람들이 갈가마귀떼처럼 몰려오는데 저마다 몽둥이를 하나씩 꼬나들었어. 무슨 일인가 했더니 살아 생전에 세민임금한테 원수 진 사람들이 먼저 죽어 저승에 와 있다가, 세민임금이 저승에 들어오자 원수 갚으려고 달려드는 거야.

"저놈 잡아라."

"저 나쁜 놈을 때려잡아라."

수많은 사람이 달려드니, 세민임금이 꽁무니가 빠져라고 달아나다가 몸을 피해 들어간다는 것이 대별왕 사는 대별궁으로 들어갔어. 대별왕이 마침 뜰에 나와 꽃구경을 하다 보니, 웬 미치광이가 궁문을 열고 꽁지가 빠져라고 달려 들어오거든.

"저놈이 웬놈이냐?"

"예, 인간 땅 세민임금인데 살아 생전 나쁜 짓을 많이 하다가 원수 진 사람들에게 쫓겨 들어왔습니다."

"흉칙한 놈이로다. 옥에 가둬라."

차사들이 달려들어 세민임금을 옥에 가두고 나니, 몽둥이 들고 쫓아오던 사람들이 대별궁으로 몰려와 엎드려 청했어.

"대별왕님, 저 세민임금은 살아 생전 죄 없는 우리들에게 죄를 뒤집어씌워 괴롭히고 재물을 빼앗았습니다. 원컨대 그 재물을 돌려 받게 해주십시오."

대별왕이 당장 세민임금을 불러다 앉혀 놓고 크게 호령을 했어.

"네 이놈, 듣자 하니 너는 이승에서 나쁜 짓을 많이도 했구나. 죄 없는 사람을 함부로 괴롭힌 죄는 나중에 따로 묻겠거니와, 우선 저 사람들에게 빼앗은 재물부터 당장 돌려주어라."

세민임금이 그 말을 듣고 벌벌 떨면서 엎드려 빌었어.

"죄 값은 달게 받겠으나, 제가 죽을 때 재물은 모두 이승에 두고 왔는데 어찌합니까? 저를 이승에 돌려보내 주시면 재물을 가져와서 돌려주겠습니다."

"이승 재물과 저승 재물이 다른데 어찌 그런 말을 하느냐? 빼앗은 재물을 돌려주지 않으면 너를 뱀이 우글거리는 통에 집어 넣어 천 년 만 년 살게 하리라."

"아이고, 대별왕님. 그러지 마시고 제게 저승 재물 얻는 법만 가르쳐 주십시오. 그러면 어떻게든 저승 재물을 모아 빼앗은 사람들에게 돌려주겠습니다."

　대별왕이 한참 생각하다가 차사들을 돌아보면서 명령을 내렸어.
　"너희들은 저놈을 저승곳간으로 데리고 가거라."
　세민임금이 차사들에게 이끌려 저승곳간으로 갔어. 가 보니 과연 곳간이 즐비하게 늘어섰는데, 고지기 우마장자가 열쇠를 들고 지키더래. 그런데 곳간마다 이름을 다 써 붙여 놨어. 이승 사람 한 사람마다 곳간이 하나씩 다 있는 거야. 우마장자한테서 열쇠를 받아 가지고 세민임금 이름이 씌어진 곳간을 찾아 문을 열어 보니, 에계, 이게 뭐야. 곳간이 온통 그냥 텅텅 비어 있구나.
　"차사님, 이게 웬일입니까? 나는 이승에서 둘째가라면 서러워할 큰 부자였는데 저승곳간은 무슨 일로 텅텅 비어 있습니까?"
　차사들이 어이없어 웃으면서 대답했지.
　"저승곳간은 이승에서 활인적선한 만큼 재물이 쌓이는 법이다. 너는 이승에서 남을 도운 일이 한 번도 없었으니 저승 곳간도 비어 있을 수밖에 더 있느냐?"
　차사들이 세민임금을 데리고 대별궁에 돌아와 대별왕께 아뢰었어.
　"이 자의 곳간에는 재물이 하나도 없었습니다."
　"뭐라고? 과연 듣던 대로 지독한 놈이로구나. 너희들은 어서 이놈을 뱀통에 집어 넣어라."
　세민임금은 저를 뱀통에 집어 넣는다는 말에 그만 혼이 다 빠져 달아나서 손이 발이 되도록 빌었어.
　"아이고, 대별왕님. 제발 용서해 주십시오. 뱀통에만 집어 넣지 않으시면 무슨 짓이든지 다 하겠습니다."
　대별왕이 한참 생각하다가 차사들을 돌아보며 물었지.
　"저승곳간 중에서 누구의 것이 가장 넉넉하더냐?"
　"내일과 장상 부부의 것입니다."
　"그러면 내일과 장상의 곳간에서 재물을 좀 빌려다가 저놈에게 주어라. 그리고 이승에 돌려보내 그 빚을 갚은 뒤에 다시 돌아오게 하여라."

세민임금이 차사들에게 이끌려 다시 저승곳간으로 갔어. 내일과 장상이라고 크게 써 붙여 놓은 곳간으로 가서 고지기 우마장자에게 열쇠를 받아 문을 열어 보니, 거기에는 온갖 재물이 천장에 닿을 만큼 가득 쌓여 있거든.

"이 재물을 빌려 줄 터이니, 네가 생전에 재물을 빼앗은 사람들에게 돌려주어라."

세민임금이 내일과 장상의 곳간에서 재물을 빌려 가지고 가서, 생전에 재물을 빼앗은 사람들에게 사죄하며 다 돌려줬어. 그러고 나니 차사들이 이승으로 돌려보내 주는 거야.

"너는 당장 이승으로 돌아가, 내일과 장상 부부에게 빚진 재물을 다 갚고 나서 다시 돌아오너라. 만약 그 동안 활인적선의 공덕을 크게 쌓으면 네가 저지른 다른 죄도 얼마간 씻게 될 것이다."

"활인적선의 공덕은 어떻게 쌓는 것입니까?"

"배고픈 사람을 보면 먹을 것을 나눠 주고, 헐벗은 사람을 보면 옷을 나눠 주며, 돈이 없는 사람에게는 돈을 나눠 주는 것이다. 아픈 사람과 어려움에 빠진 사람을 내 몸같이 보살피고 도와 주되 그 값을 받지 않는 것이다."

"잘 알았습니다. 그러면 이승 가는 길을 가르쳐 주십시오."

"저승문을 열고 나가면 누른 송아지가 나타나 길을 가르쳐 주겠다고 할 것이다. 그 송아지를 따라가지 말고 곧은 길로만 가거라. 가다 보면 흰 강아지가 나타나 길을 가르쳐 주겠다고 할 것이다. 그 말도 듣지 말고 곧은 길로만 자꾸 가야 한다. 곧은 길이 끝나는 곳에 한 차사가 누워서 낮잠을 자고 있을 것이니, 그 차사에게 길을 물어 보아라."

세민임금이 그 말을 새겨듣고, 차사들이 열어 주는 저승문을 지나 밖으로 나갔어. 조금 가다 보니 어디서 누른 송아지가 나타나 길을 가르쳐 줄 테니 따라오라고 하는 거야. 들은 체 만 체하고 곧은 길로 곧장 갔지. 한참 가다 보니 어디서 흰 강아지가 나타나 길을 가르쳐 줄 테니 따라오라고 하거든. 그 말도 안 듣고 그냥 곧은 길로만 자꾸 갔어.

얼마나 갔는지, 곧은 길이 끝나고 사방에 검은 안개가 자욱한 들판 같은 곳이 나타나더래. 그곳에 이르러 사방을 찬찬히 살펴보니, 아닌게아니라 큰 나무 밑에 누른 철릭 입고 검은 패랭이 쓴 차사가 누워서 드르렁드르렁 코를 골며 낮잠을 자고 있거든. 조심조심 다가가서 깨웠지.

"차사님, 차사님. 이승 가는 길 좀 가르쳐 주십시오."

그랬더니 차사가 벌떡 일어나, 자기를 따라오라 하면서 앞장서 걷더래. 따라갔지. 안개 속을 이리저리 꼬불꼬불 걷다가 어느 곳에 이르니 시커먼 구멍이 하나 있어. 그 앞에 세워 놓고 차사가 등을 떼밀어 버리니, 세민임금이 그 구멍 속으로 떨어졌어.

캄캄한 구멍 속으로 떨어져 정신을 잃었는데, 깨어 보니 제가 살던 궁궐이야. 궁궐 안 제 방 침상에 이불을 둘러쓰고 누워 있더란 말이지. 이불을 걷어차고 벌떡 일어나니, 자기를 에워싸고 애고대고 울고 있던 수많은 사람이 놀라 자빠졌어.

"아이고, 우리 임금님이 살아나셨다."

하는데, 그 말은 임금이 살아나서 반갑다는 말이 아니라 포악한 임금이 살아나서 큰일이라는 말이거든.

그런데 세민임금은 저승에 다녀와서 사람이 달라졌어. 나랏일을 어진 신하들에게 맡기고, 저는 허름한 옷을 입고 지팡이 짚고 궁궐을 나와 온 나라를 돌아다니기 시작한 거야. 저승에서 빚지고 온 내일과 장상을 찾으려고 그런 거지. 몇 달 동안 돌아다니다가 어느 곳에 가서 물으니, 내일과 장상이 그 마을에 산다고 하네. 찾아가 보니 부부가 주막집을 차려 놓고 사는데, 내일은 밥장사를 하고 있고 장상은 짚신을 삼아서 팔고 있어.

세민임금이 그 주막집에 슬쩍 들어가서 밥 한 그릇을 청해 먹었지. 그러고 나서 내일에게 값을 물으니 한 푼만 달라고 하거든. 밥값이 아무리 눅어도 서 푼은 갈 터인데 말이야. 그래서 물어 봤지.

"밥값이 어찌 이리 눅습니까?"

"길 가는 손님들이 시장하여 들르는데 밥값을 비싸게 받아서야 되겠습니까? 다른 집에서 두세 푼을 받으면 한 푼을 받고, 다른 집에서 대여섯 푼을 받으면 두 푼을 받는 것은 우리 집의 오래된 법입니다."

세민임금이 생각하기를,

'아, 이런 것이 적선이로구나.'

하고, 그 다음에는 장상이 삼아 놓은 짚신 한 켤레를 샀어. 짚신 한 켤레 값이 한 푼이라기에 한 푼을 주었더니, 짚신 두 켤레를 주는 거야.

"한 켤레를 샀는데 어찌 두 켤레를 주십니까?"

"손님들이 길 가다가 짚신이 떨어지면 갈아 신을 짚신이 있어야 하지 않겠습니까? 짚신 한 켤레를 사면 두 켤레를 주고, 두 켤레를 사면 세 켤레를 주는 것은 우리 집의 오래된 법입니다."

세민임금이 생각하기를,

'아, 이런 것도 적선이로구나.'

하고, 그 다음에는 어쩌나 보려고 돈 열 냥을 빌려 달라고 했어. 그랬더니 내일과 장상은 두 말 않고 돈 열 냥을 선뜻 빌려 주는 거야.

"모르는 사람에게 돈을 빌려 주었다가 못 받으면 어쩌려고 이렇게 쉽게 돈을 빌려 주십니까?"

"돈을 빌려 달라는 사람은 반드시 쓸데가 있어서 그러는 것이니, 모르는 사람이라고 어찌 안 빌려 주겠습니까? 돈이 없으면 모르되 있으면 빌려 달라는 대로 빌려 주고, 갚으면 고맙게 받고 안 갚으면 받지 않는 것이 우리 집의 오래된 법입니다."

세민임금이 감탄을 하고, 이제야 내일과 장상의 저승곳간에 재물이 그득한 까닭을 알게 됐어. 저승곳간에는 적선을 하는 만큼 재물이 쌓인다 하니, 날마다 이렇게 하면 얼마나 많은 재물이 쌓이겠나?

세민임금이 크게 깨달아, 그 길로 궁궐로 돌아와서 곳간 문을 활짝 열고 쌓아 둔 재물을 다 꺼냈어. 그 중에는 그 동안 백성들에게서 빼앗은 재물이 많지. 그걸 빼앗긴 백성들에게 다 그대로 돌려주었어. 그리고 남은 재물은 가난한 사람, 헐벗은 사람, 병든 사람에게 다 골고루 나눠 주었지. 그러고 나니 궁궐 안에 재물이 하나도 남지 않게 됐어. 세민임금은 옥문을 열어 죄 없이 잡혀 온 사람들을 다 풀어 주고 나서, 나랏일은 또 다시 어진 신하들에게 맡기고 궁궐 밖에 주막을 냈어. 그리고 내일과 장상 부부처럼 그 주막에서 일을 하면서 적선을 했지.

왕비는 밥장사를 하고 세민임금은 짚신을 삼아 팔면서, 밥값은 한 푼씩만 받고 짚신은 한 켤레씩 더 얹어 주었어. 그렇게 장사를 하면서 수지를 맞추려면 밤낮으로 뼈빠지게 일을 해야 했지만, 불평 않고 열심히 일을 해서 돈도 조금 모으게 됐어. 그 돈은 누구든지 달라는 사람에게 빌려 줬지. 아는 사람이건 모르는 사람이건 가리지 않고 빌려 달라는 대로 빌려 줬어. 빌려 준 돈은 갚으면 고맙게 받고 안 갚으면 받지 않았지.

삼 년을 하루같이 그렇게 적선하며 살았더니 옥황상제가 도왔는지 돈도 많이 모였어. 그 돈을 가지고 내일과 장상을 찾아갔어. 가 보니 내일과 장상은 아직도 그 주막에서 장사를 하고 있어. 가지고 간 돈을 내놨지.

"내가 삼 년 전에 저승에 갔다가 두 분의 곳간에서 재물을 빌린 적이 있습니다. 이제 그 빚을 갚고자 하니 받아 주십시오."

그랬더니 내일과 장상이 정색을 하고 물리치네.

"저승 재물과 이승 재물이 같지 않은데 어찌 그런 말씀을 하십니까? 우리는 받지 않겠습니다. 그리고 우리 저승곳간에 재물이 많다 하는 것은 부끄러운 일입니다. 아직도 밥 굶는 사람, 헐벗은 사람, 병든 사람이 세상에 가득한데 어찌 우리가 적선을 했다 할 수 있겠습니까? 온전하게 적선을 하려면 이런 일로는 어림도 없습니다."

"그러면 어떻게 해야 합니까?"

"불도를 닦아 세상 사람들을 구제하면 될 것입니다."

세민임금이 그 말을 듣고 절에 들어가 머리를 깎고 스님이 됐어. 스님이 되어 불도를 닦아 세상을 돌아다니며 사람들에게 불법을 널리 폈어. 그러기를 삼 년 만에 세민임금은 죽어서 저승으로 갔는데, 그 동안 적선을 많이 한 덕분에 예전에 지은 죄를 씻고 시왕궁 문지기가 됐어.

　내일과 장상은 그 뒤로도 많은 공덕을 쌓으며 살다가, 나중에는 옥황상제 명으로 활인적선의 신이 되어 불쌍한 사람들을 구제하는 일을 맡아보게 되었단다. 요즈음도 어려운 처지에 있는 사람들이 어쩌다 복을 받아 잘 살게 되는 수가 있는데, 이것이 다 활인적선의 신 내일과 장상이 돌봐 준 덕분이란다.

액막이신 지장아기

옛날에 남산국과 여산국이 부부 되어 사는데, 나이 마흔이 넘도록 슬하에 자식이 없었어. 자식이 없으니 부부 금실이 아무리 좋으면 무엇하며 재물이 아무리 많으면 무엇하나. 집안에 늘 찬바람만 불고 쓸쓸하기가 그지없어 내외가 한숨으로 날을 보내다가, 들리는 말에 동쪽 산너머 동개남상주절에 시주하고 공을 들이면 딸이든 아들이든 자식을 볼 수 있다 해서 그리 해보기로 했어.

남산국과 여산국이 동개남상주절에 시주하고 공을 들이러 가는데, 모시, 삼베, 무명, 명주를 스무 필씩 소에 싣고 은그릇, 놋그릇, 쌀, 보리, 콩, 팥을 갖추갖추 말에 싣고 갔어. 석 달 열흘 동안 부처님 앞에 빌었더니, 과연 그 뒤에 여산국부인에게 태기가 있더래. 달을 채워 낳아 보니 어여쁜 딸이야. 이름을 지장아기라 지었지.

지장아기는 무럭무럭 잘도 자랐어. 한 살 때는 어머니 무릎에서 놀고, 두 살 때는 아버지 무릎에서 놀고, 세 살 때는 할아버지, 할머니 앞에서 재롱을 부리며 잘도 자랐어. 이 때까지 지장아기는 아버지, 어머니, 할아버지, 할머니 사랑을 한 몸에 받으며 세상에서 부러울 것 없이 살았지.

그런데 지장아기 나이 다섯 살 때부터 갑자기 액운이 들어, 슬프고 나쁜 일이 줄줄이 생기기 시작하는 거야. 다섯 살 때 할아버지, 할머니가 한꺼번에 돌아가시더니, 여섯 살 때는 아버지가 눈을 감고, 일곱 살 때는 어머니마저 세상을 떠났어. 지장아기는 하루아침에 하늘 아래 의지할 곳 없는 외톨이 신세가 되고 말았지.

　세상에 이런 일이 어디에 있나. 일곱 살 어린 나이로 혼자 살 수 없어, 할 수 없이 외삼촌 집에 들어가 얹혀 살았어. 그런데 외삼촌, 외숙모가 어디 부모만 한가. 처음에는 좀 귀여워하는 것 같더니 이내 구박을 하기 시작하는데, 참 모질게도 하는 거야. 개밥그릇에 밥을 담아 주고, 해어진 밥보자기를 옷 대신에 입으라고 주고, 밤에는 소와 함께 외양간에 재우는 거야. 그러니 그 고생을 어떻게 말로 다 해?

　게다가 외삼촌, 외숙모는 걸핏하면 속을 콕콕 찌르는 말을 하는데 그게 무슨 말인고 하니,

　"네가 팔자 세고 복이 없어 할아버지, 할머니, 아버지, 어머니를 줄줄이 잡아먹었지."

하는 말이야. 다른 고생은 다 참겠는데 그 말만 들으면 가슴이 아파서 견딜 수가 없어. 저 때문에 할아버지, 할머니도 죽고 아버지, 어머니도 죽었다니, 그게 얼마나 가슴아픈 일이야?

　그래도 지장아기는 꾹 참고 살았어. 개밥그릇에 밥을 주면 개처럼 받아먹고, 해어진 밥보자기도 비단옷처럼 여기고, 외양간에 자면서도 한뎃잠 안 자는 걸 다행으로 여기고 살았지.

　그런데 외삼촌, 외숙모는 그마저도 귀찮았는지 기어이 지장아기를 밖으로 내쫓고 말았어. 하릴없이 집에서 쫓겨난 지장아기는 갈 곳도 없고 잘 곳도 없어, 낮에는 이 집 저 집 다니면서 허드렛일을 거들어 주고 밥 한 술 얻어먹고, 밤에는 큰 나무 밑에 가랑잎을 깔고 잠을 잤어. 그런데 지장아기가 잠을 자면 하늘에서 커다란 부엉이가 내려와 큰 날개로 고이 덮어 주는 거야. 지장아기는 부엉이 날개를 이불 삼아 덮고 잔 덕분에 한겨울에도 얼어죽지 않고 살았지.

　이렇게 살다 보니 한 해 두 해 세월이 흘러 어느덧 지장아기 나이 열여섯 살이 됐어. 그 동안 비록 집도 없고 절도 없이 얻어먹으며 살았지만, 남의 집 일

을 해줄 때는 온 정성을 다하고, 어른에게 공손하며 아기들을 잘 돌보니 사람들이 다 칭찬했어. 마음씨 곱고 일 잘 하고 착하다고 사방팔방 소문이 났지.

이 소문을 누가 들었는고 하니 이웃 마을 부자 선비 서수왕이 들었어. 마침 서수왕에게 열일곱 살 먹은 아들이 있었거든. 비록 부모 없는 처녀지만 그만하면 며느릿감으로 훌륭하다 하고, 사람을 보내 혼인말을 넣었어. 지장아기는 부모도 없고 형제도 없고 친척이라고는 외삼촌 하나뿐인데 저를 쫓아낸 뒤로는 거들떠보지도 않으니, 하는 수 없이 마을에 혼자 사는 노고할머니를 의지해서 혼인말을 받았어. 노고할머니가 허락을 하니, 사주단자가 오고가고 예물이 오고가고, 드디어 좋은 날을 가려 받아 초례를 치르게 됐어. 신랑이 말을 타고 오고, 신부가 가마 타고 가서 혼인이 됐지.

지장아기씨가 서수왕 집에 시집을 가니 지장부인이 되었지. 시아버지, 시어머니, 낭군님과 함께 시집을 사니, 지금까지 고생한 것이 다 꿈결 같고 다 남의 이야기가 됐어. 비단 공단 고운 옷 입고 끼니마다 맛난 음식 먹으며 시아버지, 시어머니 사랑을 한 몸에 받고 남편하고 금실 좋게 오순도순 잘 사니 세상에 부러울 게 무엇이 있나.

시집 간 이듬해에 지장부인 배가 불러오더니 떡두꺼비 같은 아들을 턱 낳았네. 그러고 나니 시아버지, 시어머니 사랑이 더욱 깊어가고 부부 금실이 더욱 좋아 집안에 웃음소리가 그칠 날이 없어.

그런데 이게 무슨 팔자인고. 좋은 일은 삼 년을 못 가는가. 시집 간 지 이태 만에 시아버지가 시름시름 앓다가 세상을 뜨더니 그 이듬해에는 시어머니도 따라서 저 세상으로 가 버리는 거야. 그래도 남편이 있으니 둘이 서로 의지하고 살면 되겠구나 했는데, 지장부인 스무 살 되는 해에는 남편마저 죽고 말았어. 하늘이 무너지고 눈앞이 캄캄해서 눈물로 밤낮을 지새는데, 얼마 뒤에는 하나 남은 피붙이 어린 아들까지 죽어 버리지 뭐야.

세상에, 이것이 무슨 모진 팔자인고. 하루아침에 의지할 곳 없는 신세가 된 지장부인은 울다가 울다가 눈물도 마르고 목이 막혀 울음소리도 못 내고 억장이 무너져 땅만 치고 있었어. 살아 있는 시집 식구라고는 시누이 하나밖에 없어서, 지장부인은 하는 수 없이 시누이 집에 가서 얹혀 살게 됐지.

그런데 못된 시누이는 구박이 심해 말끝마다 팔자 타령이야.

"어디서 팔자 세고 복 없는 것이 굴러 들어와서 우리 아버지, 어머니, 오라버니 다 잡아먹었네. 아이고, 원통해."

이 말이 칼날이 되어 가슴을 콕콕 찔렀어. 어려서 친정 식구 다 잃은 것도 제 탓만 같고, 시집 와서 시집 식구 다 죽은 것도 제 탓만 같아서 견딜 수가 없었어. 마음 같아서는 저도 따라서 죽고 싶지만 질긴 것이 목숨이라 그럴 수도 없어 하루 하루를 가시방석에 앉은 것처럼 보냈어.

그렇게 온갖 구박과 설움을 견디면서 시누이 시집살이를 하는데, 시누이는 게을러터져서 자기는 손끝 하나 까딱 안 하고 지장부인을 부려먹기만 해. 빨래하기, 밥하기, 물긷기, 바느질에 집안을 쓸고 닦는 일까지 혼자서 하느라고 지장부인은 손발이 다 부르텄어.

시누이가 게을러서 일을 안 하는 통에 안방에는 이가 닷 되, 건넌방에는 벼룩이 닷 되나 생겨 그것을 다 잡아내고 나니 빨랫감이 산더미같이 쌓였네. 시누이 내외 옷에다가 아이들 옷까지 모두 챙겨 대바구니에 담아 가지고, 지장부인이 동천강 연못에 빨래를 하러 갔어.

빨래를 하다 보니, 마침 어떤 스님이 지나다가 연못가에 멈춰 서서 혀를 끌끌 차거든.

"어허, 쯧쯧. 그 팔자 참으로 기박하구나."

지장부인이 그 말을 듣고 스님에게 합장하고 물었어.

"스님, 저를 두고 하시는 말씀인가요?"

"그렇소. 서너 살 아기 때는 좋았으나 그 뒤로는 액이 끊이지 않을 팔자요."

지장부인이 다시 스님에게 합장하고 공손히 물었어.

"그러면 저는 앞으로 어떻게 해야 합니까?"

"사람 없는 곳으로 가서 억새, 속새 닷 발씩 엮어 움막을 짓고 사십시오. 명진국 할머니에게 빌어서 누에 치는 법을 배워 명주 길쌈을 하십시오. 짠 명주가 열 필이 되거든 친정 할아버지, 할머니와 아버지, 어머니, 시아버지, 시어머니, 낭군님과 불쌍한 아기까지 제를 올리시오. 그러고 나면 남은 평생은 액 없이 살 것입니다."

지장부인이 그 말을 듣고, 젖은 빨래를 거두어 집으로 돌아와 시누이와 하직하고 집을 나갔어. 사람이 살지 않는 서천강 어귀에 가서 억새, 속새를 베어다 닷 발씩 엮어 움막을 지었지. 거기에 살면서 명진국 할머니에게 지성으로 빌었더니, 하루는 꿈속에 명진국 할머니가 나타나 누에 치고 명주 길쌈하는 법을 가르쳐 주는 거야.

"기름진 땅에 뽕나무를 심어서 잘 가꾸어라. 누에를 치되 뽕잎을 먹여 키우고, 석 잠을 자거든 더는 먹이지 말아라. 누에가 고치를 짓거든 물레로 실을 뽑아 베틀에 걸고 짜면 명주가 되느니라."

깨어 보니 분명히 꿈인데, 누운 자리 옆에 뽕나무 씨와 누에가 놓여 있거든. 지장부인은 뽕나무 씨를 가지고 서천강 들에 나가 명진국 할머니가 가르쳐 준 대로 씨를 뿌렸어. 거름을 주며 가꾸었더니 금세 싹이 나고 크게 자라서 잎이 무성하게 돋아나는 거야. 뽕잎을 따서 누에에게 먹였지. 잘 먹여서 석 잠을 재우니 드디어 누에가 고치를 지었어. 고치에서 실을 뽑아 꾸리에 감아서 베틀에 걸어 놓고 짤깍짤깍 짜 내니 좋은 명주가 되는 거야.

지장부인이 명주 열 필을 짜서 제를 올리는데, 한 필은 친정 할아버지한테 올리고, 한 필은 친정 할머니한테 올리고, 한 필은 친정 아버지한테 올리고, 한 필은 친정 어머니한테 올리고, 한 필은 시아버지한테 올리고, 한 필은 시어머니한테 올리고, 한 필은 낭군님한테 올리고, 한 필은 불쌍한 아기한테 올렸어. 그러고 나니 명주 두 필이 남기에, 그것으로 굴장삼 짓고 고깔 짓고 바랑까지 정성스레 지었지.

지장부인이 머리를 깎고 굴장삼 입고 고깔 쓰고 바랑을 짊어지니 지장스님이 되었지. 그 길로 산을 넘고 물을 건너 이 마을 저 마을 돌아다니면서 벼 시주를 받았어. 이 집에서 한 홉, 저 집에서 한 홉, 이렇게 벼 시주를 받아서 석 섬 서 말을 모았지. 그리고 마을 처녀들을 불러모아 벼를 찧는데, 연자방아에 한 번 찧고 디딜방아에 두 번 찧으니 흰 쌀이 되었어. 그것을 나무절구에 넣고 곱게 빻아 쌀가루를 만들었지.

쌀가루를 체로 치니 체 위에는 굵은 가루가 남고 체 아래에는 고운 가루가 남았어. 굵은 가루는 시루에 넣어 초벌 찌고 재벌 쪄서 시루떡을 만들고, 고운 가루는 맑은 물에 반죽하여 도래떡을 만들었어.

지장스님이 시루떡, 도래떡을 열 말씩 쪄서 제를 올리는데, 한 말은 옥황상제님께 올리고, 한 말은 저승 시왕 중 으뜸가는 염라대왕께 올리고, 한 말은 초공왕께 올리고, 한 말은 이공왕께 올리고, 한 말은 삼공왕께 올리고, 한 말은 명진국 할머니께 올리고, 한 말은 저승차사 해원맥님께 올리고, 한 말은 이승차사 이덕춘님께 올리고, 한 말은 염라차사 강림도령께 올리고, 나머지 한 말은 이승 저승 떠도는 객신들에게 올렸어.

그렇게 제를 다 올리고 나서, 그 뒤로도 오랫동안 여기저기 떠돌아다니며 시주 받아 제를 올리며 살았지. 그러다가 지장스님이 죽어서 무엇이 되었는고 하니 새가 되었어. 이승에서 하도 모진 고생을 많이 한 탓에, 새가 되어서도 온몸에 병이 들어 안 아픈 곳이 없어. 그래서 지장새가 들면 집안 사람에게 병이 생기는데, 머리로 들면 머리가 아프고 눈으로 들면 사팔뜨기가 되고 코로 들면 고뿔에 걸리고 입으로 들면 혓바늘이 돋고 가슴으로 들면 답답증이 생기고 배로 들면 배앓이를 하게 되지. 그렇지만 지장신이 본디 마음씨가 착한 까닭에, 지성으로 빌면 병도 없애 주고 집안에 드는 액도 다 막아 준단다. 그래서 지장신은 액을 막아 주는 액막이신으로 받들어졌지.

병막이신 거북이와 남생이

옛날 옛적 인간 땅 주년국에 숙영선비와 앵연아기가 살았는데, 숙영선비는 나이 열일곱에 풍채는 하늘에서 내려온 신선같이 빼어났고, 앵연아기는 나이 열여섯에 자태는 이슬 머금은 꽃봉오리같이 고왔어. 세상 사람들은 모두 이 두 사람이 부부 되면 그보다 더 좋은 인연은 없을 거라 했지.

그런데 숙영선비는 집안이 가난했고 앵연아기는 부자로 살아서 서로 짝이 기울었어. 그래서 숙영선비 집에서 여러 번 중신말을 넣어도 앵연아기 집에서 허락을 안 해. 집안이 너무 가난하다고 말이야.

숙영선비가 늘상 그것을 안타까워하다가, 한 번은 중신아비를 아기씨 집에 보내어 말을 전하기를,

"이 혼인이 하늘의 뜻이라면 허락하겠습니까? 만약 하늘의 뜻이라면 우리 두 집 사이에 있는 고개에 핀 꽃들이 기울어질 것입니다. 고개 이편에 핀 꽃은 저편으로 기울어질 것이고, 고개 저편에 핀 꽃은 이편으로 기울어질 것이니, 그것을 보고 하늘의 뜻을 짐작하십시오."

했어. 그래 놓고 양쪽 집 사이에 있는 고갯마루에 올라가 하늘 보고 간절히 빌었지.

"영험하신 옥황상제님, 저와 앵연아기를 맺어 주시려거든 고개 이편에 핀 꽃은 저편으로 기울어지게 해주시고, 고개 저편에 핀 꽃은 이편으로 기울어지게 해주십시오."

그러자 금방 하늘에서 오색구름이 일어나고 훈훈한 바람이 불더니, 고개

양쪽에 핀 꽃이 한꺼번에 스르르 기울어지는 거야. 이편에 핀 꽃은 저편으로 기울어지고, 저편에 핀 꽃은 이편으로 기울어지거든.

앵연아기 집 사람들이 와서 이것을 보고는 두 사람의 혼인이 하늘의 뜻임을 알았어. 그래서 썩 내키지는 않지만 하는 수 없이 허락을 했지.

삼월 삼짇날 납채 들이고 사월 초여드렛날 초례 치르고 오월 단옷날 신행을 차려 부부 살림을 시작했어. 금실 좋고 사이 좋게 오순도순 잘 사는데, 어쩐 일인지 달이 가고 해가 가도 아기가 안 생기네. 딸이든 아들이든, 하나든 둘이든 아기나 있으면 그 재롱 보느라고 적적할 일 없을 텐데, 아기가 없으니 집안이 절간 같거든.

이러구러 세월이 흘러 부부 나이 마흔이 넘었는데, 아직까지 아기를 못 낳았어. 하루는 숙영선비와 앵연부인이 앞뜰에 나와 바람을 쐬면서 꽃구경을 했어. 마침 따스한 봄날이라 제비들이 지지배배 지지배배 날아들어 처마 끝에 집을 짓고 들락날락거리는데, 가만히 보니 새끼들이 둥지 안에서 입을 벌리고 있으면 어미, 아비가 벌레를 물어다가 새끼들 입에 넣어 주고 좋아라 하거든.

숙영선비가 그 모습을 보고는, 그만 수심에 잠겨 방안에 들어가 이불을 쓰고 누워서 한숨만 쉬었어. 앵연부인이 뒤따라 들어가 연유를 물었지.

"서방님은 무슨 일로 그리 상심하십니까?"

"말 못하는 제비도 새끼를 낳아 벌레를 물어다 주며 희희낙락하는데, 우리는 사람으로 태어나 어찌 슬하에 혈육이 없이 살아간단 말이오? 우리가 제비보다도 못한가 싶어 절로 한숨이 나오는구려."

"한숨이 나오기는 저도 매한가지랍니다. 우리 이렇게 한숨만 쉬고 있을 게 아니라 동개남상주절 부처님이 영험이 있다 하니 석 달 열흘 공이나 들여 봅시다."

숙영선비와 앵연부인이 흰 쌀 서 말 서 되를 곱게 찧어 떡을 하고, 명주 한 필, 백지 닷 근, 은돈 열 냥을 갖추어 동개남상주절에 가서 시주를 했어. 그리고 석 달 열흘 동안 날마다 아침저녁으로 부처님 앞에 나아가 절하며 빌었더니, 과연 앵연부인 배가 불러오는 것이 아기를 가진 게 틀림없거든. 부부가 좋아하며 갖은 정성 다하여 아기 받을 채비를 했더니, 아기가 다섯 달 만에 반 집 되고 여덟 달 만에 온 집 되어 열 달 만에 태어났어. 낳고 보니 얼굴이 달처럼 둥글둥글하고 훤한 사내아이야.

부부가 좋아하며 아기를 키우는데, 아무래도 이 아기가 이상해. 처음 태어날 때 눈 못 뜨는 것이야 그렇다 하더라도, 태어난 지 하루가 지나고 이틀이 지나도 눈을 못 뜨네. 조금 더 기다리면 눈을 뜨겠지 했는데, 나흘이 지나고 닷새가 지나도 눈을 못 떠. 그냥 감고 있어. 한 달, 두 달 지나고 석 달이 지나도록 눈을 못 뜨니, 그제서야 부부는 아기가 소경인 줄 알게 됐지.

"아이고머니나. 여보, 우리가 소경 아들을 낳았소."

"소경이면 어떻고 장님이면 어떻소. 이래도 우리 아들이요 저래도 우리 아들이니, 튼튼하게나 키워 봅시다."

그저 거북이처럼 튼튼하게 오래 살라고 이름을 거북이라 지어 줬어.

그 이듬해가 되어 부부가 생각하기를, 아기 하나만 보고 살 게 아니라 아기 하나를 더 낳아서 형제를 키우고 살면 좀 좋을까 하고, 또 한 번 부처님께 공을 들이기로 했어. 흰 쌀 서 말 서 되를 곱게 찧어 떡을 하고, 명주 한 필, 백지 닷 근, 은돈 열 냥을 갖추어 동개남상주절에 가서 시주를 했지. 그리고 석 달 열흘 동안 날마다 아침저녁으로 부처님 앞에 나아가 절하며 빌었어. 그러고 나니 거북이 낳을 때처럼 배가 불러오는 거야. 아기가 다섯 달 만에 반 집 되고 여덟 달 만에 온 집 되더니 열 달 만에 태어났어. 낳고 보니 또 떡두꺼비 같은 아들일세.

이번에도 소경 아기일까 하고 낳자마자 아기 눈부터 들여다봤지. 그런데 이번 아기는 눈이 샛별처럼 초롱초롱하고 반짝반짝하는 거야. 옳다구나 기뻐하며 대야에 더운물을 담아 아기를 씻겨 주는데, 아이쿠, 이런 변이 있나. 아기 등을 만져보니 불룩 솟아오른 것이 영락없는 곱추일세. 게다가 아기 다리를 만져 보니 한쪽은 길고 한쪽은 짧은 것이 틀림없는 앉은뱅이야.

"아이고머니나. 여보, 우리가 이번에는 앉은뱅이 곱추를 낳았어요."

"앉은뱅이면 어떻고 곱추면 또 어떻소. 성한 사람도 한 세상 살고 흠 있는 사람도 한 세상 사는 법이니, 단단하게나 키워 봅시다."

그저 남생이처럼 단단하게 오래 살라고 이름을 남생이라 지어 줬어.

거북이와 남생이는 무럭무럭 잘 자랐어. 어머니 손길 아래 아버지 무릎 아래서, 병도 없고 탈도 없이 잘도 자랐지. 해가 가고 달이 가서 거북이와 남생이가 울 밑에서 소꿉놀이할 만큼 자라나자, 비록 성한 몸은 아니지마는 둘 다 부지런하고 재주 많아 못 하는 일이 없어. 거북이는 앞을 보지는 못 해도 듣고 말하고 냄새 맡고 만지는 일은 성한 사람 뺨치게 잘 했어. 남생이는 일어서서 걷지는 못해도 성한 사람 하는 일을 앉아서 하고 누워서 다 했어.

이렇게 네 식구가 아기자기 재미나게 잘 사는데, 본래 좋은 일은 오래 못 가는 법인가. 거북이가 열 살 먹고 남생이가 아홉 살 먹은 해에 어머니, 아버지가 한꺼번에 자리에 누워 시름시름 앓더니 한날 한시에 세상을 떠나고 말았어. 형제는 하늘이 무너지는 것 같고 땅이 꺼지는 것 같아 몇날 며칠 통곡만 하다가, 마을 사람들 도움으로 겨우 장례를 치렀어.

어머니, 아버지를 땅에 묻고 나자, 이제는 살아갈 길이 막막하거든. 둘이서 의논하기를,

"우리가 목숨이라도 이어가려면 비렁뱅이가 되어 돌아다니며 얻어먹는 수밖에 없다."

"나는 걸을 수 없고, 형은 앞을 못 보니 비렁뱅이가 된들 어떻게 돌아다닌단 말이야?"

"너는 눈이 밝고 나는 걸을 수 있으니, 내가 너를 업고 네가 나를 이끌어 주면 되지 않겠니?"

"참, 그러면 되겠구나."

하고, 그 길로 형제가 얻어먹으러 다녔어. 눈 먼 거북이가 앉은뱅이 남생이를

업고, 업힌 남생이가 길을 가르쳐 주며 겨우겨우 다녔지. 그런데 얻어먹으러 남의 집에 가면, 식은 밥덩이라도 주는 집은 열에 하나뿐이고, 열에 아홉은 대문간에서 그냥 쫓아내는 거야.

"소경에 앉은뱅이 곱추가 우리 집에 웬일이냐? 부정 탈라, 어서 썩 물러가거라."

이렇게 박대를 당하면 형제가 끌어안고 소리 없이 눈물만 줄줄 흘렸지.

그러다가 하루는 형제가 또 의논하기를,

"얘, 남생아. 우리 이럴 게 아니라 우리가 태어날 때 어머니, 아버지가 부처님께 빌었다는 동개남상주절에나 가 보자."

"거기는 가서 뭐하려고?"

"그 절 부처님은 우리를 태어나게 해주셨으니 우리를 살게 해주실지도 모르잖아."

"그래, 그렇겠구나. 어서 가자."

하고, 그 날로 형제가 길을 떠났어.

형이 아우를 등에 업고 아우는 형에게 길을 가르치며, 몇날 며칠 동안 허위허위 산을 넘고 내를 건너갔지. 가다가 길을 모르면 길을 묻고, 날이 저물면 보리밭에서도 자고 나무 밑에서도 자고, 이러면서 갔어.

이윽고 절이 있는 산 아래에 이르니, 거기에 널따란 연못이 하나 있고 그 안에 연꽃이 가득 피어 있어. 그런데 연꽃 사이로 한 줄기 빛이 환하게 비쳐 나오거든. 남생이가 가만히 보니 그게 생금덩이에서 나오는 빛이야. 누런 생금덩이가 연꽃 사이에 반은 가라앉고 반은 떠서 번쩍번쩍 빛을 내고 있더란 말이지.

"형, 저기 생금덩이가 있으니 건져 가지고 가자."

"아서라, 아서. 그걸 우리가 가져서는 안 된다."

"왜 안 된다는 거지?"

"첫째, 그건 우리 것이 아니다. 누군가 임자가 있어 잃어버렸다면 얼마나 애타게 찾겠니? 둘째, 금덩이 같은 것은 우리 복에 넘치는 물건이다. 우리는 그저 굶지 않을 만큼 먹고, 얼어죽지 않을 만큼 입으면 되잖니?"

남생이도 형의 말을 옳게 여겨, 생금덩이를 그냥 두고 산을 올라 절에 갔어. 스님이 내다보니 웬 소경 아이가 앉은뱅이 곱추 아이를 등에 업고 오거든.

"너희들은 웬 아이들이냐?"

"예, 저희들은 오래 전 이 절에서 우리 아버지 숙영선비와 우리 어머니 앵연부인이 석 달 열흘 공을 들여 낳은 거북이와 남생이입니다."

스님이 그 말을 듣고 절에서 밥 짓는 불목하니를 불러 당부를 했어.

"이 아이들이 태어날 때 우리 절에 명주 두 필, 백지 열 근, 은돈 스무 냥과 떡 엿 말 엿 되를 시주한 일이 있으니, 홀대하지 말고 잘 거두어 먹이도록 해라."

불목하니가 아이들에게 거처를 마련해 주고 삼시 세 끼 밥을 해주긴 하는데, 그건 스님이 볼 때뿐이고 스님이 안 볼 때는 마음대로 굶기고 구박을 하네. 그래도 아이들은 꾹 참고, 주는 대로 밥을 먹고 때리는 대로 맞으면서 지냈어.

하루는 불목하니가 아이들을 구박하면서,

"너희들이 절에 들어올 때 내가 보니 등 뒤에 빛이 환하더라. 틀림없이 금덩이를 숨겨 가지고 온 게지. 어디에 숨겨 놨는지 바른 대로 대라."

하고 닦달을 하네. 아무리 아니라고 해도 믿지 않고 매를 때리니, 형제가 참다 못해 연못 안에 금덩이가 있더란 말을 했어.

"우리가 숨겨 놓은 금덩이는 없지마는, 이 산 아래 연못에 커다란 생금덩이가 있긴 합니다."

불목하니가 그 말을 듣고 당장 산 아래로 내려가 봤지. 그런데 연못 안에 금덩이가 있는 게 아니라 누런 구렁이가 똬리를 틀고 있는 거야. 그게 사실은 금덩이지마는 욕심 많은 사람 눈에는 구렁이로 뵈거든. 불목하니가 돌아와 형제를 또 한 번 흠씬 두들겨 줬어.

"이 거짓말쟁이들아. 연못 안에 생금덩이가 있다고? 너희 눈에는 구렁이가 금덩이로 보이더냐?"

형제가 영문도 모른 채 실컷 얻어맞고 나서, 밤중에 가만히 산을 내려가 연못에 가 봤어. 틀림없는 금덩이를 가리켜 구렁이라고 하니, 대체 어찌 된 일인지 알아보려고 말이야. 그런데 연못가에 가서 환한 달빛에 비치는 걸 보니 틀림없는 생금덩이거든.

"남생아, 아직도 금덩이가 그대로 있니?"

"응, 생금덩이가 틀림없는걸."

"다른 사람들 눈에는 구렁이로 뵈고, 우리 눈에는 금덩이로 뵌다면 부처님이 우리에게 내려 주신 게 틀림없다. 건져 가지고 가서 도로 부처님께 바치자."

"그러자."

형제가 생금덩이를 건져 가지고 절에 가서 부처님 앞에 바쳤어. 스님은 그 금덩이를 녹여 가지고 나무로 만든 불상에 금칠을 했어. 불상이 금빛으로 번쩍번쩍 빛이 나니 온 절이 환해졌어.

그 날 밤 형제의 꿈에 부처님이 나타나 말하기를,

"이 세상에는 몸이 성하고 마음이 병든 사람들이 많은데, 너희들은 몸이 불편하나 마음이 거울같이 깨끗하여 복 받을 만하다. 내 이제 너희의 몸도 성하게 하리라."

하기에, 깜짝 놀라 깨어 보니 거북이 눈이 번쩍 떠지고, 남생이 등과 다리도 펴졌어. 얼싸 좋다 덩더꿍, 절싸 좋다 덩더꿍, 형제는 춤을 추며 기뻐했지.

거북이와 남생이는 그 뒤로도 욕심 없이 깨끗한 마음으로 살다가, 나중에는 아기들에게 드는 병을 막아 주는 병막이신이 됐어. 그래서 사람들은 아기들이 아프면 병막이신 거북이와 남생이에게 빌었단다. 지성으로 빌면 거북이와 남생이가 덕을 베풀어, 드는 병은 막아 주고 이미 든 병은 낫게 해준단다.

반만 년 민족 상상력의 源泉!

우리가 정말 알아야 할
우리 옛이야기 백가지 1.2

서정오 글 | 1권 값 12,000원 ● 2권 값 9,800원

"장이야!"
여름날, 시골 느티나무 그늘에서 듣던
청량한 민담, 천 년 내림의 숨소리!

이 땅의 맥박이 뛰노는 이야기 속에
농익은 내 할아버지들의 지혜와 여유,
그 화안한 웃음.
무수한 외침(外侵)과 환난 속에서도
끝내 이어온 구수하고 넉넉한 입담.

감칠맛 나는 입말을 살려써서
곶감처럼 달던 할머니의
음성마저 배어 있는 책.
우리 문화 정서, 민족 문학의 병풍과도 같은 책!

행복지수를 높여가는 출판사
현암사

서울시 마포구 아현3동 627-5 전화 | 365-5051 팩스 | 313-2729 E-mail | editor@hyeonamsa.com
전화주시면 도서목록을 보내드리고 회원으로 등록합니다.

우리 신화의 배경도

서천꽃밭

원천강

청수바다

강림들

동대산

서천서역국

삼나라

칠흑
바다

구름산

천자국

대한국

서래바다

강남